トーマス・カリアー
Thomas Karier
小坂恵理／訳

筑摩選書

ノーベル経済学賞の40年（上）

20世紀経済思想史入門

Intellectual Capital
Forty Years of the Nobel Prize in Economics

ノーベル経済学賞の40年（上）　目次

下巻目次

ノーベル経済学賞の40年（上）

20世紀経済思想史入門

はじめに

私が本書の出版について考え始めたとき、ノーベル経済学賞の受賞者は合計でまだ二〇人程度だったと思う。きっかけは、イリノイ大学の図書館で書架をまわって探し物をしている最中に訪れた。このとき私は、第一回ノーベル経済学賞の受賞者のスピーチを偶然見つけた。高学歴の一般聴衆が相手であっても、数学の助けをかりずに自分の貢献を説明することはむずかしい。いかにわかりやすくするか、受賞者たちの工夫の跡がうかがえる興味深い内容だった。歴代受賞者のスピーチを見ると、素晴らしい功績の説明にすべてが成功しているわけではないが、経済学の動向について、あるいは受賞者自身のキャラクターや研究の動機について知る手がかりになるものは多いことがわかった。以後二〇年間、私は毎年の経済学賞受賞者のファイル作りを始めた。その間には時代に多くの変化が生じ、たとえば以前は大学図書館の狭い範囲に限定されていたスピーチそのものが、いまではインターネット上で簡単に入手できるようになった。

本書のコンセプトは、経済学とはまったく無関係な本をヒントに具体化された。それはスティーヴン・ホーキングの『ホーキング、宇宙を語る』である。この秀逸な作品は数学に頼らずに科学の理論を解き明かすだけでなく、ノーベル物理学賞受賞者たちの功績を実に明快に説明している。一般相対性理論や量子力学といった物理学の偉大なアイデアをこのような形で説明できるならば、経済学の偉大なアイデアも説明できるのではないか。私はそう考えたのである。そして十分な資料がそろったと判断した時点で、一九六九年に経済学賞が創設されてからの四〇年間に選ばれた六二人の受賞者すべてを対象に、研究成果を紹介する作業に取り組み始めた。目ざとい読者は、四一回目の受賞者も含まれていることに気づかれるはずだ。四一回目の経済学賞が発表されたとき、本書はまだ執筆の途上だった。

長丁場のプロジェクトは大勢の人たちの協力があってこそ成り立つもので、本書も例外ではない。初稿に目を通してくれた方々の好意には特に感謝している。おかげで本書の焦点や調子を微調整することができた。ポール・デパルマとダグ・ハモンドは原稿に目を通して改善点を指摘してくれ、本人たちが思っている以上に私は助けられた。リサ・ブラウンも忘れてはいけない。本書の内容や構成について貴重な意見を提供してくれたが、本書の最終章でノーベル平和賞を受賞した経済学者ムハマド・ユヌスの功績について紹介したのは、彼女の独創的な助言のおかげである。ほかにも各章の内容については、それぞれ専門分野の研究者に内容の確認をお願いした。ダグ・オール、ウィリアム・ミルバーグ、クレア・ブラウン、ジョージ・アカロフ、ゾーレ・エマミ、ジョン・デイヴィス、テレサ・ギラルドゥッチは、手間のかかる作業を快く引き受けてくれた。どれも的確なコメントばかりで、かりに本書に不手際があるとすれば、それは彼らのアドバイスを忠実に生かせなかった私の責任である。ケンブリッジ大学出版局のチームとは気持ちよく仕事をすることができた。スコット・パリスとアダム・レヴィンの努力があったからこそ、本書は無事に出版までこぎつけた。表紙のおしゃれなデザインは、カリアー・デザインならびに私の姉妹ナンシーに依頼した。

しかし、誰よりも感謝しなければいけないのは家族だろう。このマラソンプロジェクトに熱中する私をいやな顔ひとつせず許してくれた。私が自分の世界に没頭し、ノーベル賞で評価された偉大なアイデアを悪戦苦闘しながら整理しているときも、温かい目で見守り励ましてくれた。ヴィクター、マーナ、ジョーズ、マルコ、そして妻のマリア・エスター、本当にありがとう。

ノーベル経済学賞受賞者一覧

年度	受賞者	国籍	章
1969	ラグナル・A・フリッシュ	ノルウェー	13
	ヤン・ティンバーゲン	オランダ	13
1970	ポール・A・サミュエルソン	アメリカ	7
1971	サイモン・S・クズネッツ	アメリカ	9
1972	ケネス・J・アロー	アメリカ	11
	ジョン・R・ヒックス卿	イギリス	5
1973	ワシリー・W・レオンチェフ	アメリカ	9
1974	フリードリヒ・A・フォン・ハイエク	イギリス	2
	K・グンナー・ミュルダール	スウェーデン	7
1975	レオニード・V・カントロヴィチ	ソ連	9
	チャリング・C・クープマンス	アメリカ	9
1976	ミルトン・フリードマン	アメリカ	2
1977	ジェイムズ・E・ミード	イギリス	12
	ベルティル・G・オリーン	スウェーデン	12
1978	ハーバート・A・サイモン	アメリカ	6
1979	W・アーサー・ルイス卿	英領西インド諸島	12
	セオドア・W・シュルツ	アメリカ	3
1980	ローレンス・R・クライン	アメリカ	7
1981	ジェイムズ・トービン	アメリカ	7
1982	ジョージ・J・スティグラー	アメリカ	3
1983	ジェラール・ドブルー	アメリカ	11
1984	J・リチャード・N・ストーン卿	イギリス	9
1985	フランコ・モディリアーニ	アメリカ	7
1986	ジェイムズ・M・ブキャナン・ジュニア	アメリカ	2
1987	ロバート・M・ソロー	アメリカ	7
1988	モーリス・F・アレ	フランス	11
1989	トリグヴェ・M・ホーヴェルモ	ノルウェー	13
1990	ハリー・M・マーコウィッツ	アメリカ	4
	マートン・H・ミラー	アメリカ	4
	ウィリアム・F・シャープ	アメリカ	4
1991	ロナルド・H・コース	アメリカ	3
1992	ゲイリー・S・ベッカー	アメリカ	3
1993	ロバート・W・フォーゲル	アメリカ	14
	ダグラス・C・ノース	アメリカ	14
1994	ジョン・C・ハーサニ	アメリカ	10
	ジョン・F・ナッシュ・ジュニア	アメリカ	10
	ラインハルト・ゼルテン	ドイツ	10

1995	ロバート・E・ルーカス	アメリカ	8
1996	ジェイムズ・A・マーリーズ卿	アメリカ	5
	ウィリアム・S・ヴィックリー	アメリカ	5
1997	ロバート・C・マートン	アメリカ	4
	マイロン・S・ショールズ	アメリカ	4
1998	アマルティア・K・セン	アメリカ	12
1999	ロバート・A・マンデル	アメリカ	12
2000	ジェイムズ・J・ヘックマン	アメリカ	13
	ダニエル・L・マクファデン	アメリカ	13
2001	ジョージ・A・アカロフ	アメリカ	6
	A・マイケル・スペンス	アメリカ	6
	ジョセフ・E・スティグリッツ	アメリカ	6
2002	ダニエル・カーネマン	アメリカ／イスラエル	6
	ヴァーノン・L・スミス	アメリカ	5
2003	ロバート・F・エングルⅢ世	アメリカ	13
	クライヴ・W・J・グレンジャー卿	アメリカ	13
2004	フィン・E・キドランド	アメリカ	8
	エドワード・C・プレスコット	アメリカ	8
2005	ロバート・J・オーマン	イスラエル	10
	トーマス・C・シェリング	アメリカ	10
2006	エドムンド・S・フェルプス	アメリカ	8
2007	レオニード・ハーヴィッツ	アメリカ	10
	エリック・S・マスキン	アメリカ	10
	ロジャー・B・マイヤーソン	アメリカ	10
2008	ポール・R・クルーグマン	アメリカ	12
2009	オリヴァー・E・ウィリアムソン	アメリカ	14
	エリノア・オストロム	アメリカ	14

第1章
ノーベル経済学賞とは

一八九六年に没したとき、アルフレッド・ノーベルはおそらくヨーロッパ一の大富豪になっていた。科学者そして発明家としての真摯な生涯は、決して平坦だったわけではない。爆発性が強いニトログリセリンの実験は、当初は身の危険を伴った。実験室での爆発事故で弟の命を奪われ、自分もあやうく死にかけて、失意のどん底に突き落とされた時期もあった。しかしノーベルは研究意欲も自信も失わず、粘り強い努力のすえに技術的な問題を克服し、爆発物としての安定性と実用性に勝るダイナマイトの発明にこぎつけたのである。ダイナマイトは爆薬としての威力こそニトログリセリンと同じだが、優れた安定性ゆえ何倍も有効で、運河や道路や鉄道の建設、さらには鉱山での作業の様相を一変させた。十九世紀の偉大な発明品のひとつに数えられるダイナマイトは、産業革命の進行を加速させ、産業や交通の近代化に大きく貢献した。

ダイナマイトの実用性は発明直後から注目され、需要が急増して大きなビジネスチャンスが訪れた。発明家はとかく商売が苦手なものだが、アルフレッド・ノーベルの豊かな才能は実験室だけでなく、発明を製品化して売り込む分野でも発揮された。彼はダイナマイト製造工場を各地に建設し、特許にも万全の対策で臨み、世界を視野に入れたダイナマイト販売計画を立てていく。父親が始めた機雷開発も続けてはいたが、金になったのは圧倒的にダイナマイトだった。

十九世紀末に晩年を迎えたアルフレッドは、莫大な財産を築いたのはよいが、後継者がいないという現実に思いいたった。彼は生涯独身を貫き、子どももいなかったので、巨万の富を手元に残しても意味がなかった。そこで一八九五年に遺書を作成し、当時としては史上最高額の寄付金を慈善事業に供すること、その寄付金を基に賞を創設することを明記した。これが五つの部門から成るノーベル賞の始まりである。

最初に選ばれた三部門――物理、化学、生理学・医学――は、科学者、発明家としてのノーベルのキャリアを反映しているが、彼の興味は専門以外の分野にもおよんだ。ノーベルは生涯を通じて熱心な読書家で、様々な分野にわたって膨大な書籍を所蔵していた。そこで、自分にインスピレーションを与えてくれた偉大な作家たちの功績にも報いるため、文学賞を創設した。最後に賞に加えられたのがノーベル平和賞だった。ダイナマイトなどの爆発物の発明者がなぜ「平和」賞なのか、不思議に思う人もいるだろう。様々な兵器を発明したことへの罪ほろぼしか、あるいは親しい友人であり、平和主義者として有名な作家ベルタ・フォン・ズットナーへの譲歩だったのか。歴史家はどちらの可能性もあると見ているが、はっきりとはわからない。いずれにせよ、アルフレッド・ノーベルは五つの部門で賞を創設し、第一回ノーベル賞の授賞式は一九〇一年に行なわれた。ノーベルの遺産は有価証券に投資され、そこから発生する莫大な利子が賞金として使われる。

経済学賞の創設

こうして五つの部門からなるノーベル賞が誕生したわけだが、一九六八年、ノーベル財団は新たな部門の追加をスウェーデン国立銀行（スヴェリイェス・リクスバンク）から提案された。経済学である。しかも同行は、経済学賞の賞金は毎年自己負担すると申し出た（一九六九年の賞金は七万三〇〇〇米ドル、二〇〇八年には一四〇万米ドルにまで膨れ上がっていた）。こんな良い条件は拒めるものではない。かくして一九六九年、経済学賞はノーベル財団によって六番目の賞として認定され、「前年に人類のために最大の貢献をした」経済学者に授与されることになった。

しかし、彼らは人類に対してどんな貢献を行なったのか。経済学賞受賞者の貢献によって、世界はどれだけよくなっているのだろう。受賞者は、人類のためにどんな謎を解き明かしたのか。メディアの報道や論説を読んでも、どうもピンとこない。経済学賞が発表されると、「将来の研究の発展の礎を築いた功績」が決まり事のように評価され、時として経済学に新しい学問分野を拓いた業績が称えられる。そして、受賞者の研究が将来におよぼす影響力の大きさや斬新さが強調される。たとえばジェイムズ・ブキャナンは「将来に大きな影響力をおよぼし」[*1]、ジョセフ・スティグリッツは「将来への大きな影響力は賞に値する偉業であり」[*2]、クライヴ・グレンジャー卿は「一九七〇年代から八〇年代にかけての功績が将来に大きな影響を残し」[*3]、ロナルド・コースは「将来に大きな影響力を持つ著作」[*4]を残した、とメディアで報じられた。しかしこれでは、彼らが何を発見したのか、さっぱりわからない。具体的に何を評価されたのかと、疑問だけが残る。いったいどんな発見によって人類に貢献したのだろうか。本書では、経済学賞の受賞理由となった発見の中身や受賞者の人物像について紹介していく。

経済学者はけっして世間から広く尊敬を集める人種ではないかもしれないが、毎年十月に新たな受賞者が発表されるときだけはちょっぴり尊敬され、ノーベル賞受賞者という名士の列に一名、二名、あるいは三名の経済学者が仲間入りを果たす。ここにはアルベルト・アインシュタインやマリー・キュリー、核分裂の謎に挑んだエンリコ・フェルミ、光の速度を測定したアルバート・マイケルソンなど、錚々たる顔ぶれが名を連ねる。作家のアーネスト・ヘミングウェイ、トニ・モリスン、ジョン・スタインベックもメンバーである。ほかにはウィンストン・チャーチル、セオドア・ルーズベルト、バラク・オバマ。経済学賞の創設をきっかけに、当代随一の科学者や作家や平和運動家で構成される少数のエリート集団に経済学者も招かれるようになった。

この新たな展開に経済学者はどのような反応を示したか。経済学賞の創設からほどなく、経済学者の間では受賞者を予想する賭けが始められた。人びとは全米大学体育協会（ＮＣＡＡ）のバスケットボール・トーナメントやスーパー・ボウル、あるいはケンタッキー・ダービーを賭けの対象にするが、経済学者は自分たちを対象に賭けを楽しむ。ノーベル賞はその絶好の機会を提供してくれた。アメリカでは毎年、名門大学の経済学部に所属する学生や教授たちが賭け金を供し、経済学賞の栄冠を手にする人物を予想するのが恒例になっている。

本書は創設から四〇年にわたる経済学賞の歴史を取り上げているが、四〇年目に当たる二〇〇八年までの受賞者六二人は、全員が男性だった。四一年目となる二〇〇九年にようやく、インディアナ大学のエリノア・オストロムが、女性初の受賞者に選ばれた。資源配分においてコミュニティの果たす役割の研究が、受賞理由として評価されたのである。なぜこれほど女性が少ないのだろう。ほかの五つの部門でも、女性の受賞者は少ない。全受賞者のなかで女性が占める割合はわずか四・四パーセント。そのほとんどは平和賞（女性一二人）、文学賞（一〇人）、生理学・医学賞（八人）に集中している。物理学賞にはたった二人、化学賞も三人にすぎない。

経済学賞に値する成果を残した女性がいなかったわけではない。たとえばケンブリッジ大学のジョーン・ロビンソンは経済学界の重鎮で、独占的競争理論、ケインズ経済学、経済成長理論における功績は受賞理由として遜色ない。なかでも、一九三〇年代にイギリスで彼女が、アメリカでハーバードの経済学者エドワード・チェンバレンが個別に展開した独占的競争理論は画期的で、経済学原理の教科書ではほぼ必ず紹介されている。おまけに彼女はケンブリッジでジョン・メイナード・ケインズの同僚で、彼が革新的な理論を洗練させるうえで強力な後ろ盾となった。しかし、少数のスウェーデン人経済学者からなる選考委員会にとって、これだけでは十分ではなかったようだ。結局、ロビンソン教授は一四年間にわたって何度か候補に挙がりながら、栄冠を得ることなく一九八三年にこの世を去った。現在のルールでは、本人が生存していなければ受賞は認められない。

ジョーン・ロビンソンは政治色が強すぎたから、あるいはせっかくの賞を辞退する恐れがあったために、経済学賞を逃したのではないかと一部では憶測された。選考委員会の委員長を務めたアサール・リンドベックはロビンソンが除外された理由をつぎのように打ち明けた。「賞を辞退する恐れもあったし、脚光を浴びる機会に乗じて主流派経済学を非難する可能性も考えられたからだ」[*5]。しかし、どちらの理由もロビンソンの経済学への貢献とは関係ないし、ほかの受賞者にこのような基準は適用されていない。辞退する恐れのあったジャン・ポール・サルトルはノーベル委員会から文学賞の受賞者に選ばれ、予想通り辞退している。理由はどうあれ、二十世紀最高の経済学者のひとりに数えられ、たまたま女性だった人物が、ノーベル賞を授与されなかったということだ。

このようにノーベル経済学賞受賞者のリストには、今日の経済学の巨匠がもらさず含まれているわけではない。偏見の強いノーベル賞選考委員会は、知名度も人気も抜群の二十世紀の経済学者をもうひとり、賞の対象から外してしまった。ハーバード大学で教鞭をとり、ケネディ大統領の顧問やアメリカ経済学会の会長を務め、二十世紀を代表する経済学者のひとりに数えられるジョン・ケネス・ガルブレイスである。彼は貧困や所得分配や失業など、社会が直面する諸問題の研究に取り組んだ。そして金融バブルや拮抗力の理論、あるいは現代の大企業の内部構造に関する学問的研究に加え、一般向けの著書も数多く執筆している。経済学者としても作家としても一流で、国政においても社会においても最高の地位に上りつめた彼の名声は全米に知れ渡った。

ガルブレイスは名著『大暴落1929』で、一九二九年の株式市場崩壊について取り上げた。世界恐慌の一〇年の先駆けとなった大暴落を歴史と経済の両面から解説したもので、出版からおよそ五〇年以上が経過したいまも高く評価されている。難解な経済問題も、ガルブレイスの手にかかると一般の関心をぐっと惹きつけるものになる。さらにガルブレイスは、ノーベル賞受賞者ミルトン・フリードマンとの間で激しい議論をたたかわせ、地味な経済問題に世間の注目を集めた。ただしノーベル賞の選考に関しては、人気が災いしたのかもしれない。保守的な経済学者のグループはガルブレイスの人気を槍玉にあげ、大衆から熱烈に支持されるのは、研究に対する「厳格な姿勢」が十分ではない証拠にほかならないという内容の発言を行なった。選考委員会のメンバーにとって、ガルブレイスはリベラルすぎて、数学的でない、ということだろう。理由はどうあれ、巨匠ガルブレイスの名がないことは、受賞者の名簿の不備をはっきりと際立たせるもうひとつの例である。いまにノーベル委員会も考え直すのではないかという憶測も流れ続けたが、二〇〇六年にガルブレイスが死去すると、そんな憶測にも終止符が打たれた。

ノーベル経済学賞は、そもそも一九六八年、スウェーデン国立銀行が賞金とメダルの拠出を申し出たことをきっかけに創設された。ノーベル財団は新たな部門の追加にあたり、アルフレッド・ノーベルの遺志を尊重して従来の五部門と形式をそろえることにした。したがって、ほかの部門と同じく経済学賞の受賞者は十月にノーベル賞選考委員会によって正式に告知され、その後で受賞者発表とプレスリリースが行なわれる。受賞者には、ほかの五部門と同じ金額の賞金がスウェーデンの通貨クローネで贈られ、十二月に開催される授賞式では、ほかの受賞者と一緒に金のメダルがスウェーデン国王から授与される。さらにほかの部門の受賞者と同じく、経済学賞の受賞者には講演の機会が与えられ、ノーベル財団の公式ウェブサイトに受賞者として名前が記載される。これだけ共通点があるのだから、経済学賞の立場はほかの五つの賞と平等であるような印象を受けるかもしれないが、すべてがまったく平等というわけではない。

よくよく観察すると、若干の違いが見えてくる。たとえば、経済学賞の受賞者に授与されるメダルは、科学と文学の受賞者に渡されるオリジナルのメダルとは異なる。ただし、平和賞のメダルもデザインが異なることを考えれば、これは大した違いではない。もっと決定的なのは、経済学賞の正式な名称だ。「アルフレッド・ノーベル記念経済学スウェーデン国立銀行賞」という。これではノーベル賞なのかスウェーデン銀行賞なのかよくわからない。さらに驚くべきことに、ノーベル財団も正式な委員会のメンバーも、経済学賞に言及するとき「ノーベル賞」という部分を省くのが一般的である。ノーベル財団の公式ウェブサイトでは「ノーベル物理学賞」「ノーベル化学賞」などと紹介されるが、最後の部門は「経済学賞」とのみ記される。そしてほかの五つの部門の受賞者は「ノーベル賞受賞記念講演」を行なうが、経済学賞の受賞者の講演は単に「記念講演」と呼ばれる。[*6]

対照的に報道関係者の間では微妙なニュアンスが無視され、ノーベル経済学賞という表現が定着している。スウェーデンのノーベル財団という組織が授与するのだから、ノーベル経済学賞でよいという発想である。訂正しようとしたが改まらず、いまではノーベル財団も気にしなくなったようだ。本書では「ノーベル賞」という表現を経済学賞にも使うが、その一方、それが正式な名称ではないことに配慮して、経済学賞では**prize**という単語を大文字で始めない。正式名称であるスウェーデン銀行賞という場合には大文字のＰを使う。

経済学は科学か？

経済学は科学だろうか。アルフレッド・ノーベルは物理、化学、医学、生理学の社会への貢献を認めたが、同じく経済学も、科学としての社会的貢献を賞という形で報いるべき学問なのだろうか。科学関連部門の受賞者は、物質やエネルギーや人体の隠された性質の解明に貢献している。このような性質は時や場所をほぼ超越して存在するものであり、間違いなく発見に値する。科学的な方法で根気強く研究を続けるうちに謎が徐々に解明され、最終的に基本的な真実が姿を現す。このプロセスのなかで様々な理論があるときは確認され、あるときは論破され、そこからさらに新しい仮説が創造されていく。

では、どのような形の経済学ならば科学の名にふさわしいのだろうか。研究に科学的な手法を取り入れれば、それだけで科学になるのだろうか。そもそも経済学は、人びとが制度やルールの下でどのようにして様々な欲求や欲望を満たすかについて考える学問である。企業や市場や政府は財やサービスを生産し、その生産品を分け合うことによって人びとは欲望を満たす。つまり、経済学にも科学と同じく基本法則が存在するなら、それは人間の行動に関わるものでなければならない。すべての企業や市場や政府は、人間を基本要素として成り立っているのだ。ところが人間の行動はとかく気まぐれで当てにならず、基本方程式を少しばかりとりまとめて仕組みを解明できるわけではない。これは経済学が直面する最も厄介な問題のひとつであり、それゆえ経済学は科学とは一線を画するのである。

スウェーデン国立銀行もノーベル賞の選考に関わる経済学者たちも、そんな違いには興味を示さない。関心を持つのは類似点のみ。だから、この賞が単なる「経済学」ではなく、「経済を扱う科学」を対象としていることをしきりに強調したがり、受賞者にも科学者のような「印象」を期待する。これでは当然ながら、数学や統計の要素が目立つ研究で成果を挙げた学者が好まれてしまう。関係者は人間の気まぐれな行動についてはⅡをつぶってでも、経済学を物理学や化学や医学と同列に扱いたいのである。

数学への偏好

経済学賞の受賞者は、ほぼ全員がかつて数学に深く関わった経験を持つ。したがってほとんどの理論は、物理などの科学で使われる公式を模倣して独創的に表現されている。実際、経済学賞受賞者のなかには物理や工学や数学などの科学を専攻してから経済学に進んだ学者が驚くほど多い。もともと経済学は数学的な厳密さを重視する方向に進んでいたが、ノーベル経済学賞は確実にその傾向を強めた。映画『ビューティフル・マインド』に取り上げられたジョン・ナッシュ、あるいはロバート・オーマンなどは数学で博士号を取得しており、経済学の教育を正式に受けた経験はほとんどない。

本書では、経済学のアイデアを数式ではなく言葉で解説していく。経済学賞受賞者にとっては、頭にひらめいたアイデアを数式に置き換えるほうが独創的な概念を説明しやすい。経済学のアイデアを数式で表現することがノーベル賞に値するというのもおかしな話だが、ある意味、現代の経済理論の大部分には数式が導入されている。馴染み深いアイデアをうまく数式にできると、経済学者は深い満足感を味わう。ほかの人たちにとっての常識を数式で証明できたときには、さらに大きな達成感にひたる。

数学の利点は、定義がきわめて厳密で、どんな国のどんな職業の人にも通じる共通言語になることだろう。数学的な表現で科学としての側面を強調すれば、ノーベル賞選考委員会に好印象を与えるのは間違いない。しかし、数学的な表現に限界があるのもまた事実である。たとえば前提条件を伴う公式では、経済理論の正確さが実際以上に誇張されてしまう。おまけに位相幾何学《トポロジー》などの高等数学まで経済学に導入されたものだから、一部の分野は経済学とは呼べないほど様相が一変してしまった。こうした分野で考案された理論の多くは、大半のプロの経済学者ですら十分に理解できないといっても過言ではない。

このような展開の結果、今日の経済理論の多くは現実の経済というよりも、完全に架空の世界に関わる学問になってしまった。これでは、せっかくの経済モデルが砂上の楼閣で終わりかねない。いくら複雑な理論でも、現実の世界に応用できなければ無用の長物である。そこで本書は数学ではなく経済学のアイデアに注目し、理論や洞察をすべて言葉で解説することにした。

経済学への数学的なアプローチは、さらにもうひとつの危険を伴う。経済理論の客観性と正しさについて、間違った印象を与えてしまうのだ。数式に置き換えられた経済理論は偏見とは無縁のような印象を受けるが、常にそうとはかぎらない。それどころか自由市場を信奉する経済学者は、出来る限り最高の状態の市場を前提にしがちだ。人間は完全に合理的で、完全な情報にもとづいて客観的に行動し、結果として市場は効率的に機能すると考える。完全な条件の下ならば完全な結果も生じやすいだろう。

これに対し、自由市場の懐疑主義者は完全な行動や条件を想定しない傾向が強く、結果として自由市場の完全性には関心を持たない。過去四〇年間の経済学賞受賞者の顔ぶれを見ると、どちらのグループの学者も含まれている。いずれも最初は似たような方程式から始めるが、それぞれ独自の修正を加えるうちにモデルは異なった方向に進んでいく。したがって、ふたりの経済学者が矛盾する結論に達したとしても、どちらも数学的に正しい可能性は大いにあり得る。ノーベル賞の科学部門の受賞者の間には、理論的な矛盾はまず存在しないものだが、経済学部門では矛盾が決してめずらしくない。最たる例は一九七四年だ。この年の受賞者は反社会主義者として有名なフリードリヒ・フォン・ハイエクと、社会主義者のグンナー・ミュルダール。どちらも相手の健闘を称えることはなかった。

経済学の起源

経済学賞受賞者のなかには、経済学のふたりの巨人――アダム・スミスとジョン・メイナード・ケインズ――のいずれかの流れを汲む学者が驚くほど多い。スミスはもちろん、一七七六年に出版された古典『国富論』のなかで自由市場を熱烈に擁護した。彼はシンプルな前提にもとづいて、需要と供給から成る市場の機能について解説している。スミスが生きた十八世紀の経済モデルでは、価格が中心的な役割を果たした。価格が財の余剰や不足のシグナルとなり、望ましい結果を市場にもたらす。見えざる手に導かれるかのように、自由な市場は経済のなかで無理なく効率的に生産や分配を調整するというのがスミスの持論だった。スミスの著書では政府が悪役として登場する。政府が価格のシグナルに介入すると、自由市場で本来実現するはずの理想的な結果が妨げられてしまう。

経済学賞受賞者の多くは規制のない自由な市場に寄せる信頼をアダム・スミスと共有しており、学問的にも大きな影響を受けている。自由市場経済学者については第2章で紹介するが、いずれも政府の介入に反対する姿勢を鮮明に打ち出し、民間市場を擁護した。ここにはシカゴ学派のリーダー的存在であるミルトン・フリードマンらが登場するが、彼らは完全競争という抽象的なモデルを使い、市場経済に関する自らのビジョンを擁護した。

アダム・スミスの影響は、〝新古典派経済学〟の発展にもおよんだ。十九世紀末、市場経済についてのスミスの記述からインスピレーションを得た経済学者は、市場を数学的に表現する傾向を強めた。新古典派の経済学者によれば、人間の合理的な行動は一貫性と確実性を伴う予測可能なもので、自己利益に深く根ざしていた。実際、人間の合理的な行動を前提とする経済モデルは広く普及しており、いま紹介した特徴をすべて併せ持つような架空の生き物は〝ホモ・エコノミクス〟（経済人）と命名された。

この合理性にもとづく理念はいくつもの道に分かれて進化したが、道のひとつはイギリス人経済学者アルフレッド・マーシャルに行き着いた。彼は十九世紀の経済学者が提唱した理論の数々を統合し、その集大成として〝ミクロ経済学〟と呼ばれる学問を打ち立てた。マーシャルは需要と供給に関する新しい発想の数々を紹介し、それらを税金や貿易などの経済政策にいかに応用すればよいかを示した。経済学賞受賞者のなかには、この流れを汲むミクロ経済学者も多い。ある者は新しい概念を考案し、ある者は従来の概念をまったく新しい分野に応用した。第3章ではシカゴ学派の経済学者を取り上げ、家族、犯罪、教育、公害、公共の電波など、幅広いトピックへのミクロ経済学の応用について解説する。つぎに、ミクロ経済学の金融市場への応用に貢献した受賞者に関しては、第4章で取り上げる。彼らの研究は株式、ミューチュアルファンド、デリバティブといった市場の拡大への貢献を絶賛された時期もあったが、その同じ市場の不安定さが目立つようになると、一転して胡散臭い目で見られるようになった。「ミクロ」の分野の受賞者は第5章にも登場する。ここで紹介する学者たちは、ミクロの数理モデルを洗練させ、最適課税の決定や入札の仕組みの解明にミクロの理論を応用している。

もちろん、完全な合理性こそ人間にとってベストの行動モデルであると、すべての経済学者が信じるわけではない。経済学賞受賞者のなかでも行動主義者と呼ばれる学者たちは、ミクロ経済学のこうした前提の一部に異議を唱えている。彼らの研究については第6章で触れるが、いずれも人間が人間らしく行動するとき、すなわち欠点のある人間が完全な情報や完全な洞察力を持たない状態で行動する場合、市場にどのような効果がおよぶかに関心を寄せている。

一方、すべての経済理論がアダム・スミスの思想を原点としているわけではない。アルフレッド・マーシャルの弟子で、ケンブリッジ大学の経済学者だったジョン・メイナード・ケインズは、まったく異なる経済学を開拓した。ケインズにとっての出発点は完全市場という想定ではなく、一九三〇年代に先進国世界を打ちのめした暴落市場という現実だった。ケインズは新古典派経済学が提唱するホモ・エコノミクスなどの前提にとらわれず、最後はまったく異なる理論を考案した。

ケインズのアプローチは新しい世代の学者たちに受け入れられ、ケンブリッジから発信されたアイデアは海を渡ってアメリカ各地の大学の経済学部に広がった。そしてここでもお馴染みのパターンが繰り広げられた。新たに誕生したケインズ信奉者は手始めに、ケインズの理論を数式や幾何学的図形で表現しなおした。その結果、より緻密で洗練度の高い定義が考案されたのである。こうした形でケインズ経済学の擁護や拡大に努めた経済学者たちの一部には、ノーベル賞を受賞する機会が与えられた。彼らについては第7章で取り上げる。ただし革命的なアイデアの例に漏れず、ケインズ経済学は自由市場経済学者からの反発を招き、理論もそれにもとづく政策も槍玉にあげられた。ケインズに反対する学者たちは一九七〇年代になると新古典派経済学の復活に努めるが、このグループについては第8章で紹介する。

経済学賞受賞者のなかでも一部の特殊なグループは、経済問題の分析にきわめて有効なツールを発明した。彼らはスミスやケインズといった経済学者たちの影響を受けながらも、現実の経済を細かく観察してユニークな洞察を手に入れた。いずれも第9章で紹介するが、国民所得勘定、投入産出分析、線形計画法などのツールは、今日でも経済問題を研究するために多くの経済学者によって使われている。

さらにもうひとつ、合理的な行動という概念に大きく影響されながらも、独自のアプローチを発達させた分野がある。それはゲーム理論で、その本質は単純なゲームを支配する数学的ルールの解明である。パイオニアであるジョン・フォン・ノイマンは経済学者ではない。彼はプリンストン大学の天才数学者で、一九五七年に没していなければ有力なノーベル賞候補になっていたはずだ。彼の死から一一年後、経済学賞は創設された。第10章では、ノイマンの偉大な業績を受け継いだ受賞者たちの貢献を取り上げる。

スミスを出発点とする道のひとつはアルフレッド・マーシャルへと続いたが、もうひとつ、フランスの経済学者レオン・ワルラスへと続いた道もあった。ワルラスは一八七四年、市場行動に関するアダム・スミスの記述を数式で表現しなおすことに成功した。スミスの著作は人間のあらゆる行動やその動機を網羅した大作だったのに対し、ワルラスの著作は数学の公式や証明についての概論から成る無味乾燥な内容だ。彼はそこで需要と供給に関する公式をふんだんに使って経済全体を表現することに成功した。そこから〝一般均衡理論〟が誕生したのである。このようにワルラスはスミスの市場モデルを方程式に置き換えることに可能性を見出したが、後の世代の数学者たちはワルラスの方程式をさらに高度な数学に発展させようと試みた。おかげで数式はますます抽象化され、その功績を認められた一部の学者にノーベル賞が与えられた。その話は第11章に登場する。

ほとんどの経済理論は市場経済への何らかの応用が想定されているが、国際貿易や経済開発は独自の問題をいろいろ抱えている。アダム・スミス以来、経済学者は常にこれらの問題に関心を寄せてきたが、第12章で紹介する経済学者はこの分野での功績によってノーベル賞を受賞した。

一方、実践的な経済学者は、現実世界の活動について洞察を得るための手段として、理論だけでなく統計分析にも頼った。第13章に登場する経済学者は、統計分析のテクニックを革新した功績をノーベル賞で報われた。

四〇年あまりの歴史を通じ、ノーベル経済学賞をめぐっては様々な理論が競合し、論争は紛糾するばかりだった。特に意見が分かれるのが、政府の適切な役割である。市場の失敗を修復するため、あるいは不公平な結果を改善するため、自由市場をどのくらい信用し、対する政府にはどの程度頼るべきか。経済学賞受賞者の多くはこの問題に確信をもって答えているが、自由市場を信奉するグループもいれば、政府の介入を支持するグループもいる。一時、経済学賞選考委員会は対立する両陣営の学者を平等に選び、バランスをとろうとした。たしかに公平かもしれないが、それが科学としての経済学の名声確立に役立つとは思えない。科学ならば、矛盾する理論が同時に正しいことなどあり得ない。意見の対立はほかにもあるが、本書ではそれらも取り上げていく。第14章で紹介するふたりの経済史家は、十九世紀における鉄道の経済的重要性についての見解が食い違っている。同じく第14章では二〇〇九年のふたりの受賞者の研究について触れるが、それぞれ企業統治と協同組合組織について興味深い疑問を投げかけている。

最終章ではノーベル経済学賞のこれまでの成果を総括し、人類のために最大の貢献をした経済学者が正しく選ばれているかどうか評価を下す。偉大な研究が認められているのは事実だが、まだ改善の余地はある。

選考の妥当性

本書で紹介する経済学賞受賞者のほとんどは、特に有名人というわけではない。ミルトン・フリードマン、ポール・クルーグマン、ポール・サミュエルソンのように、専門書のほかに一般書を執筆している受賞者は例外的である。多くは、賞が発表される当日に名声が頂点に達する。そもそも経済学賞受賞者の大多数は研究者で、学長や学部長や学科長によって運営される大学が生活の中心である。自説を発表する場所は学会、学術誌、大学院のゼミ、学術書などに限られ、簡潔で明快な文章よりも緻密な数式や抽象的な記述が重んじられる。十月に賞が発表される日の早朝、自分の研究成果を全世界に向けて説明するための心の準備ができている学者はほとんどいない。自宅のリビングや大学の研究室に報道陣が押し寄せ、なぜ賞をとれたと思いますかと訊ねられても、答えを用意しているケースは稀で、相手を落胆させるような回答もしばしばだ。大体はあまりにも曖昧かつ不明瞭、せっかく録画してもニュース番組で紹介できるレベルではない。結局、経済学者がダイナマイトのような具体的なものを発見したわけではないという事実は、ほどなく報道関係者の知るところとなる。

一九八一年に経済学賞を受賞したジェイムズ・トービンは、ラジオのインタビューで自らの貢献について問われ、こう答えたという。「そうだな、すべての卵をひとつのバスケットに入れておくべきではないことが証明されたということかな」。この年、生理学・医学賞の受賞者は右脳と左脳がべつべつに機能することを発見し、物理学賞の受賞者は、レーザーによって原子から切り離した電子の特徴についての研究成果を認められた。平和賞は、世界各地の何百万人もの難民のために活動している国連難民高等弁務官事務所に与えられた。そして、経済学賞の受賞者は、すべての卵をひとつのバスケットに入れておくべきではないことを証明したというのだ！　ちなみに、作家のミゲル・デ・セルバンテスも同じように考えていた。「賢い人間は今日ではなく明日を考えて行動する。すべての卵をひとつのバスケットに入れるような危険は冒さない」。セルバンテスがこの文章を書いたのは一六〇〇年頃だから、このアイデアに関してはセルバンテスのほうに優先権がある。

もちろん、トービンは卵よりもはるかに重大な問題について素晴らしい成果を残した。しかしこのようなコメントが注目されることから判断するかぎり、経済学の研究成果はほとんど理解に苦しむと同時に、平凡なものと誤解されやすい。実際には、経済学賞受賞者のアイデアは、私たちの考え方に変化をもたらすばかりか、政府の政策にきわめて重大な影響をおよぼす可能性もある。賞の対象になった豊かな発想は知的資本の充実につながり、そこから私たちは政治や社会に関する政策のヒントを引き出す。経済学の知識がなければ、何も知らない私たちは確実に深刻な事態に巻き込まれていたはずだ。ハイパーインフレや株の暴落、金融危機、いや大恐慌さえ、気づかぬうちに発生していたはずだ。一九二九年の大暴落の直後に連邦準備理事会が迅速に対応していれば、大恐慌も避けられたはずだという見解が今日では定着している。しかし当時、連邦準備理事会が取るべき適切な行動の裏づけとなる理論は存在しなかった。それはもっと後のことだ。良し悪しはともかく経済学の知識を生かしてこそ、社会にさらなる繁栄をもたらすために欠かせない戦略や政策は出てくるものだ。

一国の政府や国立銀行が採用する経済理論は、ひとりひとりの国民や国全体、さらには全世界に大きなインパクトを与える可能性がある。ノーベル賞の受賞理由となった理論はたとえ地味でも、それが世界銀行の政策のたたき台として採用されれば、インドの農民への融資条件にまで影響をおよぼすときもある。携帯電話の電波周波数は、ゲーム理論の原理にもとづいた入札によって割り当てられるし、イーベイのオークションや二酸化炭素排出権取引の仕組みにも、ノーベル賞の受賞理由となった理論は応用されている。あるいは受賞者のなかには、ソ連との冷戦時代に戦略の策定に貢献した経済学者もいる。一見地味な経済理論が、世界中の何百万もの人びとの幸福に役立っている。過小評価するのは間違いだ。

ノーベル賞で評価されたアイデアの一部はたしかに重要だが、すべてが重要なわけでも独創的なわけでもない。なかには、せっかくのアイデアの影響力が経済学の世界ですら限定されているケースも見受けられる。これでは外の世界への影響力など到底期待できない。結局は、アイデアも受賞者自身もたちまち忘却の彼方に追いやられてしまう。後に残るのは名前が刻まれた金のメダルだけで、本書でもごく簡単に紹介している。あるいは、経済学賞選考委員会によって認められたアイデアが、受賞者の発案ではないケースもある。この事実が明白なこともあれば、選考委員会によって指摘されるまでわからないこともある。どこまでがオリジナルなのか、線を引きづらいこともめずらしくない。前述のセルバンテスの引用からもわかるが、トービンはすべての卵をひとつのバスケットに入れないほうが賢明だということを「証明した」かもしれないが、けっして発見したわけではない。この発見はトービン以前、さらにはセルバンテス以前になされたものだ。

最後になるが、経済学のアイデアが重要で幅広い影響力を持っていても、常に正しいとはかぎらない。経済理論が複雑な数式で表現されても、あるいは発案者にノーベル賞をもたらしても、現実の世界で機能することの保証にはならない。実際、なかには特に目立った成果を残せなかったものもある。経済学者は抽象的な概念の「証明」に心血を注ぐが、経済学のアイデアは現実の世界で生かされてこそ、真価を認められる。ノーベル経済学賞受賞者の大小さまざまの洞察から生まれたアイデアを評価するうえで、現実の世界に勝る場所はない。

第2章
自由市場主義者の経済学

フリードリヒ・A・フォン・ハイエク（一九七四年）
ミルトン・フリードマン（一九七六年）
ジェイムズ・M・ブキャナン・ジュニア（一九八六年）

一九四七年、フリードリヒ・A・フォン・ハイエクは、経済学者をはじめ学者仲間をスイスのモントルーに招集し、戦後のヨーロッパとアメリカにおける最大の不安材料について話し合った。その不安材料とは、飢えでも失業でもなく、まして共産主義でもない。政府だった。出席者は全員が強い自己主張を持っていたが、全員が大きな政府こそ戦後世界の最大の脅威だと考え、「文明の根本的な価値が危機にさらされている」[*1]という認識を共有していた。そして、「人間の尊厳や自由にとって欠かせない条件が、地球の大部分ですでに消滅してしまった……」[*2]と嘆いたのである。この悲観論の背景にあるのは「私有財産や競争市場に対する信頼の低下」だった。「その結果として権力やイニシアチブが分散されなくなると、個人の自由が効果的に守られる社会の実現は難しくなる」[*3]

こうした危機感からモンペルラン・ソサエティが設立され、初代会長にハイエクが選出された。同ソサエティは個人の自由を何よりも大切に考え、「特に福祉分野での政府の役割の拡大、労働組合の台頭、事業独占、インフレの脅威の継続と実現が引き起こす危険」を深く憂慮した。メンバーを束ねる理念はリベラリズム（現代のリベラリズムとは、ほぼ正反対）である。今日ではリベラリズムよりも、リバタリアリズムという名称のほうで知られる。モンペルランというのは、第一回会議の開催場所の近くの山にちなんだ命名である。第二回目以降は世界各地に開催場所を移し、出席者は個人の自由について意見や研究を交換した。モンペルラン・ソサエティには様々な国から会員が集まったが、会員数が五〇〇人を超えたことはない。会員からは、歴代の会長をはじめ合わせて八人のノーベル賞受賞者が生まれた。[*4] 初代会長のハイエク、七代目のミルトン・フリードマン、十四代目のジェイムズ・M・ブキャナン・ジュニアは、いずれも経済学賞を受賞した。

リバタリアンは、政治や経済の複雑な問題をすべて、ひとつの質問への回答という形で解決しようとする姿勢を特徴としている。「この政策は個人の選択の自由を侵害するものか否か」と問いかけ、答えがイエスならほぼ間違いなく反対する。このリトマステストによってリバタリアンは政策への立場を決定し、経済問題に関しては超保守的、社会問題に関してはきわめてリベラルな姿勢を打ち出した。[*5] たとえば、徴兵制に反対してマリファナの合法化に賛成するようなリベラルな人は、最低賃金や公教育といったリベラルな政策に賛成するものだと思われるが、リバタリアンは最低賃金にも公教育にも反対する。実際、これはすべてミルトン・フリードマンがキャリアの一時期に支持した立場である。これらの立場に共通しているのは、個人の選択から政府の影響力を排除することを一貫して目指している点である。リバタリアンによれば、戦地に赴くか、マリファナを吸うか、あるいは最低賃金を支払うかといった選択は、政府ではなくて個人が下すものであり、個人の自由の尊重が大前提になっている。政策への立場を決めるにあたって、評判、同情、よりよき選択、利他主義、機会均等、戦略的優位などには影響されない。ただひとつの要因、すなわち個人の自由によってすべては決定される。

現実には、個人の自由の多くは諸刃の剣である。誰かにタバコを吸う自由を認めれば、その行為によってタバコに汚染されない空気を吸う自由を侵害される人が発生する。しかし、リバタリアンはこうした問題に関心を持たない。むしろ、公教育、低所得者向け住宅、食料配給券、保健福祉などを、低所得世帯の児童向けのものですら廃止することに闘志を燃やす。どんなに必要であっても、他人の犠牲のうえに成り立つようなサービスを一部の人たちに提供することには拒絶反応を示す。個人の自由を守り抜くためには、ほとんどの公共政策に対して聖戦に向かうかのような情熱で挑むのである。

フリードリヒ・A・フォン・ハイエク（一九七四年受賞）

フリードリヒ・A・フォン・ハイエクは一九二〇年代から三〇年代にかけて貨幣や価格や景気

循環の原因に関して優れた研究成果を残し、それが一九七四年の経済学賞受賞につながったと公式記録には残されている。しかし正直なところ、問題への鋭い洞察といっても四〇年も昔の話で、七四年には遠い過去の出来事になっていたはずだ。オーストリア学派の流れを汲む景気循環論も、固定相場制を擁護する発言も、七〇年代には文献リストであまり目にしなくなっていた。

むしろハイエクは、一九三〇年代から四〇年代にかけて繰り広げられたケインズ派理論への猛烈な批判で人びとの記憶に残り、少数ながら熱狂的な支持者を獲得した。そして、一九四四年に出版された『隷属への道』の著者としての知名度はさらに高い。この本は、ヨーロッパで進行中の社会民主主義の実験やアメリカのニューディール政策を取り上げ、いずれも行き着く先は全体主義だとして西側世界に鋭い警告を発した。ハイエクによれば、社会保障制度や公的医療といった政策からソビエト共産主義やドイツファシズムの冷酷な独裁政権までは、ほんのひとまたぎだという。政府主導の政策を拒み、自由な市場と個人の自由を支持することが、全体主義の深淵への転落を避ける唯一の方法だと西側世界に強く訴えた。純粋な皮肉の意味を込めて、ハイエクはこの本をヨーロッパとアメリカの社会主義者たちに捧げた。社会主義者の何気ない善意が、隷属化や全体主義への道筋をつけてしまうと考えたからである。

幸い、ハイエクの鋭い警告は現実にはならなかった。たとえばデンマークは所得税率が五〇パーセントを超え、政府主導の公共制度が充実しているが、それでも民主主義政治がうまく機能し続けている。しかし一九四四年といえば第二次世界大戦の真っ只中で、ナチスや共産主義者が深刻な脅威を与えていた時代である。彼の主張はヨーロッパ大陸やイギリスやアメリカで多くの支持者を得た。

ハイエクは一八九九年、ウィーンの中流家庭に生まれた。父親のアウグスト・ハイエクは医師であり、ウィーン大学の教授だった。後に息子のフリードリヒは父親と同じ大学に進み、まず法学の博士号を、一九二三年には政治学の博士号を取得した。一九二一年、ハイエクは会計局に法務担当として就職し、第一次世界大戦中に返済が滞っていた債務の清算業務を担当した。当時、就職を取り巻く環境は厳しかったが、彼は数カ国語――フランス語、イタリア語、後には英語――に堪能だったうえ、オーストリアの著名な経済学者ルートヴィヒ・フォン・ミーゼスから推薦状をもらっていた。フォン・ミーゼスは、貨幣論や社会主義に関するハイエクの著作に強い影響を与えた人物である。

一九二三年にハイエクはニューヨーク市を訪れ、いかにも学者らしく公立図書館で大半の時間を費やした。ここで彼は第一次世界大戦中のアメリカの新聞記事に目を通し、強烈な印象を受けた。同じ時期のオーストリアの新聞記事に比べ、内容がはるかに充実していたのだ。オーストリア国民が重要な情報を知らされていなかったという事実にハイエクはすっかり落胆し、その責任はオーストリア政府にあると決め付けた。以後、ハイエクは何かにつけて政府を非難するようになっていく。このニューヨーク滞在中、ハイエクはニューヨーク大学経済学部の博士課程に籍を置き、学位論文の執筆も考えたが実現には至らなかった。そして学校に通うかたわら、アメリカの偉大な経済学者であり社会学者であるソースティン・ヴェブレンの講演に出席し、コロンビア大学のウェズリー・クレア・ミッチェルの講演にも何回か足を運んだ。すでに当時、ミッチェルは全米経済研究所で景気循環の研究に専念し、膨大なデータを集めていた。

一九二四年、オーストリアに帰国したハイエクは、役人としての仕事を再開した。面白いことに、彼は役人だったくせに役人ぎらいだった。「お上に仕えていると、どんな経済学者も性根が腐ってしまう」[*6]とのちに語っているほどだ。ハイエク本人はオーストリア政府での在職期間が短く、要職に就いたわけでもなかったので、決定的なダメージを受けずにすんだようだ。しかし友人のライオネル・ロビンズはそうはいかなかった。ハイエクによれば、ロビンズが第二次世界大戦中にケインズの理論に傾倒し、最終的にケインズ派に鞍替えしたのは、役人だったからだという。さらにハイエクは、「大衆向けの講演や執筆」にも同じように厳しい目を向けた。一九四〇年代、彼は大衆向けの作品『隷属への道』を執筆し、講演活動にも精を出すが、結局は大衆路線を放棄して、学問の研究に専念する道を選んだ。[*7]物事の悪影響を十分に理解するためには、実際の経験に勝る手段はないということだろう。

ヨーロッパに戻ってほどなく、ニューヨークでの見聞を生かす機会が訪れた。フォン・ミーゼスの支援を受けて、景気循環研究所を設立したのである。研究所の活動はハイエクの論文執筆が中心だったが、やがてそれはロンドン・スクール・オブ・エコノミクス（LSE）のライオネル・ロビンズの目に留まり、LSEでの連続講演が実現した。この講演をきっかけにハイエクはLSEから正式に招かれ、一九三一年から五〇年まで在籍することになった。ハイエクにとって三〇年代の初めは「経済理論の発展にとって最も刺激的な時期だった」という。たしかに刺激的だったかもしれないが、だからといって生産的だったとは言いがたい。ハイエクによれば、この時代に経済理論は「最高の瞬間」を経験した後、悪しきケインズ派の学説の数々に触まれていったのである。

ハイエクとケインズ

一九三〇年代にロンドンで安定した地位を確保したハイエクは、ケンブリッジ大学でケインズ派の理論が花開いていく様子をリングサイドからじっくり観察する機会に恵まれた。ケインズとの初対面は一九二八年に開催された景気循環に関する会議で実現しており、その後もキングスカレッジで何度か顔を合わせる機会があり、ケインズと妻のリディア・ロポコワを「親友」とまで呼んだ。ふたりの経済学者は順調に友情を育んでいくが、戦争が間近に迫った三九年、ＬＳＥのキャンパスが一時的にケンブリッジに移転されると亀裂が生じた。ケインズを批判する人や中傷する人は、たとえ彼の理論や推論にまったく賛成できなくても学問的な資質まで非難したりはしない。しかしハイエクは違った。大切な「友人」について、彼はばっさり切り捨てた。「ケインズはいいやつだし素晴らしい面も多いけれど、経済学者としては一流ではないね」。さらにハイエクは、ケインズが経済史に関して無知も同然である点も槍玉にあげ、イギリスの主な経済学者のなかで彼が知っているのは師匠のマーシャルぐらいだと指摘した。[*8] これだけケインズをこきおろせば、しっぺ返しをくらうのも当然だ。あるときハイエクはＬＳＥの同僚ハロルド・ラスキから、ケインズが自分について「ヨーロッパでいちばん有名な馬鹿野郎」と言いふらしていることを聞かされた。[*9] ケインズの口からそんな言葉が出るとは信じられず、ハイエクはラスキを「病的なうそつき」[*10]と決めつけた。実際、相手を見下すようなハイエクの発言は、ラスキにかぎらずLSEの同僚の多くにも向けられ、学部長のウィリアム・ベヴァリッジ卿も例外ではなかった。ハイエクの手にかかると、ベヴァリッジは「経済学に関してずぶの素人」になってしまった。[*11]

ハイエクはケインズの見解を論破しようと努めたが、いくら頑張っても大して注目はされなかった。ケインズ派の理論がケンブリッジに定着し、アメリカ、さらには世界各地に広がり、圧倒的な勝利をおさめていく展開を食い止めることはできなかった。ハイエクはケインズの初期の著作『貨幣論』の論評を書いたが、当時もその後もあまり注目されなかった。のちに彼は、ケインズの理論をもっと効果的に非難できなかったことを深く後悔していると語った。何が問題だったのかといえば、ハイエクの対案には説得力が欠けていたのだ。やはりノーベル賞受賞者のポール・サミュエルソンによれば、ハイエクが考案した大恐慌の解決策は難解で、最後まで読み通すのが苦痛だったという。[*12]

やがて講演旅行でアメリカを訪れたハイエクはヘンリー・シモンズと親交を結び、その縁でシカゴ大学のポストを提供された。一九五〇年四月に着任したが、経済学部教授としてではなかった。人格に優れた学究の徒を自認する経済学部の学者たちにとって、ハイエクは政治色がやや強すぎ、『隷属への道』が出版されてからは世間での人気がやや目立ちすぎた。だからハイエクをシカゴ大学に招くことに経済学部として異論はないが、自分たちが引き受けるのは勘弁してほしいと考えたのだ。結局、ハイエクは社会科学ならびに道徳科学の教授として赴任するが、これは経済学というよりも、哲学や心理学との関連が深い学問である。

そもそもハイエクのほうでも、シカゴ大学経済学部をそれほど高く評価しているわけではなかった。たしかにハイエクとフリードマンは多くの見解を共有している。しかし、経済理論に対するフリードマンの大きな貢献、すなわち実証主義とマネタリズムのふたつをハイエクは槍玉にあげ、経済のあらゆる現象に関して原因と結果を単純に考えすぎるあやまちが繰り返されていると批判した。それでもお世辞を言うだけの余裕はあって、フリードマンの文章は簡潔でわかりやすいと持ち上げているが（間違いなく皮肉である）、その一方フリードマンの『実証経済学の方法と展開』に対し公式に批評しなかったことを後悔していた。ハイエクにとってこの著作は、「ケインズの『貨幣論』と同程度に危険なもの」に映ったのである。[*13] シカゴ学派のメンバーのなかでハイエクが最も尊敬したのはゲイリー・ベッカーだった。後にノーベル賞を受賞したベッカーについては、フリードマンやジョージ・スティグラーよりも「思想家として洗練されている」と評した。[*14]

一九九一年十一月にロシアで、引き続き東ヨーロッパで共産主義が崩壊すると、ハイエク理論への関心は一時的に復活した。九一年十一月、ジョージ・ブッシュ大統領は、アメリカの民間人に与えられる最高の栄誉である大統領自由勲章を彼に授与した。「二十世紀のいかなる人物よりも、東欧の一連の出来事によって理論の正当性が認められた[*15]」とホワイトハウスのスポークスマンは語った。

かつてのハイエクは景気循環の量的分析から有益な結果が引き出されることを期待していたが、一九七四年にノーベル賞を受賞する頃にはとっくに希望を捨てていた。そしてノーベル賞記念講演でも、その点に大半の時間を割いた。特に彼は、経済学に数学的要素を取り入れて物理などの科学を真似しても、うまくいかないと確信していた。「あるパターンの一般的な特徴」を説明するうえで数学が果たす役割こそ否定しなかったものの、その役割が際限なく膨らんでいく事態を憂慮したのである。[*16] ハイエクはゲーム理論についても限界を超えていると考え、ジョン・フォン・ノイマンとオスカー・モルゲンシュテルンによる共著『ゲームの理論と経済行動』をつぎのように評した。「本書の数学としての大きな成果は認めよう。ただし、経済学を取り上げている第一章は間違っている。ゲーム理論が経済学に大きな貢献をしたとは思わないが、数学としては非常に興味深い[*17]」

結局のところ、市場で生じる結果を予測することも市場の優位性を証明することも不可能だと確信したハイエクは、その必要すらないと信じるようにもなった。何千もの企業や何百万人もの消費者から情報を集めたうえで、消費者は何を望み、企業は何を生産したいのか伝えられる存在は市場以外に考えられない。だから自由市場の優位性を認めれば、それで十分。わざわざ証明する必要はないし、証明など不可能というわけだ。

ハイエクはスポーツをたとえに使い、その持論を具体的に説明した。試合で対戦するふたつのチームに関して膨大な統計を集め、その情報にもとづいて勝者を予想することは不可能ではない。ハイエクはそんな方法を〝パターン予測〟と呼んだが、その一方、これは科学的なやり方ではないと指摘した。実際には、ほかにも様々な要因が試合の結果を左右するもので、そこには選手の生理機能をはじめ、人間の恣意的な選択が多く含まれる。実際に試合結果を決めるのはおびただしい数の細かい情報であって、それを「科学的に」モデル化するのは容易ではない。いや、不可能だ。スポーツよりもさらに多くの人間の多くの決断が関わってくる市場は、少なくともハイエクの目には科学の領域を超えたものに映ったのである。

ハイエクはいかにも洗練されたエリートとしての雰囲気を漂わせていたが、それは古典教育によるところが大きい。大学では経済学以外の分野でふたつの学位を取得したが、十九世紀の経済理論に精通していた。そしてほかの経済学者を評するときには、相手が自分の説に賛同しているかだけでなく、どのくらい古典の素養があるかも判断材料にしたものだ。キケロの作品からラテン語の文章を引用し、ＬＳＥの同僚が誰一人としてそれを理解できなかったときには驚きを隠せなかった。

ハイエクは一九六〇年代からドイツのフライブルクで隠遁生活に入り、一九九二年に九十二歳で没した。彼は生涯にわたり、ソ連の計画経済、ケインズ派経済学の隆盛、政府主導の政策の拡大、経済学における数学重視の傾向などに対して困難な戦いを挑んだ。いずれも圧倒的な時代の趨勢であり、彼がいくら必死に抵抗の声をあげても、大方は咆哮にかき消されてしまった。しかし、経済学のなかに保守的なリバタリアンの伝統をいち早く定着させた先駆者としての功績は評価すべきであり、ハイエクの遺産はいまだに生き残っている。公共サービスの大半やその資金源としての税金に反対を貫いた姿勢は、シカゴ学派の経済学者に刺激を与え、引き継がれていった。

ミルトン・フリードマン（一九七六年受賞）

歴代の経済学賞受賞者のなかで最も有名にして、おそらく最も世間を騒がせた人物はミルトン・フリードマンだろう。一九七六年の唯一の受賞者である。彼は経済理論だけでなく、一国の経済政策にも大きな変化を促した数少ない経済学者のひとりだといっても過言ではない。現代のアダム・スミスにもたとえられるフリードマンは、市場こそが経済を有効に機能させ、繁栄を実現するための強力なツールたり得るというメッセージを広めた。自由市場を守るためにはいっさいの妥協を許さず、容赦ない攻撃は政府にも向けられた。それは彼の最大の遺産としていまだに評価されているが、その一方、フリードマンはマクロ経済理論に関しても広い範囲で重要な業績を残している。これらの理論の詳細の多くはいまだに歴史的な検証が済んでいないが、従来の枠にとらわれないフリードマンの発言はほとんど常に反論を招き、白熱した議論が戦わされた。そんなとき、攻撃的でも冷静なフリードマンのアプローチは、論争相手の学者にさえも経済学者として成長する機会を提供したものだ。

政府の介入によってすべての経済問題が解決されるわけではない。フリードマンはこの事実を政策立案者や経済学者に突きつけた。最も有名なのは貨幣政策だろう。経済に混乱を引き起こさずに政府が供給できる貨幣の量には限界があるという事実は、今日では広く認識されている。しかしフリードマンがアンナ・シュウォーツとの共著『合衆国貨幣史　一八六七〜一九六〇』を発表した一九六三年には、これは明白な事実ではなかった。この本は、ほぼ一世紀にわたる貨幣の歴史を理解するための貴重な資料であり、貨幣供給量の無制限な拡大に対するフリードマンの警告が歴史的な事例によって裏づけられている。今日、貨幣供給量の無制限な増加が経済に壊滅的な結果をもたらす可能性について、異論をはさむ人はいない。

この同じ歴史的な事例にもとづいてフリードマンは、インフレと失業の間の関係を表わすフィリップス曲線についても疑問を抱くようになった。今日のわれわれは、フィリップス曲線が安定していないことを知っているが、それを明白に示す出来事が起こる前にフリードマンがそのことを指摘していた点は、高く評価されるべきだ。さらに彼は、固定相場制を国際市場で維持する難しさも予想していた。各国通貨の為替レートを固定するブレトンウッズ体制は、ケインズの発案で第二次世界大戦後に創設された。しかし数十年が経過する頃にはうまく機能しなくなり、結局は一九七〇年代始めに崩壊した。代わって採用されたのが、フリードマンが強く支持した変動相場制だった。ここでも彼は、問題とその解決策を見事に予測していたのである。

過激な主張

こうした功績はノーベル賞の受賞理由としていずれも高く評価されたが、長年にわたって精力的に活動したフリードマンは、他にも多くの成果を賞に値する功績として認められた。マクロ経済学の視点から幅広い分野に貢献したことだけで満足していれば、彼は二十世紀の偉大な経済学者のひとりとして誰からも認められる存在で終わっていたかもしれない。しかしフリードマンは、理論も政策提言も極限まで追究するのが常だった。だから、行き過ぎた金融緩和の危険について警告するだけでは満足できず、貨幣供給量を管理する政府の取り組みはすべて逆効果だと指摘せずにはいられなかった。そんなことをしなければ彼の主張はもっともな経済理論として認められていたかもしれないのに、代わりに激しい論争の種を提供してしまった。問題は変動相場制にもおよんだ。変動相場制に賛成する経済学者は多かったが、フリードマンは極端だった。通貨危機の自然発生を回避するための介入を、政府はいっさい控えるべきだと主張したのである。こうした過激な姿勢は支持者を熱狂させる一方、反対者をひどく怒らせた。

　こうした性格ゆえ、フリードマンは間違いも注目された。レナード・シルクは一九七六年、〈ニューヨーク・タイムズ〉でつぎのように指摘した。「フリードマンは七四年の夏、国際石油カルテルがまもなく崩壊し、原油価格は第四次中東戦争以前の水準にまで落ち込むと予測した。二年が経ったが、いまだにそうなっていない」[*18]。長年の間にはＯＰＥＣにも紆余曲折はあったが、フリードマンの発言からおよそ三五年後、本書の執筆段階でもＯＰＥＣはいまだに存在している。これは決して小さな間違いではない。自由市場を信奉するフリードマンやシカゴ大学の同僚は、いかなる形のカルテルも理論的には存続が不可能であり、脅威にはならないと信じていた。メンバーはそれぞれ自己利益を考えて行動するから、いかなるカルテルも最終的に崩壊を免れないと確信していたのである。ここでもまた、理にかなった理論が極端に解釈されている。カルテル内に対立が存在するのは事実かもしれないが、現実にはそれが常に崩壊を引き起こすわけではない。

その証拠にＯＰＥＣはいまだに存在している。予測の正しさを評価基準にするならば、この理論には落第点しかつけられない。

ほかにもフリードマンの理論は、現実世界への応用で似たり寄ったりの評価を受けている。たとえばノーベル賞の受賞理由にも挙げられた〝マネタリズム〟の理論によれば、インフレや景気後退のリスクを回避するためには貨幣供給量を一定の割合、具体的には年に二～五パーセントの割合で増やし続けなければならない。一九七九年に連邦準備理事会の議長に就任したポール・ボルカーは、早速この処方箋を政策として採用するが、結果として失業率は記録的な水準に跳ね上がり、八二年にこの政策は放棄された。それ以後のボルカーは貨幣供給量をさらに増やし続けるが、それがフリードマンには面白くない。八三年はまだ大丈夫かもしれないが、早ければ一九八四年にはインフレが発生すると警告した。連邦準備理事会は八三年を過ぎてもどんどん貨幣供給量を増やしつづけ、それにつれてフリードマンの警告はさらに声高になっていった。

やがて政策が奏功して景気回復が定着してくると、連邦準備理事会はいきなり方針を正反対に転換し、今度は貨幣供給量の伸び率をおさえた。フリードマンのマネタリスト・モデルによれば、これはさらに悪い選択だった。一貫性に欠ける政策は、インフレ率と失業率を同時に上昇させてしまうことになりかねない。連邦準備理事会の近視眼的な政策は、「スタグフレーション――景気後退に伴いインフレ率と金利が上昇する事態――を確実に再現させる」[*19]とフリードマンは危惧した。この時期、彼は〈ニューズウィーク〉にたびたび記事を寄稿して、不吉な予測を繰り返した。こんな予測をする経済学者はフリードマンぐらいだったが、彼は自分の警告を無視する連邦準備理事会を激しく非難した。ところが、マネタリストのモデルでは避けられないはずの事態が、現実の世界ではその徴候すら見せなかった。一九八三年、八四年、さらにそれ以降も、フリードマンの予測とは対照的に失業率は下降線をたどり、経済は着実に成長し続け、インフレ率は低レベルで安定した。フリードマンにノーベル賞をもたらしたモデルが、彼の評価を下げてしまったのである。連邦準備理事会も、フリードマンから教訓を学ばなかったわけではない。この数十年間は、景気後退やインフレの対策として金融政策を継続している。

フリードマンとシュウォーツの共著『合衆国貨幣史』は貨幣と通貨の歴史における主なイノベーションについて重要な指摘もある。しかしそれ以外の部分は挑発的な内容で、たとえば大恐慌を引き起こした犯人として連邦準備理事会を非難している。連邦準備理事会は大恐慌の兆しを読み取って、貨幣供給量の減少を食い止めるための措置をただちに講じるべきだった、それに失敗したから「ありふれた景気後退」が「大惨事」にまで拡大したのだと論じている。自由市場が大恐慌を引き起こした可能性など、ミルトン・フリードマンには到底受け入れられない。だから政府――この場合には連邦準備理事会――に責任を押し付けるしかなかった。

大恐慌を引き起こした原因を突き止めることは、不可能ではないにしても実に難しい。ただし、一九三〇年代はじめに貨幣供給量が落ち込んだ原因が、銀行の経営破綻と預金の流出だったことはよく知られている。三四年には政府も行動を起こし、てこ入れ策として連邦預金保険公社を設立して銀行の信頼回復を目指した。三〇年代初めの銀行をめぐるパニックを防ぐには遅すぎたが、この行動によって将来的な大恐慌の再現が食い止められたのは間違いない。

しかしフリードマンにとって、この程度では十分ではなかった。民間銀行を救済するための十分な対策を怠った政府を非難しておきながら、いざ政府が行動を起こして預金保険公社を設立すると、今度はそれにも反対した。政府は銀行の活動に介入すべきでないと確信していたからである。連邦準備理事会はもっと迅速に行動して銀行制度を救済するべきだったと後から言うのは簡単だが、そもそも銀行制度の救済が必要な事態がなぜ発生したのか。フリードマンはこの問題から目を背けた。それに答えようとすれば、重大な市場の失敗を認めざるを得ないからだ。

絶頂期のフリードマンは単純な経済行動を独創的なストーリーで説明する能力に優れていた。なかでも特にふたつの理論が、経済学賞選考委員会から受賞理由として評価された。たとえば、典型的な貧困家庭はその日暮らしでほとんど貯蓄がない。かなりの金額を貯蓄している富裕層の家庭とは対照的である。普通なら貯蓄額が異なる理由を収入の違いで片付けるだけだが、フリードマンは〝恒常所得仮説〟という新しい理論を考え出した。貧困家庭にもかつて裕福だった時期があって、高い〝恒常所得〟に慣れていたかもしれない。そうなると、以前よりも低い金額を〝変動所得〟として受け取るようになっても、かつての消費行動が染み付いているので貯蓄にいっさい回せない。だから貧困家庭は貯蓄率が低いのだという発想である。ひょっとしたらその通りかもしれない。しかしひょっとしたら、必需品を購入するだけで精一杯なのだとも考えられる。

そしてもうひとつが、短期〝フィリップス曲線〟に関する説明である。フィリップス曲線は、インフレ率が上昇すれば失業率は下がり、逆にインフレ率が下がれば失業率は上昇する傾向にあることを示すが[*20]、フリードマンはこの現象についてつぎのように考えた。インフレ時に名目価格が上昇すると、企業は生産物価格が上昇して売り上げが増えたのだという錯覚に一時的に陥り、雇用を拡大する方向に進む。だからインフレ率の上昇は失業率の低下に（少なくとも一時的には）つながるというのだ。しかしこの理論は、企業が組織全体で錯覚に陥らなければ成り立たない。フリードマンともあろう人物が、ずいぶんおかしなストーリーを考えたものだ。

独裁政権とのつながり

フリードマンの理論は、そのほとんどが経済学者の間でさかんに議論されている。しかし一般の人たちがフリードマンの最大の問題として取り上げるのは、軍事独裁政権との関わりだろう。フリードマンがノーベル賞を受賞すると、科学部門の受賞者たちによる抗議文が〈ニューヨーク・タイムズ〉に掲載されるという、異例の事態も発生した。一九六七年に医学賞を受賞したジョージ・ワルドは、一九五四年の化学賞ならびに一九六三年の平和賞の受賞者であるライナス・ポーリングとの連名で、フリードマンの受賞に反対する投書を送った。一九七〇年代はじめ、チリの軍事政権と密接な関係にあったことを問題視したのである。同じく、デイヴィッド・ボルティモア（一九七五年医学賞）とS・E・ルリア（一九六九年医学賞）のふたりも、フリードマンの受賞に反対した。この場合も、問題の焦点はチリの軍事政権との関わりだった。フリードマンは「民主主義の敵を支援している」と指摘し、そんな人物にノーベル賞が与えられるのは「チリ国民……特に、軍事政府によって獄中に捕らわれている人や国外に追放された人びとに対する侮辱に他ならない[*21]」と非難した。

ノーベル賞への異例の反応はそれだけではない。チリの軍事政権と関わりを持つフリードマンの受賞に抗議して、スウェーデンでは数千人規模のデモ行進が行なわれた。事態の制圧に三〇〇人の警察官が動員されたが、大した成果はあがらなかった。ある人物は、参加者が限られている受賞パーティーにホワイトタイと燕尾服の正装で確信犯的に忍び込んだ。そしてセレモニーの最後になって「フリードマン、帰れ」「チリ国民、万歳」と叫び会場を追い出された。[*22] フリードマンはチリ政府の顧問を務めた経験はないと否定しておきながら、一九七五年にチリを六日間訪れたのを最後に「いっさいの接触を断った」と付け足した。[*23] これでは話に説得力がない。

実際のところフリードマンは、南米での休暇を楽しむためにチリを訪れたわけではない。アウグスト・ピノチェトが軍事クーデターに成功すると、政府関係者の招きで現地を何度も訪れ、セミナーや会議に出席した。フリードマンには、シカゴ大学とピノチェト政権との橋渡し役として友人のアーノルド・ハーバーガーが同行した。[*24] ハーバーガーはアメリカ国際開発局を介し、シカゴ大学経済学部とチリ・カトリック大学との相互交流協定のための資金を確保していた。[*25] 政府関係者や軍事政権のメンバーとのミーティングが終了すると、フリードマンとピノチェト将軍との個人的な会談が行なわれるときもあり、そこではチリの経済状態が議題にのぼった。

フリードマンがチリで提言した政策は、彼の経済理論の典型とも言える内容だったが、それが前代未聞の規模と速さで実行に移されたため、論争の的になった。インフレを数カ月で終息させるために、フリードマンは「ショック療法」と呼ばれる厳しい対処法を提案したのである。具体的には、政府の支出を半年間で一律二五パーセント削減し、貨幣供給量を制限し、実質的な変動相場制を継続した。民主的に選ばれた政府であれば、こんな厳しい政策の実行をためらうところだ。しかしピノチェトの全体主義政府にとって一連の提案は実に魅力的で、どれも躊躇なく実行に移された。それを支えたのは国内の経済学者集団で、シカゴ大学の卒業生が多いことから、シカゴボーイズと呼ばれた。フリードマンは軍事政権にアドバイスを行なった事実を否定したかもしれないが、誰かがそれをピノチェト将軍に伝えるのを忘れてしまった。ピノチェトはフリードマンに送った書簡でつぎのように記している。「わが祖国の経済状況の分析への貴殿の多大なる功績に感謝したい。誰よりも貴殿を尊敬する私の気持ちを、この場をかりて表明する」[*26]

では、この政策はうまく機能したのだろうか。一九八二年には、チリの「経済の奇跡」は期待はずれだったことが明らかになっていた。〈ニューズウィーク〉の記事で、フリードマンはつぎのように認めている。「現在チリが深刻な問題を抱えているのは事実だ。いまは世界の多くの国が同じ状態で苦しんでいる……この一時的な後退はそのうち克服されるだろう」[*27]。しかしその一方、不参加選択が許されるオプトアウト式の社会保障制度や教育バウチャーなど、自分のお気に入りの政策が実行に移されたことは素直に喜んでいる。これらの政治プログラムをフリードマンは「驚くべき政治的奇跡」と評し、人権侵害を改めようとしない軍事独裁政権に惜しみない賛辞を贈った。

フリードマンはチリの人権問題に関しては口が重かった反面、ストックホルムで行なわれた抗議運動については積極的に発言した。せっかくの授賞式に汚点をつけたデモ参加者に腹を立て、まるでドイツのナチスのような「ごろつき」だと非難した[*28]。そして「空気中にナチズムの臭いが漂っている。鼻が腐りそうだ。言論の自由は聞く自由を伴わなければならない。言論の自由において、都合の悪い発言を無理やり押さえ込むような行為は許されない」と語ったとされる。[*29]

このチリの事例からもわかるように、フリードマンは自分の経済理論を政治の場で役立てることに抵抗感を持たなかった。一九六四年には大胆にも大統領選でゴールドウォーター上院議員陣営に顧問として参加した。このときは失敗に終わるが、一九六八年にニクソン陣営に参加したときは、選挙戦を成功に導いた。さらに、アパルトヘイト政策が国際的に非難されていた時代、南アフリカ政府の経済顧問を務めている。一九六六年からは〈ニューズウィーク〉でコラムの連載を始め、持論を展開して世間に様々な反応を引き起こした。たとえば社会保障、最低賃金、労働組合、公教育には反対意見を述べたが、いかにもリバタリアンらしく、政治的な動機にもとづいた課税所得控除、石油会社への補助金、徴兵制にも反対した。フリードマンは、何をやっても波風を立てるようだった。

科学的客観性か、政治的実現か

リバタリアンの哲学を自由市場への情熱と融合させることは、ハイエクにとってもフリードマンにとっても難しくなかった。どちらも小さな政府を目ざすからだ。しかし、リバタリアンの哲学を科学的客観性と結びつけるのは難しい。たとえば、市場調査の結果がリバタリアンとしての価値観と矛盾するときにはどうすればよいか。科学的客観性とリバタリアンの原理のどちらを優先させればよいのか。この根本的な問題に対し、ハイエクとフリードマンの回答は異なっていた。

おそらくフリードマンよりも哲学者として優秀なハイエクは、経済学で科学的客観性を守ろうとしても時間の無駄だとしてジレンマを解消した。市場は規制されないほうがよいと信じていればそれで十分とし、科学的な正当化が必要だなどと思わないように諭した。経済データに埋め込まれている真実は、経済学者には簡単に発見できないとハイエクは信じていた。経済学賞受賞者としては興味深い発想である。

しかしフリードマンのほうは、それほど簡単に科学への情熱を放棄しなかった。何しろ彼は、経済学は客観的にも科学的にもなり得る学問であり、政治や個人的偏見に影響されないとする〝実証経済学〟で有名になった人物である。フリードマンは、科学的研究と政治・思想上の立場とは切り離せると主張した。科学の「帽子」をかぶっているときには、考案した理論をデータにもとづいて客観的にテストすることが可能であり、フリードマンはこれを実証主義と呼んだ。一方、政治の帽子をかぶっているときは、必ずしも科学とはいえない政治的な見解であっても自由に表現することが許され、これを〝規範主義〟と呼んだ。科学者フリードマンと政策提言者フリードマンとの間に一貫性がなくてもかまわない。前者は科学を追究し、後者は見解を述べる。クローゼットにふたつの帽子が用意されていれば、客観的な科学者とリバタリアンの間に矛盾は存在しないというのが彼の言い分だった。

このようにフリードマンはきわめて政治色の濃い経済学者でありながら、政治的に中立な経済学に関する著作で経済学者として賞賛されたのだから、ある意味で皮肉な話である。こんな都合の良い考え方を受け入れられない経済学者はハイエクだけではなかった。シカゴ大学でフリードマンを指導したヘンリー・シモンズも、同じように懐疑的だった。シモンズは、経済の論文は本質的に「偏見と先入観」にもとづくものだと考えていた。[*30] そして、経済学において科学的客観性が可能だと考える経済学者に不満を隠さず、「経済学者がそんなふりをするのは実に虚しい」と記した。[*31]

これにはさすがのフリードマンも考え直したようである。一九九八年に回顧録を執筆した際、妻であり共著者であるローズが経済学の客観性を信じていなかったことを記している。[*32] そして、時間の経過と共に自分もローズの立場に徐々に移行していったと指摘してから、彼らしからぬ率直さでつぎのように認めている。「四〇年以上前に方法論についての論文を執筆したときには、間違っているのは自分ではなく妻のほうだと確信していたが、いまではその確信が大きく揺らいでいる」。[*33] フリードマンは科学的客観性をすっかり放棄したわけではないかもしれないが、それに対する信頼は失ってしまったようだ。それなのに経済学賞選考委員会は、経済学へのフリードマンの大きな貢献のひとつとして実証経済学を紹介している。

実証経済学にはもうひとつ、批判者たちを悩ませる一面が備わっている。経済モデルの仮定が非現実的であっても、予測が役に立つかぎりは許されるというフリードマンの主張である。これは明らかに常識に反する発想だが、結局のところすべての経済モデルは人間の行動を何らかの方法で一般化しており、一般化というものは常に完璧とはかぎらない。それでも、ほとんどの経済学者は自分の経済モデルの前提が妥当で正しくあってほしいと願う。ところがフリードマンの場合、どんなに非現実的な前提であっても、それを弁護しようとすらしなかった。レナード・シルクは、まるでフリードマンが「『非現実的な』前提から何らかの美徳」を生み出そうとしているように見えると語った。[*34]

フリードマンの両親は、カルパティア・ルテニアからの移民である。ここはハンガリー、つぎにチェコスロバキア、そのつぎにソ連に併合された地域で、ソ連崩壊後はウクライナの領土になった。ミルトン・フリードマンは、一九一二年にニューヨーク州ブルックリンで生まれた。母親は小さな乾物店を営み、日雇い労働者の父親はマンハッタンに通っていた。請求書の支払いが困難な時期もあったが、乾物店からのささやかな収入のおかげで贅沢さえしなければ暮らしに困ることはなかった。唯一の贅沢が、ミルトン少年と三人の姉たちが受けた音楽のレッスンだったが、フリードマンはバイオリンのレッスンを受けたものの才能に恵まれず、本人も音楽をほとんど好きになれなかった。小学生の頃は宗教に深く傾倒していたが、やがて不可知論者に転向して反宗教的傾向を強めた。[*35]

ニュージャージー州から支給された奨学金でラトガース大学に入学したフリードマンは、数学と経済学を学んだ。奨学金で足りない分は、ウェイターとして働き、ソックスや古本や花火を売り歩き、ラーウェイ市の高校生たちの家庭教師で稼いだ。[*36] ところが、保険数理士として輝かしいキャリアをスタートさせるはずだったのに、入学から二年後に挫折する。必修の単位をいくつか落としてしまったのだ。[*37] フリードマンの数学の能力は、保険数理士としては正確さにやや難があったが、経済学者としては十分に通用するレベルで、一九三二年にラトガース大学を卒業すると秋には奨学金を獲得してシカゴ大学に進み、当時の最先端の経済学者と触れ合う機会に恵まれた。

そして早速、フランク・ナイトとヤコブ・ヴァイナーが率いる自由市場主義者のグループに参加して、修士の学位取得に十分な範囲と思われる数学の講義を履修した。さらに初めて出席した経済理論の講義で、ウクライナからやって来た若い女性の隣に座る幸運にも恵まれた。この女性、ローズ・ディレクターは、のちに彼の妻となり、重要なプロジェクトのいくつかでパートナーを務めた。

大学院に進学すると、フリードマンはコロンビア大学のウェズリー・クレア・ミッチェル、全米経済研究所のサイモン・クズネッツ、同じシカゴ大学のジョージ・スティグラーなど、錚々たる顔ぶれの経済学者と共同研究する機会を持った。卒業後は政府機関や大学でいくつかの職を経験した後、一九四六年にシカゴ大学経済学部の常勤となる。以後長年にわたり、フリードマンは志を同じくする経済学者たちと共に経済学部の知名度の普及に努め、シカゴ経済学派として有名になる派閥を築き上げたのである。

自由で制約のない市場を擁護する理論は、たしかにフリードマンが最初に提唱したわけではない。しかし、彼がこの理論の普及に最も貢献した人物であることは間違いない。フリードマンの研究論文も、一般向けの著作も発言も、すべては自由市場の実現というゴールを目指したものである。そしてそれは、科学的な内容というよりも、政治運動の様相を呈した。市場の失敗に関する実例は無視して、自由市場は政府の介入よりも優れているという信念を貫き通したのである。しかし、そんな「極端な」アプローチが見逃されるはずはなかった。フリードマンがノーベル賞を受賞した機会をとらえ、〈ニューヨーク・タイムズ〉は論説でつぎのように問いかけた。「高度に産業化され、組織が巨大化した今日の世界では、国民の健康や福祉を守るための社会活動は不可欠である。自由市場の効力が誇張されすぎると、それがおろそかにされはしないか」[*38]。これはまさに核心をつく疑問だった。

ノーベル賞の受賞を知らされたとき、フリードマンは驚くほど冷淡で、「これは私のキャリアの頂点ではない」と発言した。さらに「七人のメンバーから成る委員会は、私が科学的な研究の評価を委ねる陪審員としてふさわしいとは思えない」といって受け入れようとしなかった[*39]。しかしすぐに考え直し、一六万ドルの小切手を受け取った後は受賞を喜んだようである。一九七七年、フリードマンはシカゴ大学を退官するが、引き続きスタンフォード大学のフーバー研究所に在籍した。そして二〇〇六年、九十四歳で没する。

ジェイムズ・M・ブキャナン・ジュニア（一九八六年受賞）

ジェイムズ・M・ブキャナン・ジュニアは、祖父こそ一八九〇年代にテネシー州知事だったが、南部の貧しい農家の息子として生まれ、乳絞りを手伝って小遣いを稼いだ。長じて、けっして名門とは言えないミドルテネシー州立大学に進んだ。一九四〇年に卒業すると、四一年にテネシー大学で修士号を取得し、五年間を海軍で過ごす。第二次世界大戦中はチェスター・ニミッツ司令長官のスタッフとして太平洋での軍事作戦にも参加した。やがて、教育が新たなチャンスを開いてくれた。終戦後の四八年、ブキャナンはシカゴ大学から博士号を取得したのである。

ノーベル賞がその年の賞金二九万四〇〇〇ドルと共に単独の受賞者であるブキャナンに授与されることが発表されたとき、彼はバージニア州フェアファックスにあるジョージ・メイソン大学の教授だった。実際、彼は同大学の関係者としてノーベル経済学賞を受賞した最初にして唯一の人物である。研究に重点が置かれた名門大学と違い、ここは主に教育を目的とした大学だったからだ。当時ブキャナンは公共選択研究センターの所長でもあったが、これは自分が創造した学問分野の研究機関として自ら設立したものである。

ブキャナンは目標に向かって努力を惜しまないタイプで、努力できない人間には容赦しない傾向があった。厳格で、近寄りがたい雰囲気すら漂うとの評判が、同僚の間では定着していた。アメリカ南部経済学会で彼と一緒に役員を務めた経済学者は、「あんな冷たい人間には滅多にお目にかかれない」と評している。[*40] たしかに人付き合いは得意ではなかった。八十歳の誕生日を迎えた経済学者、アルメン・アルキアンの貢献を称えるためのパネリストとして招待され、祝辞を頼まれたときには、アルキアンとの個人的な逸話にはわずかに触れる程度にとどめ、その後はアルキアンに鋭い質問をつぎつぎと浴びせ、彼の研究とはかけ離れたアイデアについての見解を質した。誕生祝いのスピーチには、ふさわしくない内容である。

シカゴ大学経済学部で、ジェイムズ・ブキャナンは水を得た魚のようだった。ミクロ経済学の理論を熱心に吸収し、リバタリアンの信条に心酔し、フリードマンの実証主義哲学を受け入れた。そしてフリードマンと同じく、自分の研究を客観的な科学と見なし、自由市場への傾倒や政府への軽蔑を隠そうとせず、そんな信条と矛盾しない結論を常に導き出した。フリードマンにとって有効だった打開策——科学的客観性とリバタリアンの価値観の結合——は、ブキャナンにも同じように有効だった。

博士課程に進んで市場の基本モデルの研究を始める学生にとって、最初の課題はモデルの応用である。モデルの修正ではなく、新たな分野に応用し、できれば新しい洞察を得ることを目指す。マクロ経済を対象に選ぶ学生もいれば、社会制度に応用しようとする学生もいる。ブキャナンは、公共サービスを提供する人たちの個人的な行動にミクロ経済の原理を応用することをテーマに選んだ。たとえば、すべての行政官庁、すなわち議員や官僚の全員が自己利益のために行動したら、どんな事態が発生するだろうか。ブキャナンは行政官庁で発生する問題に経済の基本モデルをそのまま応用しようと考えた。後にノーベル委員会は、この功績を主な受賞理由のひとつとして紹介した。

公職にある者が自己利益のために行動するという前提からは、どんな洞察が得られたのだろう。そもそも、彼らにも私利私欲があるという前提そのものが大きな発見だった。その可能性が以前から知られていなかったわけではないが、公共政策や公金の使い道の決定に携わる人間が自己利益を優先し、国民の意思を無視するかもしれないという〝公共選択論〟の発想は、共鳴した人たちにとって素直な驚きだった。

公共選択論がこの観察結果をすべての公共機関に当てはめ、リーダーの私利私欲が部下の利益と矛盾する可能性はいかなる組織でもあり得ると結論づけた点に、ノーベル賞選考委員会は注目した。そしてこの発見を「重要な科学的成果」として称えたが、その一方で選考委員会は、この多少なりとも明白な事実の発見者としてブキャナンを認めたわけではなかった。[*41] ブキャナンをはじめとする公共選択論の提唱者は、どちらかといえば単純な概念にもとづいて、政治学と経済学にまたがる包括的な理論を築き上げた功績を選考委員会から評価されたのである。

公共選択論は政府の介入に反対する手段として使われたが、ブキャナンにとっては、市場の明らかな失敗を修正するための政府の介入も例外ではなかった。自己利益を優先するような官僚で構成された政府に問題の解決を期待するよりは、欠点のある市場に任せるほうがましだと考えたのである。政府が合法的な役割を持つだけでは十分ではない。政府を公益のために奉仕させるメカニズムが必要だというのが持論だった。

ブキャナンの研究も公共選択論も、公共的意思決定のプロセスでコンセンサスを重視する傾向がかなり強い。二十世紀初頭を代表する哲学者であり、ブキャナンが尊敬する経済学者だったクヌート・ウィクセルもコンセンサスを擁護している。[*42] コンセンサス重視というと聞こえはよいが、実のところ、これは政府の役割を制限するための新たな戦略のひとつである。コンセンサスが原則ならばすべての国民に拒否権が与えられ、国家の役割は限定される。これが投票の規準となれば、政府の活動のほとんどが制限されるだろうが、公益にかなう行動まで制限される恐れがある。

こうしてブキャナンはコンセンサスの義務づけを重視したが、無条件というわけではない。いわゆる構成上の問題の決定にのみ採用すべきだと考えた。それがどんなものか理解するために、バスケットボールの試合を例にとろう。勝つためにゾーン・ディフェンスやマンツーマン・ディフェンスを勧めるのは、戦略についての意見にすぎない。しかしスリーポイント・サークルや二四秒ルールなどのルールの変更を勧めるとなれば、これはゲームの構成に関わる問題である。ブキャナンにとって、経済の法則は秩序の構成に関わる問題であり、したがってコンセンサスが義務づけられるべきだった。

ブキャナンが特に均衡予算の原則を好んだのは、政府が赤字を発生させる可能性が取り除かれるからだ。彼は、同時代の有権者が赤字予算を支持する姿勢には共鳴できなかった。そんな予算が自分たちの利益につながったとしても、まだ投票権を持たない将来の世代は犠牲を強いられてしまう。国家は明らかに財政規律を失ってしまったとブキャナンは嘆き、このような事態を招いた「張本人は誰あろうケインズ卿だ」と非難した[*43]。赤字が政治的に許される状況を作ったケインズは「学問的に途方もなく大きな過ちを犯した[*44]」とブキャナンは確信していた。

エリート嫌い

ケインズに対するブキャナンの強い憎しみは、経済学だけでなく個人的な資質にもおよんだ。たとえばあるエッセイでは、「ケインズは民主主義者ではない。彼は自分のことを少数精鋭のエリート支配階級の人間だと思い込んでいる[*45]」と話を結んでいる。この発言は、ジェイムズ・M・ブキャナンの人柄を知る新たな手がかりになる。とにかく彼は、エリート大学出身の知識人が大嫌いなのだ。自分は南部の小さな大学出身なので、ハーバードやイェールの卒業生と差別されているように感じていた。海軍士官学校で士官候補生から外されたのも、シカゴ大学ですら公平な扱いを受けなかったのも、すべてはエリート主義のせいだと決めつけていたのである。[46]

大恐慌で家計が破綻していなければ、ブキャナンも名門のバンダービルト大学に進学し、エリート学者の仲間入りをしていたかもしれない。ところが現実には、家計への負担が少ないミドルテネシー州立大学に進み、書籍代や授業料を払うため四年間ずっと朝晩の乳搾りを続けた。[47]彼は自分を「下層民のひとり」と卑下し、東部の名門大学出身のエリートを非難し続けた。

一九八六年にブキャナンは、自分がリバタリアンだから経済学の主流から外されていると不満を漏らしている。おまけに在籍しているのがジョージ・メイソン大学では、ハーバードやシカゴやバークレーの教授と同じようには尊敬されなかった。当然ながら、バージニア大学やバージニア工科大学やジョージ・メイソン大学の教え子たちは、学問の世界での就職に苦労した。教え子のひとり、ポール・クレイグ・ロバーツはこう語る。「私たちは全員、純血種の思想家の手で学究生活から閉め出された異端児だった。だからジム・ブキャナンの教え子の多くは、レーガン政権に参加した」[48]。実際、ノーベル賞が発表されるまでは、やたら愚痴っぽい変人というのが多くの経済学者のブキャナン評だった。

しかも不思議なことに、政府の介入に反対する保守的な経済学者の圧倒的多数が、ブキャナンの公共選択論を評価しなかった。ブキャナンはノーベル賞を受賞する二年前のスピーチで、自分の功績は決して評価されないだろうと絶望感を打ち明けた。他の経済学者がブキャナンの研究を批判するのは、論拠の説明が抽象的で、数学というよりも論説文のような印象を受けたからでもある。それでもブキャナンは自分の研究方針に強くこだわり、従来の経済学者たちを非難して

「自分たちの空想の世界でしか通用しない命題の証明に血眼になっている」とこき下ろした。[*49]自分に好意を寄せない経済学者は「石頭」、いや「イデオロギー的な去勢者だ」と発言をエスカレートさせた。[*50]

友人によれば、ブキャナンは自分が「学問の世界の最前線[*51]」にふさわしい人間であることを証明するための努力を決して放棄しなかったという。そして満たされない野望は、研究の充実にもつながった。ブキャナンは執筆活動にも精力的に取り組み、現在までに二三冊の著作を発表している。特に共同研究の機会が多いゴードン・タロックとの共著『公共選択の理論』は労作である。さらに、執筆や編集に携わった論文の数は何百にもおよび、公共選択センターでは将来のリーダーとして期待される学生の教育に熱心に取り組んだ。[*52]

しかし学者として認められるための孤独な厳しい戦いにも、三〇年目にしてようやく終止符が打たれた。一九八六年、ブキャナンはノーベル経済学賞に選ばれた。賞が発表されるや、記者たちは騒然となった。ジョージ・メイソン大学など、ほぼ初めて聞く名前だったからだ。たしかに当時、ここは創立からまだ三〇年目の大学だったが、その一方、保守的な看板教授の給料の高さではすでにかなりの評判になっていた。八六年のブキャナンの年収は一一万四一三〇ドル。大学教授の給料としては、全米でも最高ランクだった。給料の三分の一は、民間財団からの寄付によってまかなわれた。[*53]ノーベル賞はブキャナンを日陰の定位置からひきずり出し、主流派経済学のなかで日のあたる場所を新たに確保してくれた。

ブキャナンの主張にはわざわざ教えられるまでもないものもある。彼の支持者もその点は認めるが、それでもなお重要だと訴えた。彼の研究は、レーガン政権やリバタリアンやシカゴ大学の間で人気の高かった基本的な市場モデルや反政府的なテーマの強化につながった。均衡予算を政府に義務付ける憲法修正案、歳出上限の設定、そして減税は、このゴールを実現するための手段として採用され、いずれも一九八〇年代の政治で大いにもてはやされた。実際のところ政府の機能は、ミドルテネシー州立大学への助成金のような有意義なものと、業績好調な企業への補助金や租税優遇措置のような無駄なものとに区別されることもなかった。とにかく政府のいかなる介入も認めない。その姿勢が、リバタリアンである富裕層から大きな支持を集めたのである。

しかし経済理論は、歴史的な出来事によって形勢を逆転されるものだ。そもそもブキャナンは、財政赤字と債務の肥大化を招いた張本人としてケインジアンを非難していた。ところが八〇年代、そんな彼の教え子をはじめとしてレーガン政権に参加していた盟友たちが、アメリカ史上最悪とも呼べる財政赤字を発生させた。あまりにも膨大な赤字はその後四年間のブッシュ政権、さらに八年間のクリントン政権の時代にまで引き継がれてからようやく解消された。ところが二〇〇三年、今度は息子のブッシュ政権が富裕層の減税を断行し、イラク戦争を長引かせ、再び財政赤字を記録的な規模に膨らませてしまった。結局この期間、共和党政権は民主党政権よりもはるかに大きな財政赤字を発生させてしまった。

公共選択論の創始者のノーベル賞受賞のニュースは、みんなからあたたかく歓迎されたわけではなかった。たとえばマイケル・キンズリーはノーベル賞選考のからくりを槍玉にあげ、〈ウォールストリート・ジャーナル〉につぎのような嘲笑的な記事を寄せた。「報道関係者から集めた情報によると、どうやらノーベル賞選考委員会は変人の学者を選んでしまったようだ。その変人は、なんと、政治活動はすべて自己利益を原動力にしていることを発見したらしい。ノーベル賞といっても、そんなすごいものではないのだろう。こんな理論、私でも考えられる。今後のために、ここで私の持論をいくつか紹介しておこう。ブキャナンを選んだノーベル賞選考委員会も、彼を破格の給料で雇った大学も、彼を賞賛した編集委員会も、みんな自己利益を原動力として行動している[*54]」

辛らつなパロディはしばしば過激な反応を引き起こすもので、キンズリーが放った矢も的の中心を見事に射止めてしまった。編集者のもとには抗議の手紙が殺到し、差出人のひとりはなんとミルトン・フリードマンだった。フリードマンは投書だけでは気が治まらず、シカゴ大学の同窓生を呼び集め、キンズリーのコラムは子どもじみて悪質で、馬鹿馬鹿しいと非難した[*55]。幼稚ないたずらだと表現したのはサンフランシスコ州立大学のデイヴィッド・シャピロである。ワシントン大学のトーマス・ディロレンゾは、根拠のない卑劣な発言だと評した[*56]。公共選択論が尊敬に値することを確認するためには何か証拠が必要なのかとディロレンゾは問いただしたうえで、「政治と経済の両分野でトップの学術誌のすべてに」掲載された事実があれば、証拠として十分ではないかと指摘した[*57]。かつて経済学者のアルメン・アルキアンは「経済の学術誌に掲載されている論文の九五パーセントは間違っているか不適切である」と発言しているが[*58]、それでもノーベル賞選考に際し、学術誌での掲載は常にリトマステストとして採用されてきた。

ロバート・レカッチマンは〈ニューヨーク・タイムズ〉紙上で、ノーベル経済学賞が純粋に経済分野での独創的な成果を理由に選ばれていれば、「呆れるほど簡単に嘲笑されることもないのだろうが」と語っている。[*59] 彼の見解によれば、経済学が政治色の強い学問であることはブキャナンの研究からも明らかであり、これでは歴史や政治学と同じく科学とは呼べないとした。彼は特に、基本的競争モデルに対する経済学賞選考委員会の極端なこだわりを指摘した。それはもっともだろう。何しろアダム・スミスの理論を再発見しただけの研究者が、数年おきに選ばれているのだ。

第3章
ミクロの信奉者――シカゴ学派

ゲイリー・S・ベッカー（一九九二年）
ジョージ・J・スティグラー（一九八二年）
セオドア・W・シュルツ（一九七九年）
ロナルド・H・コース（一九九一年）

市場に関する従来の経済学者の知識のほとんどは、ミクロ経済学に見出すことができる。ミクロ経済学は十八世紀、市場の行動に関するアダム・スミスの著作をきっかけに誕生した。そして二十世紀はじめ、アルフレッド・マーシャルは需要と供給を現代風に表現しなおして、この学問分野の普及に貢献した。今日でもミクロ経済学は大学での人気が高く、ノーベル賞受賞者がこの分野のふたつのグループから選ばれている。ひとつは基本となるコンセプトを数学で高度に抽象化した経済学者たち。そしてもうひとつは、基本コンセプトを本来の市場とは無関係の問題に応用した人びとだ。本章では後者、すなわちミクロ経済学の新たな分野への応用が評価され、ノーベル賞を受賞した経済学者を紹介する。

需要と供給という単純な概念は多くの経済モデルのヒントになっている。あらゆる状況のあらゆる経済行動を容易に説明できるからだ。しかしミクロ経済学、それも特に完全競争モデルは極端で、市場の理想的な行動を数学的に細かく解き明かすことを目指す。完全競争モデルの前提は、シンプルかつ非常に抽象的で、多くの企業や消費者が完全な情報にもとづいて合理的に行動することになっている。新しい市場に参入する企業でさえ、何をすべきか正確に理解していると考える。これだけ理想的な条件が整えば、経済について数学的な結論を引き出すのも不可能ではない。しかし実際のところ、それがどんな意味を持つのか。現実とかけ離れたモデルが、現実の世界についてどのような洞察を提供できるのだろう。

本章に登場する四人のノーベル経済学賞受賞者――ゲイリー・S・ベッカー、ジョージ・J・スティグラー、セオドア・W・シュルツ、ロナルド・H・コース――は、いずれもシカゴ大学の出身である。これは決して偶然の一致ではない。いちばんの有名人であるミルトン・フリードマンの指導によって、シカゴ大学経済学部は彼の理論に共鳴する経済学者のみを長年にわたって採用してきた。したがって、完全競争モデルに強いこだわりを持ち、政治的には自由市場を好む人物しか選ばれなかったのだ。これから紹介する四人の経済学者はシカゴ学派の巨人とも言える存在で、全員がミクロの信奉者である。

ゲイリー・S・ベッカー（一九九二年受賞）

ゲイリー・S・ベッカーはコロンビア大学で教鞭をとっていた時期のある日、ニューヨーク市内で駐車スペースを探しながら突如ひらめいた。そのひらめきがのちにノーベル賞をもたらすことになる。この日、ベッカーは博士課程の学生の面接試験を控えていたが、コロンビア大学には教職員専用の駐車場がなく、市内で駐車スペースを確保する必要があった。しかしキャンパスが近づくにつれて、ふたつの選択肢が頭を悩ませはじめた。車通勤者には、めずらしくない悩みである。規則どおり有料駐車場を利用するべきか、それとも目的地に近いところに無断駐車して、ついでに駐車料金を節約するべきか。決断を迫られたベッカーは推理した。どちらを選ぶかは、違反切符を切られる可能性と違反金の金額に大きく左右されるのではないか。博士課程の受験生に質問すれば気の利いた回答が返ってくるだろうとベッカーは期待したが、実際に訊ねたところ満足な回答は得られなかった。そこで数年かけて自分でこの問題に取り組み、その結果、犯罪経済学という画期的な分野で多数の研究成果を残したのである。

犯罪と差別の経済学

犯罪行動についてのベッカーの理解は、ミクロ経済学の伝統的な前提、すなわち完全な合理性と完全な情報にもとづいている。犯罪者はつかまる可能性と刑期の長さを客観的に計算したうえで犯行におよぶと彼は推定した。当初、経済学者をはじめ多くの人にとって、この理論はくだらない印象を与えた。実際、ベッカーは本気なのかといぶかる向きも多かった。仲間の学者を挑発して面白がっている部分はあったかもしれないが、それでも彼は本気そのものだった。従来は社会学に限られていた領域にまでシカゴ学派の経済学を拡大させたとして功績を認められ、一九九二年、ノーベル経済学賞の単独受賞者として一二〇万ドル相当の賞金を獲得したのである。

ベッカーの両親は小学校八年生までの教育しか受けていなかったかもしれないが、息子のゲイリーは秀才で、特に数学には並外れた才能を発揮した。ビジネスマンだった父親は金融関係のニュースを欠かさず読み、視力をほとんど失った後は息子のゲイリーに金融新聞を読ませた。子どもには少々退屈だったかもしれないが、見返りはあった。ビジネスや金融の記事を読むうちに、ベッカーはいつのまにか経済学の知識を吸収していた。

やがてプリンストン大学に進学したベッカーは経済学を専攻し、四年の課程をわずか三年で修了した。その間、得意の数学は必修以外にも複数の講義を受講する。卒業後はシカゴ大学大学院の経済学部に進学するが、すでにプリンストンの最終学年で経済学への興味を失いはじめていた。経済学への情熱が復活したのは一九五一年、はじめて出席したミルトン・フリードマンの講義がきっかけだった。フリードマンの「深遠な影響力」は本人も認めるところで、以後はシカゴ学派を代表する経済学者へと大きく成長していった。そんな愛弟子をフリードマンも絶賛し、「同世代のなかでは群を抜いて独創的な経済学者」と評した。ベッカーのノーベル賞受賞が発表されたとき、フリードマンは「長年ずっと彼を賞に推薦してきたからね」と打ち明けた。[*1]

モンペルラン・ソサエティの会長を務めた経歴、そして政府のほとんどの介入に反対して民間市場の自主性を好む傾向など、ベッカーにはフリードマンとの共通点が多い。社会保障制度や最低賃金に反対し、教育バウチャー、個人退職年金、チリの独裁者ピノチェト将軍の経済政策に賛成した点も同じである。フリードマンがマリファナの合法化を主張して世間を騒がせたときも支持を表明した。[*2]

ベッカーはシカゴ大学在学中にセオドア・シュルツの講義を受ける機会にも恵まれ、教育は〝人的資本〟への投資だという考え方を学んだ。やがて大学院をわずか三年で終了すると、彼はそのままシカゴ大学の助教授に迎えられる。ところが順風満帆だったはずのキャリアは、自らの経済モデルと矛盾するような行動によって予期せぬ方向に進んだ。シカゴ大学での高給の職を放棄して、給料の安いコロンビア大学に移ったのである。本人の弁によれば、自分ひとりで成功できるところを証明するための巣立ちだったという。

ベッカーは様々な言動で世間を騒がせたが、その発端となったのが一九五七年に出版された処女作『差別の経済学』である。差別に経済学の視点を取り入れる発想は、シカゴ大学の博士論文執筆の際に思いついたものだ。冒頭で、自分と同じ人種を優遇しようとする気持ちが差別の原因だという見解が紹介される。このような嗜好を持つ人たちは、異人種との接触を避けるために経済的な損失も厭わない。つまり、労働者は異人種や異民族集団との接触を避けるために支払いの良い職を拒み、企業は人種的な偏見のために利益率の低下を覚悟で優秀な労働者を拒むというのがベッカーの差別理論の前提だった。

差別をずいぶん狭い視点からとらえたものだが、これ自体は特に目くじらを立てるような内容ではない。ベッカーを批判する人たちが注目したのは、むしろその先である。ベッカーの定義によれば、差別が生じるのは、差別する人が経済的な損失をこうむるときのみだという。経済的な損失を伴わなければ、差別的な行為でも差別とは見なされないのだ！　たとえば、白人のみを採用した企業が経済的な損失をこうむらなければ、そこには差別が存在しない。あるいは、白人の店子だけを選んだ家主が家賃を一度も滞納されずに財産を守ることができれば、家主の行為は差別とは見なされない。ベッカーの理論では、企業や家主が自らの決断のせいで経済的な打撃を受けたとき、はじめて差別は成立するのである。

ベッカーは差別に関する定義を完全競争理論と結びつけ、きわめてシンプルな差別解消策を打ち出した。ベッカーによれば、差別の存在する企業は競合他社よりも収益が低くなり、結局は存続できない。だから差別意識の強い企業について心配する必要はない。利益が低下しても差別にこだわり続ければ、完全市場での競争に負けて最後は消滅してしまう。したがって差別撤廃措置も雇用機会均等委員会も、政府による差別禁止法の施行も必要ない。競争市場がうまく制御してくれると考えた。

職場での差別を狭い範囲で定義して非現実的な経済モデルを組み合わせても、役に立つ理論が出来上がるとは思えない。ところが、ノーベル委員会はこの理論をベッカーの大きな業績として紹介した。当初、ベッカーの著書はまったく注目されず、本人によれば「最初の数年間は目立った影響力もなかった」という。[*3] 徐々に注目されるようになるが、敵意のある反響ばかり。もちろん、フリードマンをはじめシカゴ大学の学者たちは例外である。「尊敬してやまない人たちの支えは実にありがたい。おかげでどんな困難も耐え忍ぶことができた」とベッカーは言う。[*4] しかし、自由な競争市場で差別が存在し得ないことを説明する理論は、やはり問題である。差別は実際に存在しているのだ。矛盾する実例に事欠かないような理論が発表されても、素直に擁護はできない。

コロンビア大学で教鞭をとっていた時期、ベッカーはマンハッタンの全米経済研究所にも籍を置き、セオドア・シュルツの人的資本に関するアイデアの研究に取り組んだ。この研究を土台にして執筆されたのが二冊目の著書『人的資本』である。コロンビアの教授陣との研究を通じ、ベッカーはシカゴ学派の哲学の普及に努めた。さらに学生の指導にもシカゴ学派の方式を取り入れ、大学院生が研究成果を発表して話し合うワークショップを再現した。

犯罪や教育、自殺までも含め、ベッカーは特別な行動によって生じる損失と見返りを数式で表現して比較するアプローチをとった。それがいかにシンプルなものか理解するために、ここでは特に犯罪について取り上げてみよう。式から得られる結果のほとんどは、多くの人が「納得できる」。しかもアプローチ自体がシンプルなので、ベッカーの理論を教えやすい。たとえばベッカーによれば、貧しい人が重大な犯罪に手を染めやすいのは教育程度が低いからであり、代償として失うものが少ないからである。ティーンエイジャーの犯罪率が高いのは、将来への影響を深刻に受け止めないからだ。[*5] 同じく薬物常用者に犯罪者が多いのは、生き方が刹那的であり、将来の結果にまで考えがおよばないからだと考えられる[*6]。

ベッカーの犯罪へのアプローチは、犯罪者は合理的だという前提を全面的に採用している。しかし、抜け目のない犯罪者はいるかもしれないが、合理的な犯罪者など本当に存在するだろうか。あらゆる職業の人たちのなかで、犯罪者は不合理な行動を選ぶ傾向が最も強いのではないか。実際、連続殺人犯のような凶悪犯罪者は、ほぼ例外なく不合理なはずだ。もちろん、駐車違反を考える大学教授のような軽犯罪者の場合には、合理的な行動は至極妥当な前提として成り立つだろう。つかまる可能性と罰金の金額が決定要因になるかもしれない。しかし、これは社会に問題を引き起こすような犯罪だろうか。駐車違反の常習犯に怯えながら暮らすコミュニティが、一体いくつ存在するだろう。

ところがベッカーは、再犯率の高さまで合理性にもとづくものだとした。犯罪者は費用と利益を合理的に評価した結果、犯罪は割に合うと判断するのだという。しかし、犯罪者は不合理だから同じ間違いを何度も繰り返すという説明も十分考えられる[*7]。科学者ならば、ふたつの可能性を考えるところではないか。

しかしベッカーによれば、犯罪行為に走るか否かは将来を大切にする気持ちに大きく左右されるという。将来への悪影響を真剣に考えない人は、たばこを吸ったり薬物を常用したり、あるいは犯罪行為に走る傾向が強い。その結果として将来ガンになるかもしれない、死ぬかもしれない、収監されるかもしれないというところまで考えがおよばないからだ。こうした人たちは経済用語でいうところの〝割引率〟が高い。ベッカーは、薬物常用者に犯罪者が多い理由も割引率の高さで説明できるとした。そもそも割引率は将来のリスクを予想したものであって、直接に観察することはできない。だから経済学者にとっては、ほとんどの問題の原因として指摘できる便利なものので、そこから犯罪行為も割引率の高さと結びつけられる。しかしこのような犯罪経済学の理論は、重大な事実を見落としている。薬物常習者には自分の習慣を維持するための資金が必要で、それを確保するためには合理的な抑制がほとんど効かない。さらにこの理論では、家族の機能不全、家庭内暴力、子どもへの虐待や育児放棄、薬物やアルコールの乱用、不良集団との交際など、犯罪行為との関連性が考えられるほかの要素の役割も無視されている。むしろ割引率が高くても、犯罪とは無縁で幸せに暮らしている人もいるのではないか。

犯罪専門家としての名声を確立したベッカーは、広範な政治問題について見解を述べるようになった。たとえば、三度目の罪を犯した全員が厳しい処罰を受ける三振即アウト法（訳注　重罪を二度犯すと、三度目の犯罪が軽罪でも懲役二五年以上の刑になる）には懐疑的で、三度目の犯罪のなかでも対象を悪質な暴力犯罪に限定するべきだと語った。また、武器の不法所持を「合理的な疑い」にもとづいて捜索する自由を警察に与えるべきだと主張する一方で、武器を所持・携行する権利については認めるべきだと訴えた。さらにリバタリアンの面目躍如というか、「薬物行為で有罪となった者に長期刑を言い渡すことには乗り気で」なかった。[*8]

家族の経済学

まだコロンビア大学に在職中、ベッカーは結婚してふたりの娘をもうけた。やがて妻に先立たれると、ベッカーは中東出身の歴史学者ギティ・ナシャットと再婚し、ふたりの息子の継父になった。このような実体験からベッカーは家族について学び、彼にとって家族は犯罪に次ぐ大きな研究テーマとなった。

一九六〇年代末、すでにベッカーはコロンビア大学への不満を募らせていた。郊外からの通勤にも、六八年の学生反戦デモへの大学の対応にも我慢がならなかった。暴動としか思えないデモに「強硬な姿勢」をとらなかったのは、大学当局の重大なミスだと考えた。そして教職員は「学生と同レベル」だと批判するだけでなく、事態の制圧に失敗した当局を「無能」呼ばわりした。[*9] 七〇年にシカゴ大学に復帰したベッカーは家族の問題に改めて取り組み、結婚、離婚、利他主義、子どもの将来への投資といった行動の動機について研究を進めた。その集大成として八一年に出版されたのが『家族論』である。

ベッカーは家族に関するユニークな理論を展開するうえで、競争市場における工場生産の考え方をミクロ経済学から取り入れた。スウェーデンの経済学賞選考委員会のメンバーであるカール・ゲラン・メーラーはこう語る。「ベッカーは、家族とはいったい何かについての従来の考え方を打ち砕いた。家族は自分たちにとって必要なものを生産する工場のような存在だと考えた」。[*10] 同じくスウェーデン王立科学アカデミーのアサール・リンドベックも、ベッカーの最も重要な学問的功績について紹介する際、どの家族も「小さな工場」だとするベッカーの発見にわざわざ言及している。[*11]

そもそもなぜ人は独身生活に終止符を打って結婚するのだろう。愛情、情熱、子ども、富、伴侶などの表向きの理由はさておき、ベッカーは経済的な面に注目した。結婚して家族を持てば役割分担が行なわれ、時間が有効に活用されて生活水準が向上すると考えたのである。ひとりが有給の仕事に専念し、もうひとりは家庭で無報酬の仕事に専念すれば、共同作業を通じて活用される時間やお金が最高の生活水準をもたらしてくれる。妻が専業主婦ならば、夫は安心して残業できるというわけだ。

このような分析から「科学的な」興味深い結論が導かれる。美と知性は職場でも家庭でも生産性を向上させるので、結婚相手には美と知性とを兼ね備えた人がふさわしいとベッカーは推論した。「そう考えれば、たとえば知性や魅力に劣る人が結婚しづらいことも納得できる」。ただし、魅力に関するこの結論には「統計的な裏づけはない」との脚注が添えられている。[*12]

この理論は美しい人が結婚する理由について説明しているが、では一夫多妻や一妻多夫についてはどうだろう。結婚がふたりの夫婦にとって利益になるならば、三人、四人、いや五人以上から成る夫婦にも利益になるのではないか。ベッカーはこの疑問には答えるべきだと考えたようで、つぎのように説明した。複数の夫が関わる結婚では「子どもの父親の確認が難しい」。一方、妻が複数だと利益が分散されるので――これも仮定であって、データは示されていない――結局は一夫一婦制が「結婚の形としては最も効率的」である。一夫一婦制が「科学的に」擁護されたのは、おそらくこれが最初だろう。

クレージーでお騒がせ

経済学賞選考委員会に寄せた個人的な声明で、ベッカーはつぎのように語っている。「私のようなタイプの研究は、一流の経済学者のほとんどから長いこと無視されるか、毛嫌いされてきた」[*13]。しかし、彼は人気者を目指したわけではない。人気なんてないほうが愉快に過ごせる。〈ビジネス・ウィーク〉には「世間一般の通念に合わせるのは少々くたびれる」というコメントが掲載された。同じ記事には「キャリアをスタートさせた頃のベッカーは、ほとんどの経済学者から頭はきれるが変人だと見なされていた」とある。そしてベッカーのほうも「体制に逆らうのは爽快な気分だ」といって意に介さない。たとえば「親が子どもの数を減らそうとするのは、子どもの養育費が膨らむからだ」[*14]という説明はみんなを面白がらせた。「子どもを耐久財のように扱うベッカーは、変わり者だと思われた」と経済学者のシャーウィン・ローゼンは言う[*15]。

しかし二〇〇二年に行なわれたミネアポリス連邦準備銀行とのインタビューは、ベッカーはどこまで本気なのかと首をひねるような内容だった。「意中の女性と結婚すべき理由と結婚すべきでない理由をあらかじめ並べ出し、プラスとマイナスのどちらが上回るか量ったうえで決断する人なんて、いったい何人いるだろう。まずいないと思うね」[*16]。実際のところベッカーは、こんな選び方が将来の伴侶にとって侮辱的であることすら認めている。本当に大切なのは、「愛しているかどうか」だというのだ[*17]。ただし、愛情からでは面白い経済理論は出てこないだろう。

家族をテーマにしたベッカーの研究は、子どもの問題にもおよんだ。子どもは何人持つべきか、子どもの成長にどれだけ投資するべきかという問題である。しかし彼が回答として準備したモデルは、現実的な洞察と呼べないものがほとんどだ。よく引用される発言は、大体が先進諸国の潮流の観察結果にすぎない。たとえば、教育程度が高くなり、養育費にかける比重が大きくなるにつれて、子どもの数を減らす家族が増えるだとか、多くの家族は量より質を優先するようになり、スポーツ教室や音楽のレッスンや校外学習など、あらゆる分野で子どもへの投資を増やすなどと指摘している。

さらにベッカーはシカゴ大学のセオドア・W・シュルツの先例に倣い、教育への投資の見返り、すなわち人的資本について研究した。ほかの研究へのアプローチと同様、彼は大学へ進学する理由の多くには目を向けず、ひとつの重要な動機に焦点を当てた。それは金銭的な見返りである。ベッカーにかぎらず、多くの経済学者が教育への金銭的見返りの測定を試みているが、これは思いのほかむずかしい。大卒者の生涯所得を高卒者のケースと比較することはできるが、両者の違いの原因を教育だけに押しつけるのは間違っている。大学に進学する人とそうでない人は、そもそも性格が異なっているかもしれない。高校の卒業証書だけで満足する集団に比べ、大学進学者は平均的に野心が大きく勤勉で、さらに才能に恵まれている可能性が高い。教育への投資の金銭的見返りを正しく測定するためには、条件のまったく同じ人間同士を比較しなければならない。大学への進学という点を除けば、野心も労働倫理も才能もすっかり同じでなければならないのだ。そんな計算を取り入れた統計的手法は今日に至るまで完成されていない。だからベッカーが研究に取り組んだ一九六〇年代に、信頼できる数字が割り出されるはずがなかった。[*18]

一九九二年、経済学賞選考委員会はゲイリー・S・ベッカーをこの年の唯一の経済学賞の受賞者として発表した。このときアサール・リンドベックは、「経済学のアプローチ」を幅広い社会問題に応用した点をベッカーの功績として紹介した。発表はベッカーを驚かせたが、それは受賞したからではなく、その年に受賞したからである。彼の受賞によって、自由市場理論を標榜するシカゴ大学関係者が、三年連続で選ばれることになったのだ。同じグループに繰り返し名誉を与えると、経済学賞のイメージが定着してしまう。それは選考委員会も避けたいはずだとベッカーは考えていたのである。「まさかわれわれが三年連続して受賞するとはね」と感想を述べた。[*19]

ノーベル賞受賞者にとって――その意味では賭けの勝者にとって――賞金の使い道は当然ながら大きな関心となる。経済学賞受賞者から学問の話を聞かされても退屈だが、話題が賞金の使い道におよぶと、面白い話題を提供してくれるのではないかと期待は膨らむ。しかし報道陣を前に、慈善事業や大学への寄付といった興味深い話題は、いっさい持ち上がらなかった。その代わりベッカーは、賞金は遠慮なく自分のために使わせてもらう、豊かな国の消費者と同じだ、いくら使ったところで欲求が「十分満たされる」わけではないのだからと根気強く説明した。[*20] 一二〇万ドルといえば大金かもしれないが、アンクル・サムつまり政府に税金で「ごっそり」持っていかれれば、いくらも残らないのだという。[*21]

ベッカーは自分の研究が科学的かつ客観的である点を強調し、ノーベル賞を政治的に利用しようと目論む受賞者を批判した。「ノーベル賞をもらったら、自分は何にでも答えられると思い違いするような人間になりたくない」と謙虚に語っている。[*22] ところが、そう言っておきながらベッカーは誘惑に抗えず、いくつかの問題で自分の見解を公表している。たとえば〈ビジネス・ウィーク〉のコラムでは、スポーツ選手の大学授業料免除、軍への志願入隊、バウチャーを利用した学校間の競争などを奨励し、差別撤廃措置を転作奨励金にたとえている。[*23] ほかにも、チリでピノチェトの独裁政権を支える「シカゴボーイズ」の活動を高く評価し、社会保障制度の民営化を支持し、一部の薬物の合法化を訴えた。さらに、ロング・ターム・キャピタル・マネジメントに緊急融資を行なったニューヨーク連邦準備銀行ならびに関係者でノーベル賞の受賞仲間でもあるロバート・マートンとマイロン・ショールズを批判した。[*24] ほかには、彼は無過失離婚法の制定に反対した。「子どもを抱えて離婚した女性の窮状をさらに悪化させる」からである。[*25] いやはや。ノーベル賞で「政治的なプロパガンダは許されない。経済学の科学的側面を世間の人たちに理解してもらう機会であるべきだ[*26]」と言いきったゲイリー・S・ベッカーと、同一人物による発言とは思えない。

たしかにベッカーは以前から見解の公表をためらっていたわけではないが、ノーベル賞をきっかけに、発言は俄然注目を集めるようになったようだ。たとえば彼は、他分野のノーベル賞受賞者が経済について不適切な発言をすることに不快感を隠さなかった。「物理や化学といった分野でノーベル賞をもらった連中ともずいぶん付き合った。みんな経済問題にずいぶんうるさいけれど、ろくなものじゃない[*27]」。ベッカーは、知識人や仲間の経済学者たちを容赦なくやっつけた。たとえば「多くの知識人や経済学者が意味不明瞭な文章ばかり書いている」という事実が気に入らず、「おそまつな中身をごまかすための意図的な行為ではないか」と指摘している。[*28] ベッカーの毒舌はシカゴ大学の同僚にまでおよび、同大学が法律や経済学の分野で始めた独創的な研究は陳腐に成り下がったと切り捨てた。「かつての活気は失われ、不毛の時期」に突入したと嘆いてから、現実の問題に新たな視点から取り組むべきだと提言している。[*29]

シカゴ・ファーストナショナル銀行のチーフ・エコノミストのジェイムズ・アナベルは、ベッカーのノーベル賞受賞についてコメントを求められたとき、もっと有名な受賞者であるアルバート・アインシュタインの言葉を引用した。「子どものような好奇心で何でも知りたがる人物こそ天才だと、かつてアインシュタインは言った。きわめて好意的に解釈すれば、ベッカーはそんな天才像に当てはまると言えるだろう。彼は非常に重要な疑問を投げかけ、非常に興味深い回答を用意した。答えは常に正しかったわけではないが、常に刺激的だったことは間違いない[*30]」

ジョージ・J・スティグラー（一九八二年受賞）

一九八二年のノーベル賞記念講演で、シカゴ学派の経済学者ジョージ・J・スティグラーは少々風変わりなことをしてやろうと決心し、科学の定義をすることにした。「科学とは知識の統合体であり、それを支え発展させていくのは科学者と呼ばれる専門家集団の相互作用である[*31]」と語り始めたとき、聴衆は興ざめしたことだろう。何しろ聴衆は、アインシュタインやマリー・キュリーにノーベル賞を授与した委員会のメンバーである。科学者の定義など、いまさら教えられるまでもなかったはずだ。だから、科学者は「科学者としての特権や名声や収入など、個人的なゴールを目指すのは当然だ」という発言を聞かされたときには、何を言っているのかと多くの人が首をかしげただろう。収入？　経済学者にノーベル賞を与えるなんて、誰が決めたのかと憤慨する人もいたはずだ。

スティグラーは生涯にわたり、少なくとも自分が実践する経済学は客観的な科学になり得ることを理解させようと努めた。著書『伝道者としての経済学者』のなかでは、「経済分析における相対的な精度と客観性」の重要さを指摘している。[*32] しかし、スティグラーの経済学は日常世界とほとんど関わりがなかった。何よりの証拠に、ノーベル賞記念講演で彼はつぎのように語っている。「経済理論を考案する学者は、研究中は新聞を毎日ていねいに読むわけではない」。なぜなら、「科学が健全な形で存続するためには、新しい理論をつぎつぎとほぼ絶え間なく考えていく必要がある。当然ながら、社会情勢の変化に目を向ける余裕はない[*33]」。しかし社会や社会情勢の変化を無視する姿勢は、経済学者として本当に望ましいのだろうか。

ジョージ・スティグラーの父親はバイエルン出身の醸造業者だったが、禁酒法によってアメリカでのキャリアを奪われ、その後は職を転々としたすえに住宅リフォーム業に落ち着いた。スティグラーによれば、少年時代は愉快だったが遊牧民のように引っ越しの連続だったという。十六歳までは毎年のように引っ越した。父親は住宅を購入してリフォームすると、それを売ってつぎの場所を目指したものだ。[*34]

シアトルの公立高校に通った後、スティグラーはワシントン大学で学位を、一九三二年にはノースウェスタン大学でMBAをそれぞれ取得した。そして大好きな経済学を勉強するためにシカゴ大学へ奨学金で入学する。ここで彼は、学位論文の指導教官フランク・ナイトをはじめ経済学部第一世代の学者たちの薫陶を受けた。ミルトン・フリードマンによればナイトの指導は実に厳しく、シカゴ大学で教鞭をとった二八年間で学位論文が無事に通った学生はわずか三、四人で、そのひとりがスティグラーだったという。[*35] スティグラーは、ナイトの豊かな才能を認めたうえで、ただそこに思想史は含まれなかったと説明して自らの苦労をほのめかした。彼の学位論文のトピックは一八七〇年から一九一五年にかけての生産ならびに流通理論で、不幸にしてこれもナイトにとって苦手分野だった。[*36]

シカゴ大学でスティグラーは、W・アレン・ウォリスとミルトン・フリードマンのふたりとすぐに親交を結んだ。一九三四年から三五年にかけて、三人はシカゴ大学の博士課程で共に学んだ。やがてウォリスはシカゴ大学ビジネススクール、さらにロチェスター大学の学長を歴任するが、スティグラーとフリードマンは何十年にもわたってキャリアを競いつつ友情を育んだ。在りし日のスティグラーについて、フリードマンは六〇年間にわたる「私の無二の親友」と呼んだ。[*37]

第二次世界大戦後、スティグラーはシカゴ大学への就職がほぼ決まりかけたが、土壇場で話が流れた。学長のアーネスト・コルウェルが、スティグラーは経験主義の傾向が強すぎると判断したのだ。代わりに採用されたのは、偶然にも第二候補のミルトン・フリードマンだった。スティグラーはこの話を引き合いに出して、自分はシカゴ学派の立ち上げを助けたと冗談まじりに語っている。[*38] それから一二年後、彼はシカゴ大学ビジネススクールの学長になっていた旧友アレン・

ウォリスからのオファーを受け入れ、正式に母校シカゴ大学のスタッフに加わった。

経済学部は復帰したスティグラーを重要人物として歓迎し、名門誌〈ザ・ジャーナル・オブ・ポリティカル・エコノミー〉（ＪＰＥ）の主幹のポストを用意した。以後、彼はこの職に一九年間とどまる。ＪＰＥへの論文掲載を経済学者の採用や昇進や終身在職権決定の基準にしている大学は多く、主幹のスティグラーは門番のような存在だった。おまけに、この職は自分の論文を発表するうえでも好都合で、彼自身、全部で二二編の論文を掲載した。在職期間が一九年だから、年平均一編以上の計算になる。[*39]

生前、スティグラーは多くの名誉を与えられた。一九八七年にはロナルド・レーガン大統領からアメリカ国家科学賞を授与され、七六年から七八年にかけてはモンペルラン・ソサエティの会長を務めた。しかし最高の名誉は八二年のノーベル経済学賞である。王立科学アカデミーのラーシュ・ウェリンは、スティグラーの大きな功績として情報と規制のふたつの分野を紹介した。ウェリンによれば、スティグラーの学説は「二〇〇年以上前にアダム・スミスが始めた市場と価格形成についての基本理論」の伝統に一貫して忠実であり続けたという。[*40]

しかし実際のところ、スティグラーの名声を高めたのは情報でも規制でもなかった。正解はカロリーである。一九三九年、スティグラーは出来るかぎり最小限の費用で、しかもカロリーと栄養が連邦政府の最低基準値の勧告を満たす食事の計算に取り組んだ。この計算は軍用食の献立のために考え出されたもので、一九三九年当時で一日わずか一〇セントという安さだったが、栄養はともかく単調なメニューだった。この最小費用は、政府の統計や計画に登場する貧困線を計算する手段としても使われた。ミルトン・フリードマンによれば、過去に政府から支給された食事の費用が高かったのは、味や豊富な品揃えに気を取られて最低基準が「科学的に」考慮されなかったからであり、スティグラーはその事実を明らかにしたという。[*41] なるほど、いくら貧しくても毎日同じ安いメニューを食べ続ければ、家計は改善されるだろう。[*42]

一九三九年には、最小費用の数字を正確に割り出せるような数学ツールは存在しなかった。のちにジョージ・ダンツィクによって単体法が発明されると、早速四七年、国立標準局のジャック・ラダーマンはこの方法を使ってスティグラーの割り出した数字の見直しに取り組んだ。[*43] まだコンピューターのなかった時代のこと、電卓での計算には膨大な時間がかかり、延べ日数は一二〇日にもおよんだ。その結果として算出された食事の最小費用は年間三九ドル六九セント。当初のスティグラーの見積もりをわずか二四セント上回る数字だった。しかし、費用は抑えてもラードのような体に悪い材料を使った食事は、栄養士によって非難された。[*44] やはり経済学者は、健康な暮らしよりもお金のかからない暮らしについてのアドバイスのほうが得意なのだろう。

情報と規制

スティグラーは、ミクロ経済学の基本的競争モデルと現実世界との間の矛盾解消にキャリアを捧げた。たとえば、同じ製品でも常に同じ価格が設定されるわけでないことは、現実の世界では明白な事実である。品薄商品を値上げしないで、むしろ入荷待ちさせる会社は多い。あるいは有望な社員を引き止めるために、賃金カットをせずあえて値上げに踏み切る会社もあるだろう。いずれも基本的競争モデルとは矛盾する。誰もが同じように完全な情報を持ち、誰もが価格だけに反応すれば、こうした問題は理論的にあり得ない。少し待てば同じ機種のテレビが安く買えるのがわかっていたら、誰もわざわざ高い商品を買わないはずだ。これは市場の失敗、いや、不合理な行動を裏付ける証拠なのだろうか。競争モデルを熱烈に擁護するスティグラーは、べつの解決策を見出した。すべては情報獲得のコストによって説明できると考えたのである。

スティグラーによれば、誰でも完全な情報を持つわけではないし、持つ必要もない。ほかの商品と同じで、利用することの利益が獲得するためのコストを上回る場合のみ、情報は購入されると考えた。このシンプルな洞察にもとづいて、スティグラーは基本的競争モデルと現実世界との間に存在する厄介な矛盾の解消を目指し、情報経済学という新たな学問分野を創造した。従来の経済学者はこのチャンスに飛びつき、理想的な情報レベルを決定する探索モデルの考案に数学ツールを応用した。人間は情報が少なすぎる状態も多すぎる状態も避けたがる。どちらのあやまちも高くつく。この学説はノーベル賞の大きな受賞理由として評価され、スティグラー本人も自分の最大の学問的貢献だと考えた[*45]。

情報の獲得にはコストがかかり、それゆえ獲得量が限定されるというスティグラーの見解には、ほとんど異論がなかった。これは明白な事実である。しかし、そもそも獲得した情報がそれを取得するコストにぴったり一致するような、最適な情報取得などあり得るだろうか。たとえば地元の小売店にもう一度連絡したら、安い薄型テレビが手に入ることがわかるものだろうか。実際のところわからない。想像するしかない。結局はテレビなどの市場と同じく情報の市場にも、最適値など存在しない。スティグラーが競争モデルを苦境から救い出すには思い切った仮説をもうひとつ新たに打ち出す必要があった。それは、完全情報があるという前提である。それがなければ競争市場はいつまでも完全にならない。

もちろん、価格のばらつきが発生する原因を情報取得のコストだけで説明するやり方は、すべての経済学者に受け入れられたわけではない。たとえばノーベル賞受賞者のジョセフ・スティグリッツは、賃金の大きなばらつきの説明としては不適切だと指摘している。賃金や給与は職種が同じでも会社が違えば異なるし、同じ会社内でも部署によって異なる。その原因は本当に情報の多寡なのだろうか。スティグリッツはそう思わなかった。企業間の賃金格差について自分たち経済学者が情報を得られるのだから、当事者である社員も同じ情報を得られるはずだと考えた。もしそのとおりみんなが情報を共有できるとすれば、同じ職種のなかで賃金のばらつきが生じる理由をスティグラーのモデルで説明することはできない。

スティグラーのノーベル賞受賞の二番目の理由は、政府の規制に関する研究である。この研究は、独占行為の規制にせよ消費者の安全の保護にせよ、政府によるあらゆる形の規制を攻撃の対象にしている。スティグラーは、規制は政府の管理下に入った企業を利するものだという考えを示した。「そもそも規制とは業界が勝ち取るもので、主に業界の利益のために考案され実行されるものだ」と記している。[*46] そこまで言いきるのだから、スティグラーは政府による規制を全面的に見直したと思うかもしれないが、そうではない。これは頭のなかで考え出したコンセプトで、実際の観察とは無関係だったようだ。

たしかに政府による規制は航空、電気通信、運送などの業界を競争から守ってきた。これらの業界では規制緩和をきっかけに、技術革新や競争の新しい時代が始まった。しかしなかには、政府の規制の動向が関係者の誠意に左右されるケースもあるはずだ。だからこそ、選挙を実施し、倫理に関する法律を制定し、情報公開を行なって関係者に結果責任をとらせることが必要になってくる。しかしスティグラーは政府の改革には関心を持たず、政府の役割を最小限にとどめることにこだわった。

民主主義社会では、選ばれた関係者が公益に奉仕しているかどうか、有権者が判断を下せばよいのではないか。この点について、スティグラーは恩師フランク・ナイトの言葉を引用している。なんと、有権者は「無知で感情的でたいていは不合理」だという。[*47] ナイトによれば、有権者が無能だから「役人は主に自己利益を追求しても許される」ことになる。[*48] スティグラーはこの見解を支持したようだが、この有権者は経済的な決断を下す人間でもある。同じ人間が政治的な選択では無知で不合理で、経済的な決断では明敏で合理的というように、都合よくいくだろうか。

そして経済学賞選考委員会はもうひとつ、スティグラーの驚くべき発見を受賞理由に挙げている。大規模生産、すなわち規模の経済にはメリットがないことの証明である。スティグラーは、企業が成功するか否かは会社の規模とほとんど関係ないことを明らかにしようと努めた。再び選考委員会のウェリン委員長の言葉を引用すると「スティグラーの発見によって……生産活動においては規模の経済を追求する能力が従来思われていたほど重要ではない事実が明らかになった。二流の教科書が間違った学説を教えてきたことが証明された」[*49]。しかしその二六年後の二〇〇八年、委員会は方針を変えたようである。この年のノーベル賞受賞者ポール・クルーグマンは、規模の経済の概念を国際貿易に応用した功績を認められた。

スティグラーのミクロ経済学とミルトン・フリードマンのマクロ経済学は似たもの同士だとも言われる。どちらも重要な経済問題に対して競争モデルを機械的に応用した。フリードマンと同じくスティグラーもまずデータを収集してから、いわゆる客観的な科学の範囲内で統計分析を行なった。さらにふたりともシカゴ経済学派の重鎮であり、アダム・スミスに深く傾倒し、モンペルラン・ソサエティの熱心なメンバーとして自由市場を信奉した。ふたりは客観的な科学の意味について真剣に論じ合ってきたが、一九三〇年代にシカゴ大学大学院で友情を結んでから一度ならず、個人の自由や自由市場といった個人的な信条とはかけ離れた学説を提唱した。

スティグラーは著書『伝道者としての経済学者』のなかで、知識人の客観性の欠如について不満を隠さず、つぎのように記している。「要するに知識人も、政府の経済的な役割が拡大すればその恩恵にあずかる。だから社会のほかの資源配分の場合と同じで、最高入札者に支持を与えてしまう。知識人にとって大切なのは、いつでもパトロンである」。スティグラーは明らかにこの批判をほかの知識人に向けている。自分自身の名誉——一流大学での終身在職権、名門ジャーナルの主幹、そしてノーベル経済学賞——は、素晴らしい功績に対する当然の見返りだとほぼ確信していた。

スティグラーを知る人たちは、彼の辛らつなウィットについてよく語る。たとえば、自分はゴルフクラブよりも本をたくさん持っているから知識人なのだという発言もあった。[*50] 学者仲間やライバルをこきおろしたコメントもめずらしくない。テレビのあるチャンネルにハムレットが登場し、べつのチャンネルにコメディアンが登場しているとき、「テレビを見ながら馬鹿笑いする経済学者が半分もいなければ」よいのだがと語ったこともある。[*51] また、サプライサイド経済学を「トリック」だと言って、レーガン政権内の保守的な友人を怒らせた。[*52] 親友のミルトン・フリードマンもつぎのように認めている。「彼をあまり深く知らない人、特に若い頃しか知らない人は、あのウィットに腹を立てるだろう。とにかく辛らつだからね」。[*53] ポール・サミュエルソンはさらに厳しい。「彼のウィットにはとげがある。刺されたら血が流れる」[*54]

生涯にわたってスティグラーは多くの学位論文の指導を手がけ、若い世代の保守的な思想家に大きな影響を与えた。そのひとり、経済学者でコラムニストのトーマス・ソーウェルは言う。「スティグラーは……知識人として誠実であり、分析には厳しく臨み、証拠には敬意を払うようにと、懇切丁寧に教えてくれた」。[*55] 一九七一年から、スティグラーは同僚のミルトン・フリードマンと同じスタンフォード大学フーバー研究所に在籍し、一九九一年に没するまでほとんどの時間をここで過ごした。[*56] 彼の死に際し、コラムニストのジョージ・ウィルは「知識人として市場を擁護した」功績を称えた。[*57]

セオドア・W・シュルツ（一九七九年受賞）

　第一次世界大戦中、ティーンエイジャーだったセオドア・W・シュルツは二者択一を迫られた。高校に入学する道もあったが、その一方で進学をあきらめ、サウスダコタで家業の農場を手伝う選択肢もあった。当時はどこでも労働力が不足しており、ダコタの農村地帯も例外ではなかった。そこでシュルツは農場で働くほうを選び、ついに高校へは通わなかった。ところがそれでも、彼は最終的に大学に通って博士号を取得し、ノーベル経済学賞まで受賞したのである[*58]。人間の運命はわからないものだ。農場での日々は、決して時間の無駄にはならなかった。シュルツの専門分野は農業経済だった。

　農業経済学者が経済学の世界で広く認められるのは簡単なことではない。ましてノーベル賞など高嶺の花。農業経済学はあまりにも現実的で、トウモロコシや豚の価格にばかり気を取られているイメージが定着しており、従来の経済学者の尊敬をなかなか得られないのだ。しかしシュルツはそんなハードルばかりか、もうひとつのハードルまで克服した。実は彼は、数学をきちんと学んでいなかった。経済学者の多くは数学を真剣に学ぶか、あるいはもっと勉強しておけばよかったと後悔するものだが、シュルツは違った。もっと歴史を勉強するべきだったと考えた[*59]。それでも、シュルツの研究は経済学賞選考委員会に注目された。それはミクロ経済学の完全競争モデルを新しい分野に応用したおかげである。これは、シカゴ学派の十八番とも言えるテーマである。

シュルツはまず一九三〇年にアイオワ州立大学に採用され、学部長に昇進すると研究部門の充実に取り組んだ。あるとき彼はひとりの農業経済学者を熱心に誘ったが、その若者、ジョン・ケネス・ガルブレイスは結局ハーバード大学のほうを選んだ。やがて四三年、アイオワ州立大学でのキャリアは突然終わりを告げる。バターとマーガリンをめぐる激しい論争が原因だった。発端は、ひとりの同僚が執筆した論文だった。バターの代用品としてのマーガリンの良さが紹介されたが、当時は第二次世界大戦の真っ最中であらゆる商品が不足していたのだから、十分納得できる内容だ。しかしアイオワ州立大学ではまずかった。アイオワの酪農業界はまったく受けつけず、論文の削除を大学に迫ったのである。これに対し大学側は学問の自由の名のもとに反撃を始め、シュルツはその運動の先頭に立った。[*60] 最終的にマーガリンと学問の自由が勝利をおさめるが、シュルツは同僚数人と共に酪農業界への抗議の形をとって辞職した。そして早速、格上のシカゴ大学経済学部のポストを打診され、受諾した。[*61]

シカゴ大学でもシュルツは学部長までとんとん拍子に出世して、個性派ぞろいのこわもて集団を上手にまとめた。[*62] そして学部長としての職務をこなすかたわら、自分の研究を続け、博士号取得を目指す多くの学生の指導にも当たった。[*63] シュルツ自身はあまり数学をやらなかったが、教え子の大学院生のなかには数学の才能に恵まれた人物も多い。そのひとり、ゲイリー・ベッカーは、教育を資本投資と見なすシュルツのアイデアに注目し、それを量的に推計した。このアイデアは、シュルツの功績のなかでも特に重要なものとして評価された。

人的資本

一九五〇年代、ノーベル賞受賞者のロバート・ソローをはじめとする経済学者は、新たに考案した方程式によって世界の経済成長を数字で表現する作業を進めていた。労働や資本などのインプットを測定して公式に当てはめ、国内総生産のような経済的アウトプットを決定していく。このいわゆる成長モデルでは、労働や資本が増加すればアウトプットもそれに比例して増えていくはずだが、ある矛盾が存在した。ほとんどの国で経済成長はインプットの増加をはるかに上回るペースで進んでおり、その傾向は日本とドイツで特に顕著だった。[*64] 労働者、設備、工場、資源といったインプットの量的増加では説明できないスピードで世界経済は成長していた。そこから、「技術革新」が労働や資本の生産性の上昇をもたらしているという所見が導かれたのである。

シュルツが注目したのは、インプットは常に同じわけではなく、徐々に改善されていくというシンプルな観察結果だった。技術革新が資本の増加を促すことは多くの経済学者が認めていたが、同じことが労働にも当てはまった。労働者の健康が改善され知識が増えるにしたがって、生産へのインプットは改善されていく。教育が生産性の向上につながるという発想は、新しいものではない。シュルツよりも三〇年前、アルフレッド・マーシャルが「生産の最も強力な牽引役は知識である。自然を克服して欲求を満たすことができるのは知識のおかげだ」と述べている。[*65] シュルツの特徴は、教育をほかの投資と同じと見なし、人間を機械と同じように見なした点だ。彼は一九五八年に発表された論文「新たな経済環境とその高等教育との関わり」で、この主題を初めて取り上げた。[*66]この画期的な論文によって、シュルツは人的資本論を世に送り出した。ただし、彼は最初は人的資本という言葉を使ったわけではない。[*67]工場への投資を決断する企業に関してアーヴィング・フィッシャーらが考案した理論にシュルツは注目し、それを教育への投資を決断する場合に応用しただけである。両者は明らかに似ている。たとえば人的資本も時間が経過すると価値が低下することは、大学で習ったことを忘れてしまった人なら誰でも身に覚えがあるだろう。人的資本という新しい概念は、ソローの統計における矛盾解消に役立った。経済の成長にはインプットの増加や技術革新だけでなく、労働者ひとりひとりの生産性の向上も大きく関わっているのだ。

教育にはいくつもの利点があるが、人びとの生産性を高め、高給職への道を開くことは明白な事実である。シュルツは人的資本の研究に取り組む同僚と共に、教育のこの一面に注目した。そして、大卒者が受け取る高い給与を測定し、そこから利益率というひとつの指標を作り出した。人的投資への見返りをこのような形で表わせば、株式市場や不動産や豚肉など、ほかのあらゆるものに対する投資への見返りとの比較が可能になる。大学教育はあなたにとって賢明な投資だったか。その授業料を株や商業不動産に投資したほうが良い結果につながっていたか、という具合に。こうした質問なら回答を得やすい。ちなみに教育への投資からは、何よりも大きな見返りが得られるケースが多かった。

もちろん、人的資本論にも問題はある。教育や医療のそれ以外の利点をいっさい無視するやり方が、はたして賢明だろうかという指摘が一部の学者から寄せられた。一方、完全競争を前提とすることにも反対の声があがった。たとえば人的資本論にしたがえば、大卒者の給与が高卒者の給与を五〇パーセント上回る場合、大卒者は生産性に関しても高卒者を五〇パーセント上回る計算になる。完全競争の状態では賃金が生産性に比例しなければならないからだが、それほど厳密な関係は現実には存在しない。しかし競争は常に完全だという前提を信じて疑わないシュルツやベッカーにとって、そんなことは問題ですらなかった。

開発途上国への関心

一九七九年、シュルツはアーサー・ルイスと共にノーベル経済学賞を受賞した。どちらも貧しい低開発国の問題に学問的な関心を抱いたが、提唱した救済策はかなり異なる。シカゴ学派の流れを汲むシュルツは自由市場のアプローチで臨んだが、対照的にルイスは政府の賢明な介入を奨励する傾向が強かった。

多くの国が貧困に苦しみ続け、特に農業部門が慢性的な不振に陥っている現状はよく知られているが、注目する経済学者はほとんどいなかった。しかしシュルツをはじめとするミクロ経済学者は、これらの国で経済成長が定着しないのは政府が企業の自由を十分に徹底させていないからだと考えた。ここでもアダム・スミスの教義が顔をのぞかせ、お馴染みの議論が展開されている。シュルツによれば、企業に対する政府の課税や規制は行き過ぎており、一部の企業が不当に優遇されるばかりか、人道的な目的に使われるはずの収入をほかの用途に充てていることがいけないのだという。

シュルツはノーベル賞記念講演で、農産物価格を抑制する貧困国の政府を槍玉にあげた。このような政策で得をするのは都市部の住民で、貧しく政治力のない農村部の住民は犠牲を強いられるばかりだと指摘したのである。そして「政府の政策が引き起こした歪みのせいで、農業の経済的貢献は本来のレベルを下回っている」と訴えた。[*68] さらに彼の非難は、政府による規制を支持し続ける経済学者や「援助機関」にも向けられた。[*69] そんな経済学者のなかには、経済学賞を分け合ったアーサー・ルイスも含まれていたはずだ。

人的資本と農業発展への関心を結びつけたシュルツは、教育のなかでも特に農民教育の必要性を訴えた。「貧しい人たちの生活を改善するうえで決定的な生産要素は、スペースでもエネルギーでも農地でもない。人間としての質の向上だ」として、教育への出費を投資と考えない人たちを叱責した。[*70] シュルツは自由市場のために戦うシカゴ学派の闘士として、政府の介入全般に反対してきたが、教育にかぎっては政府の支出を支持しているようだ。この点に関してシュルツは「教育への公的支出を『福祉』への支出と見なしたり、『貯蓄』を取り崩すような資源の無駄遣いと見なすのは間違いだ」と語った。[*71]

健康を改善して寿命を伸ばすための対策は、ほかの分野でも貴重な投資を促す。健康保険や医療制度が改善されれば平均寿命が伸びて、自己教育への投資意欲がさらに高まるはずだとシュルツは期待した。老後が長ければ、見返りを得られる期間も長くなるからだ。[*72] ただし、市場が提供してくれない医療をどのように確保するかが問題だった。結局、シュルツはこの問題には取り組まなかった。

一方、子どもの問題に関しては、量より質に対する関心が高まっているとシュルツは考えた。これからは子どもの健康や教育にかける費用が増えて、少子化が進むと予測した。要するに、人びとは子どもをたくさん欲しがる代わりに優秀な子どもを望むようになっていく。ミクロ経済学の言葉で言えば「質と量は代替関係にある。量に対する需要が減少すれば、少子化の傾向は強くなる」のである。[*73]

一九九八年に執り行なわれたシュルツの葬儀では、シカゴ大学で発揮したリーダーシップや研究と教育での功績がたたえられた。シュルツによって教育と医療と発展途上国の分野に応用されたミクロ経済学は、学問としてさらに進化を遂げていった。

ロナルド・H・コース（一九九一年受賞）

一九六八年に創設されて以来、ノーベル経済学賞は物理、化学、生物学、医学といった自然科学の影から抜け出そうと奮闘してきた。実際、経済学賞の受賞理由となった学説を説明するのがむずかしいときも多く、ほかの分野ほど功績が高く評価されるわけでもない。そして経済学賞選考委員会は、中身の不足をしばしばレトリックで補おうとした。なかでも仰々しいのがロナルド・H・コースについての記述だ。「……コースは経済システムのなかに新たな素粒子を確認したと言えるだろう」[*74]

取引コストと所有権

選考委員会は、コースについて特にふたつの学説を紹介した。それぞれ論文発表されていて、ひとつは一九三七年、もうひとつは六〇年に執筆された。最初の論文は、会社はなぜ存在するのかという根本的な疑問への回答である。下請けに出せばよい業務まで社内で手がける大きな規模の会社があるのはなぜだろうか。これに対し、コースはしごく当たり前の回答を準備した。会社というものは何でも少ない費用ですませようとするものだという。マイクロソフト、ゼネラル・モーターズ、ユニオン・カーバイドのように、大きな組織を作るほうが安上がりなケースもあるだろう。一方、多くの不動産開発業者の間では慣例になっているが、下請けに頼るほうが安いケースもある。社内で働く人材を採用・訓練して監督するにはかなりのコストがかかることは誰でもわかる。しかし、下請けと交渉して契約を順守させるコストは正当に評価されていないとコースは考えた。彼はこれをマーケティングコストと呼んだが、後にこれは〝取引コスト〟として知られるようになった。コースによれば、取引コストが高いと会社規模は大きくなる。真偽の証明は難しいが、指摘されれば納得できるような回答である。

経済学賞選考会によって評価されたふたつ目のアイデアは、汚染などの問題へのユニークな解決法の提案である。このアイデアを理解するために、蒸気機関車を例にとろう。走りながら火花を散らす機関車は、周辺の農場に火事を発生させる恐れがある。これは〝外部効果〟、つまり一方の当事者が発生させたコストをもう一方の当事者が負担するケースの典型例である。もしもこの問題が深刻化すれば、政府は鉄道会社に規制をかけ火花の発生を禁じることができる。しかしイギリス人経済学者のアーサー・ピグーはべつの解決法を提案した。火花を発生させる機関車に政府が税金をかけるのだ。税金を払いたくなければ行動を控えるだろうし、逆に税金が支払われれば被害者である農民への賠償金の財源が確保できる。

コースはさらにべつのアイデアを考えた。火花を発生させる権利を政府が鉄道会社に与えるのだ。農民が火花を出すのをやめてほしいと思えば、その権利を鉄道会社から買い取る。ちょっと変わった発想だが、これなら問題を効果的に解決できるとコースは考えた。あるいは逆に、火花から解放される権利を政府が農民に与え、火花を発生させたい鉄道会社がその権利を農民から買い取ってもよい。理論的にはどちらのアプローチでも問題を解決できる。農民にせよ鉄道会社にせよ、政府が当事者の一方に所有権を発行することが肝心なのだ。その後は、政府は手を引いて解決を市場にまかせればよい。もちろん、これは自由市場主義経済学者の間で評価が高かった。

コースの解決策が機能するには、農民と鉄道会社が正直かつオープンに交渉しなければならない。ところが実際には、農民の間で意見をまとめるのも難しいのだから、鉄道会社との取引を成立させるのは実に困難である。完璧な条件が整えば不可能なものはない、「豚だって翼があれば空を飛べるのだから」と、ある批評はいやみたっぷりに記した。[*75] つまり、この理論が実際に機能するためには、両当事者が完全な情報を持ち、しかも取引コストがゼロでなければならない。しかし当事者はお互いに情報の提供を控えようとするから、このふたつの条件が満たされるとは思えない。すべてが完全な世界なら、外部効果の問題も所有権で解決できるだろうが、現実の世界ではまず無理だろう。コースも限界を理解していたようだ。「市場で当事者間の交渉にまかせるよりは」、規制や課税や補助金、あるいは政府による所有に頼るほうが良い結果が得られるかもしれないと説明している。[*76] しかし、シカゴ学派のメンバーたちがそんな限界を受け入れるはずがなかった。何しろ、この理論を〝コースの定理〟と命名したのはジョージ・スティグラーである。コースの言葉をかりれば、この定理は「取引コストをゼロと見なし、完全情報を前提とするならば、当事者間の交渉による協定は富の最大化につながる。それは最初にどちらに権利が譲渡されていようとも変わらない[*77]」となった。

コースはかなり厄介な立場に追い込まれた。経済学賞選考委員会が評価した最初の学説では、会社の存在を決定するうえで取引コストが重要な要素として存在することを認めている。ところが二番目の学説、すなわちシカゴ学派からコースの定理と命名されたアイデアは、取引コストがゼロのときのみ通用するのだ。取引コストが発生するとコースの定理は応用できないが、現実の世界において取引コストは常に発生している。

しかし自由市場を信奉する学者の多くは学説のアイデアの限界などに目を向けず、コースの定理は現実世界の多くの問題に対する解決策になると評価した。経済の効率性を達成するためには当事者のどちらに所有権を与えてもよいという点は、特に注目された。「工場も近くの住民も空気に対する所有権を同じように主張できるようになった」と指摘する者もあった。[*78] どちらに所有権を与えるかの決断は公平性の問題で、経済学者よりも哲学者にふさわしいトピックである。しかし経済学者はいろいろな分野で所有権を創造し、どんどん民間の手に委ねるようになった。

コースのアイデアが最善の形で具体化された実例のひとつが、一九九〇年代に考案された〝キャップ・アンド・トレード・システム〟である。火力発電所からの硫黄の排出量を規制するためにイギリスで始められたものだ。この場合、政府は一トンの硫黄を排出する許可証を発行する。これが所有権と見なされ、ほとんどが業界に無料で与えられる。許可証は業界内で比較的自由に売買される。コースの理論では、権利の所有者が誰でもかまわないという点を思い出してほしい。許可証は業界内で比較的自由に売買されるが、汚染の発生源となる企業は、年間一トンの硫黄を排出するごとに許可証を獲得しなければならない。許可証の発行数が減少すれば、それが発電所に対する規制の強化につながり、硫黄の排出量が減少する仕組みである。同様のシステムはヨーロッパにおける二酸化炭素排出量規制にも採用されており、現在ではアメリカでも同じような制度の導入が検討されている。コースが提案した学説は、これらのシステムを理論的に正当化している。

コースの学説はミクロ経済学を拠りどころにしているが、保守的な経済学者の間ですぐには評価されなかった。実際、学者になってから三〇年間、彼はほとんど無名に近かった。一九一〇年に生まれ、ロンドンの郊外ウィルスデンで過ごした少年時代にも、のちのノーベル賞受賞者の片鱗は見られない。両親の学校教育はどちらも十二歳までで、父親は郵便局に勤務し、母親も結婚するまで同じ職場で働いていた。そんな両親はテニスなどスポーツで体を動かして楽しんだが、息子のロナルドはひとりで勉強しているのが好きだった。チェスを覚えても、誰かと対戦するよりもひとりで楽しむほうを好んだ。本人の話によれば、足が弱かったため「身体障害者専用の学校」に通ったという。映画『フォレスト・ガンプ／一期一会』の登場人物のように、特殊なギプスを装着していた。

ラテン語と数学に興味が持てなかったので専攻科目であれこれ悩んだすえ、コースは一九二九年にようやく決心を固め、ロンドン・スクール・オブ・エコノミクスで競争経済システムとアダム・スミスの「見えざる手」について学び始める。これが人生の転機となり、競争市場へと傾倒していくことになったという。一九三一年、「研修旅行のための奨学金」を獲得したコースは、一年間アメリカを回っていくつもの大企業を訪問し、なぜ大企業が存在するのかという研究に取り組んだ。そして一九三七年、その回答を「企業の性質」と題する論文で発表し、取引コストの概念をはじめて紹介した。

こうしてコースはイギリスとアメリカで研究活動に従事するが、その間、第二次世界大戦中には政府機関で統計業務にたずさわった。数学に興味がない人間にはちょっと意外なキャリアである。のちにシカゴ大学で同僚になるリチャード・エプスタインは、まさかコースが統計の仕事をしていたとは思わなかったようで、「あいつは生まれてから数字を見たことがない」と語っている。[*79]

ディナー・パーティー

第二次世界大戦後、学問の世界に戻ったコースは公共事業を研究テーマに選び、イギリスのラジオ・テレビ放送に関する著書を上梓した。一九五九年には、連邦通信委員会に関する論文を執筆する。アダム・スミスの競争モデルによれば、生産資源は概して最高入札者のもとに向かう。

コースは無線周波数帯を生産資源と見なし、この分野にも競争入札制度を導入するべきだと考えた。これは従来の方法とは大きくかけ離れていた。当時、連邦通信委員会は周波数帯を関係者に割り当て、それと引き換えに公共放送としての基準を守り、公益に資することを義務付けていたのである。

この発想は、みんなから直ちに支持されたわけではなかった。コースが提出した論文はシカゴ大学の〈ジャーナル・オブ・ロー・アンド・エコノミクス〉で発表されたが、同誌の主幹アーロン・ディレクターはいくつかの疑問を抱いた。そこで彼は、友人と一緒にコースを自宅でのディナー・パーティーに招待することにした。招待された友人とは、ジョージ・スティグラーやミルトン・フリードマンなど、シカゴ大学経済学部の学者たち。なんと豪華なパーティーだろう！パーティーが始まったとたん、コースとシカゴ学派の二〇人以上のメンバーとの間で論争が交わされた。そして白熱した議論のすえ、出席者全員がコースの言い分の正しさを認めたのである。「論争の口火を切ったのはミルトン・フリードマンだった。みんなその激しさに圧倒されたが、コースだけは例外だった」とジョージ・スティグラーは回想している。[*80] コースは出席者全員の疑いを晴らし、最も手ごわいミルトン・フリードマンさえ手なずけた。文字通り一夜のうちに情勢は変わった。公的資源を民間に委ね、競争入札で最高入札者に所有権を与えるというコンセプトは、シカゴ学派の基準として認められたのである。少なくともシカゴ学派の経済学者にとって、これは思想史に刻まれるべき素晴らしい瞬間だった。なかでもふたりの出席者は感銘を受け、このときの模様を一九八三年の〈ジャーナル・オブ・ロー・アンド・エコノミクス〉特別号で詳しく紹介している。
当初シカゴ学派がコースのアイデアに抵抗したのは、哲学の違いというよりは馴染みのなさが原因だった。やがて新たな尊敬を勝ち取ったコースは、一九六四年にシカゴ大学でのポストを提供される。ただし経済学部ではなく、ロースクールからの打診だった。コースはこれを受け入れ、早速〈ジャーナル・オブ・ロー・アンド・エコノミクス〉の主幹に就任し、一九八二年までこの地位にとどまった。
単にシカゴ大学のオファーがよかったのか、それともコースをバージニア大学から追い出す陰謀があったのか。サプライサイド経済学と陰謀論に詳しいポール・クレイグ・ロバーツは、コースが社会主義者の秘密結社のターゲットにされたという説を広めた。〈ビジネス・ウィーク〉の記事のなかで、「『右よりの』経済学部からリーダーを取り除くため、大学当局が密かに考えた計画」の犠牲者がコースだったと語っている。[*81] ロバーツによれば、バージニア大学が一九六四年にコース、そして六八年にジェイムズ・ブキャナンを追い出したのは、「社会主義に敵対的な」[*82] ふたりと経済学部とにフォード財団のトップが不満を抱いたからだという。おそらく誇張癖があるのだろう。ロバーツは八一年から八二年にかけての景気後退について、レーガン政権の盟友デイヴィッド・ストックマンの陰謀だと発言したこともある。[*83]
いくつかの点で、コースはノーベル賞受賞者の規格から外れている。ハイエクと同じく、経済についての持論を展開するために彼は統計や数学に頼らなかった。ただしノーベル賞受賞スピーチでは、経済学者が数学を使うことに反対はしないと述べ、経済学にとって数学が必要な時代がやって来るだろうとも指摘して、おそらくまだ機は熟していないとほのめかした。[*84] こんな発言も残している。「子どものとき、馬鹿馬鹿しいことは歌で表現すればよいと言われた。現代の経済学では、数学で表現すればよい」[*85]。コースも研究にもっと数学的要素を取り入れていれば、ノーベル賞を若いうちに受賞していただろうと、〈ボストン・グローブ〉のデイヴィッド・ウォルシュは言う。ノーベル賞を受賞したとき、コースはすでに八十歳になっていた。

コースの著作には実例よりも、鉄道会社と農民のようなたとえ話のほうが多い。ほかの経済学者には実体経済をじっくり観察するように忠告しているくせに、本人はその忠告をほとんど実践していないようだ。一九三一年から三二年にかけて大企業を訪問してまわったのが唯一の例外である。また、彼の文章はわかりやすさが際立っている。シカゴ大学の同僚リチャード・エプスタインは「中学校三年生程度の教育があれば、誰でも理解できる」とコメントしている。[*86] 学者の世界では、これはほめ言葉とはかぎらない。

一九九一年十月に経済学賞が発表された当日、ノーベル委員会は八十歳の老経済学者の居場所の確認に苦労した。彼はその日をわざわざ選び、妻と一緒にフランスの別荘を離れ、チュニジアの古代都市カルタゴを旅行していた。

長いキャリアのわりに、コースは多作ではない。経済学賞選考委員会は二編の論文を評価しているが、それ以外には目立った著作をほとんど残していない。その埋め合わせとでも言おうか、二編の論文のうちのひとつ「社会的コストの問題」は、経済学の論文としては最も頻繁に引用されている。バークレー校ボールト・ロースクールの経済学者ロバート・クーターはこの事実についてこう言う。「たいていの経済学者は著作の数の最大化に努める。コースはほかの学者に自分の文章を引用される機会を最大化させた」[*87]

長らく公共部門に独占されてきた市場の民営化を願う人たちに対し、コースは格好の理論を提供した。所有権を創造して入札にかけ、最高額を提示した関係者に権利を与えるという発想は、ささやかなものだった。しかしそれは放送電波、汚染物質の排出権、自然独占の民営化につながった。公の場所や公のイベントに命名する権利さえ、最大の資金提供者に与えられる傾向がいまでは急速に広がりつつある。まだ所有権が確立していない分野、曖昧な分野、所有権の販売が制限されている分野はたくさん残っている。いまのところ、水や人間の臓器の所有権や養子縁組の権利は自由市場から閉め出されているが、いつかは変化が訪れるかもしれない。そして実現した暁には、最高入札者に所有権を与えられる分野に限界がないことを発見した天才として、ロナルド・コースの名が思い出されるだろう。

フランスに別荘を所有するかたわら、ロナルド・コースは元同僚のミルトン・フリードマンと同じフーバー研究所に上席主任研究官として在籍した。かつてコースはつぎのように語っている。「人びとは（私の研究が）間違っていると考えたわけではないが、重要性を理解しなかった」[*88]。経済学賞選考委員会によってコースの知名度が高まり、主流派経済学のなかで彼のアイデアの普及が加速したのは間違いない。

第4章
カジノと化した株式市場

マートン・H・ミラー（一九九〇年）
ハリー・M・マーコウィッツ（一九九〇年）
ウィリアム・F・シャープ（一九九〇年）
マイロン・S・ショールズ（一九九七年）
ロバート・C・マートン（一九九七年）

一九九七年十月十四日、スウェーデン王立科学アカデミーはノーベル経済学賞の受賞者を発表した。マイロン・S・ショールズとロバート・C・マートンである。金融商品の価値を計算する独創的な数式の考案が、ふたりの受賞理由だった。オプションをはじめとする金融商品は、シンプルながらそれまで価値の算出が容易ではなかった。

ところがそれから一年もたたないうちに、状況は急展開を見せた。ニューヨーク連邦準備銀行は、ウォール・ストリート史上最悪の倒産劇を阻止するために高級事務レベルの交渉を密かに開始したが、この問題には前述のノーベル賞受賞者ふたりが関わっていたのである。トラブルの震源地はロングターム・キャピタル・マネジメント（LTCM）。同社はショールズとマートンの理論を採用するばかりか、ふたりを取締役会のメンバーに迎えていた。ノーベル賞で一躍有名になってからわずか一年足らず……今度は衝撃的な倒産劇との関わりで悪名を轟かせてしまった。ＬＴＣＭに参加したときは天才として持ち上げられたが、市場が崩壊した途端に奈落に突き落とされた。そもそもなぜマートンとショールズがノーベル賞に選ばれたのか。そしてなぜ、ふたりのアイデアは現実の世界であれほど惨めに失敗したのか。

株式市場は経済が機能する場所としても新しいアイデアの実験場としても、常に経済学者の注目を集めてきた。経済学の難解な理論に精通している経済学者ならば、市場でかなり有利な立場を確保できると思われるかもしれない。しかし実際の記録を見るかぎり、結果は様々である。いちばんの成功例がジョン・メイナード・ケインズで、株式市場ばかりか、複雑な国際通貨市場においても、抜け目ない投資で大成功をおさめた。毎朝起床する前にその日の投資について決断を下し、注文を指示したという言い伝えも残されている。ケインズも損をするときはあり、特に大暴落の際には巨額の損失をこうむった。それでも常に回復し、ポジションを大きく改善することができた。

今日では多くのアドバイザーがポートフォリオ、すなわち運用資産の組み合わせの多様化を勧めるが、ケインズは違った。将来性が見込まれ、バランスシートが堅実だと思われる企業を厳選し、そこに投資を集中させた。この戦略は見事に当たり、ケインズは母校ケンブリッジ大学キングスカレッジから寄付金の運用をまかされたほどだ。運用期間は二二年におよび、その間には大恐慌も経験したが、同カレッジの資金は平均して年一二パーセントの利益を生み出した。同じ時期、イギリスの株式市場全体で一五パーセントも落ち込んだことを考えれば快挙である。ケインズの投資戦略はアメリカの伝説的な投資家ウォレン・バフェットをはじめ、ほかの投資家たちのお手本になった。

その対極にいる不幸な人物が、アーヴィング・フィッシャーである。イェール大学の著名な数理経済学者だったフィッシャーは一九二九年、株式市場に巨額の投資をし、株式市場は過大評価などされておらず、今後も右肩上がりの成長は続くといって投資家を必死でつなぎとめようとした。しかしイェール大学の経済学者としての地位も、学者としての完璧な能力も、大勢の投資家による株の投げ売りを防ぐには十分でなかった。一九二九年十月、市場は崩壊する。多くの人がコツコツ貯めた貴重な財産を一瞬にして失ったが、フィッシャー教授も例外ではなかった。自分は金融市場の仕組みを理解する才能に恵まれている、だから絶対に金もうけできるはずだという思い込みがつまずきの原因だった。そしてこれから紹介していくマイロン・S・ショールズとロバート・C・マートンも、同じ轍を踏んだのである。

金融経済学の分野では、マートンとショールズに先駆けてすでに三人の学者がノーベル賞を受賞していた。一九九〇年の経済学賞は、数理ファイナンスという新しい分野の三人のパイオニア――マートン・H・ミラー、ハリー・M・マーコウィッツ、ウィリアム・F・シャープ――に授与された。株式市場などでの投資活動にミクロ経済学を応用した功績が主な受賞理由だった。三人が評価された理論は貴重な秘密の解明を目指し、その研究は金融業界の巨大化につながった。

マートン・H・ミラー（一九九〇年受賞）

マートン・ミラーはハーバード大学に通い、一九四四年に経済学部を優等の成績で卒業した。[*1] ハーバードでは経済学入門の講義を受講し、同級生にはのちにノーベル賞受賞仲間となるロバート・ソローがいた。将来のノーベル賞受賞者がふたりもいるクラスは、ほかの学生にとってさぞかし大変だったことだろう。

卒業後、ミラーはカーネギー工科大学（カーネギー・メロン大学の前身）に赴任して、未来のノーベル賞受賞者フランコ・モディリアーニとの出会いを果たす。企業金融への関心という共通点を持つふたりの交流は、いくつもの成果を生み出した。一九五二年に最初の論文を共同発表した後、五〇年代から六〇年代にかけて共同研究は継続された。そんな成果の一部が評価され、モディリアーニは八五年にノーベル賞を受賞するが、ミラーは絶好のチャンスを逃した。「これで自分はおしまいだと思った」と回想している。[*2] しかし九〇年、ミラーに二度目のチャンスが訪れた。この年、スウェーデン王立科学アカデミーは、ミラーをはじめ金融経済学のパイオニアを受賞者に選んだのである。

ミラーがモディリアーニと手がけた共同研究は、企業金融に関する基本原則を確立した点が高く評価された。特に注目されたのが、ミクロ経済学の世界では、株価の決定要因は収益性のみだという発想である。企業が借り入れや株式発行によって業務の拡大を図ろうとも、投資家に配当金を支払おうとも、そんなものは無関係だと考えた。[*3] 現実世界の営みに無関心なミクロ経済学からそんな結果を導くこともできるのかと、多くの経済学者が興味を惹かれた。

一九六一年、シカゴ大学経営大学院に赴任したミラーはシカゴ学派の哲学に魅了され、「自由市場による経済問題の解決を熱烈に支持するようになった」という。そして早速、政府による規制の問題点を指摘して、商品取引所への行政監督の介入に反対した。それもそのはず、彼はシカゴ商品取引所、のちにはシカゴ・マーカンタイル取引所の理事として、これらの問題に直接関わっていたのだ。

ハリー・M・マーコウィッツ（一九九〇年受賞）

一九五〇年代、ミクロ経済学を企業金融に応用する方法について考えた経済学者は、ミラーとモディリアーニだけではなかった。ミクロ経済学は経済学者にとって強力なツールになっていたが、それを応用するためには独創的な発想が求められ、多くの学者が問題解決に取り組んでいた。そのひとり、ハリー・M・マーコウィッツは、〝リスク〟と〝ポートフォリオの多様化〟という問題に焦点を当てた。リスクは決して新しい概念ではなかったが、マーコウィッツは統計学ではお馴染みの方法である〝分散分析〟を用い、リスクに特別な意味を持たせた。分散分析はウォール・ストリートの注目を集め、リスクの標準測度として直ちに採用された。

ハリー・マーコウィッツは大恐慌の時代にシカゴで育った。両親は小さな雑貨店を営み、アパートに子ども部屋を確保するだけの余裕はあったが、それ以外にはほとんど贅沢が許されなかった。[*4] シカゴの子どもたちの例に漏れず、ハリー少年も地元の公園で野球やアメフトを楽しんだが、その一方、風変わりな一面もあり、科学書や哲学書を好んで読んだ。チャールズ・ダーウィンの『種の起源』や哲学者デイヴィッド・ヒュームの作品などが愛読書だった。

シカゴ大学に入学して二年後、マーコウィッツは経済学に興味を持った。数学者ジョン・フォン・ノイマンの理論に傾倒し、ミルトン・フリードマンをはじめとする未来のノーベル経済学賞受賞者の教えに刺激を受けたのである。そして、有名なコウルズ経済研究委員会に学生メンバーとして参加した。コウルズ委員会は比較的小規模ながら、数理経済学や計量経済学の分野で多くのノーベル賞受賞者を輩出した。

マーコウィッツが論文のテーマとして選んだのは、株式市場への数学的手法の応用だ。その結果、平均収益とリスクというふたつの数字によって投資の組み合わせが決定される、新しいポートフォリオモデルが考案された。マーコウィッツによれば、従来の投資モデルは収益の重要性を強調しすぎる反面、リスクへの関心が十分でなかった。そのため自分のモデルでは、現実世界における投資家の行動との一貫性を心がけた。投資家は、リスクを減らすためにポートフォリオを多様化したいものである。ポートフォリオの銘柄を入れ替えることによって、期待収益とリスクを様々に組み合わせられることをマーコウィッツは明らかにした。

ウィリアム・F・シャープ（一九九〇年受賞）

株を購入する際には、それによってポートフォリオにどんなリスクが加わるかをあらかじめ理解しておかなければならない。リスクの大きい銘柄がポートフォリオのリスクを膨らませることは、教えられなくてもわかる。しかしそれほど目立たないが、もっと重要な特徴がある。それは、ほかの銘柄との兼ね合いだ。ある株の値動きが激しくても、ポートフォリオを構成するほかの銘柄と反対の動きをしていれば、ポートフォリオ全体の動きは不安定にならない。この洞察から、今ではすっかり有名になった資本資産価格モデルが生まれ、発案者のウィリアム・F・シャープには一九九〇年にノーベル賞がもたらされた。[*5]

シャープの分析の土台となっているのが〝ベータ係数〟で、今ではウォール・ストリートのベテラン投資家にも新米投資家にも、経済学の学生にも広く使われている。ベータ係数の背景にある考え方はかなりシンプルなものである。ダウ平均などの複数の銘柄から成るポートフォリオの収益は、多少の値動きの激しさを伴いながらも歴史的に一定のパターンを繰り返す。ポートフォリオのなかには値動きの激しい銘柄も含まれるが、それに連動しない銘柄もある。ベータ係数とは、市場の変動に対する株価の感応度を表し、正しく測定されれば、新たな銘柄をポートフォリオに加えたときのリスクの変動をきちんと把握できる。スタンダード・アンド・プアーズ五〇〇に関して割り出されたベータ係数は、基本的には市場全体の動きに対する感応度としても通用する。[*6]

ベータ係数の考案によって投資は刺激され、新たな方向に進んだ。「シャープの研究は、現代の投資家がポートフォリオを多様化するうえで非常に実践的なガイドになった」[*7]と、ノーベル経済学賞受賞者のケネス・アローはいう。一九九〇年には〈ロサンゼルス・タイムズ〉でジェイムズ・ライゼンが、シャープとマーコウィッツの研究は「ミューチュアルファンドの成功と普及に貢献した」と指摘した。もっとも、ミューチュアルファンドが大きな飛躍を始めたのは、ふたりの研究成果が発表されてから数十年後のことである。

シャープは一九五一年にカリフォルニア大学バークレー校に入学したとき、科学を専攻して医者になるつもりだった。しかし結局は同大学のカリフォルニア校に移り、五五年に経済学の学士号、五六年には兵役に先立ち修士号を取得した。

ノーベル賞を受賞した多くの同僚と同じく、シャープはランド研究所に所属した。戦後、この研究所ではコンピューター科学、ゲーム理論、線形計画法、経済学など、様々な学問の課題を追求する機会が提供された。ランドに在職中、シャープは当時としてはめずらしいコンピューター・プログラミングを学ぶ。さらにランドでの仕事は時間的な制約が少なかったため、彼は経済学の博士号取得を目指し、一九六一年にUCLAで取得した。このとき論文のトピックに関して悩んだシャープは、当時やはりランドに所属していたマーコウィッツに相談した。そしてその勧めにしたがい、資本価値の算出にミクロ経済学を利用することを選んだ。この研究は、資本資産価格モデルの土台になった。

資本資産価格モデルでは値動きの激しい株ほど平均収益が高いものだと見なされるが、LTCMの専門家集団もこのモデルに依存した。本来、値動きの激しさはリスクを意味するが、ほどなく収益率の測定手段としても、値動きの測定は重要視されるようになった。たとえ数学を信じない人でも、リスクの高い株には当然高い収益率が期待されることは理解できるだろう。値動きが激しいのに収益率が少ない株など、誰も買おうとしない。

資本資産価格モデルで肝心なのは、ふたつの資産の収益の違いがリスクの違いによって決まることである。たとえばふたつの債券の収益差が拡がったり狭まったりするところに、LTCMの統計の天才たちは目をつけた。相対的な収益が歴史的価値に落ち着くことを当てにできれば、大もうけが期待できるのだ。しかしこのコンセプトも、金融経済学のほかの原則も予想どおりには機能せず、LTCMは奈落に突き落とされてしまった。

マイロン・S・ショールズ（一九九七年受賞）

いよいよマイロン・ショールズの登場である。ショールズはカナダ人で、金融経済学者としては後の世代に属する。母親は小さなデパートチェーンを彼の叔父と共同で経営しており、そんな母親からショールズはビジネスへの情熱を受け継いだ。[*8] 彼はとにかくビジネスに関わるものが大好きで、証券取引や投資だけでなく、ギャンブルにまで手を出した。まだ高校生のときから両親に株取引の口座を開設してもらい、投資に夢中で取り組んだ。ショールズは高校生から大学生になっても株取引を続け、ついには金融経済学者と金融コンサルタントを職業にした。

ショールズはマクマスター大学に通い、教養課程を学んだ後に経済学を専攻した。そしてミルトン・フリードマンとその同僚たちの研究に刺激を受け、大学院はシカゴ大学の経済学部に進み、一年目の終わりには経済学のとりこになった。当初の予定では、カナダに帰国して叔父の商売を手伝うはずだったが、代わりにコンピューター・プログラマーとして大学に残った。その結果、一九六〇年代始めのシカゴ大学経済学部にとってショールズは欠かせない存在となり、マートン・ミラーからも高く評価される。やがてミラーの勧めでシカゴ大学の博士課程に進学し、六八年には博士号を取得した。その後マサチューセッツ工科大学（ＭＩＴ）に助教授として採用され、そこでロバート・マートンとフィッシャー・ブラックのふたりとの出会いを果たす。ブラック＝ショールズの定理はブラックとの共同研究の成果である。

オプション

ノーベル賞で注目される以前からショールズの名前はビジネス界でかなり知られていたが、それは有名なブラック＝ショールズ方程式のおかげである。これは一九七〇年代に考案された金融オプションの価格算出モデルで、特定の日に特定の価格で株を購入する権利、すなわちオプションを客観的に評価できるというふれこみだ。この方程式は七三年四月にシカゴオプション取引所が開設されてまもなく考案されたもので、七三年にほとんどゼロだった市場が二〇〇六年には一五兆ドルの規模にまで膨れ上がったのもそのおかげだと言われる。これはあながち嘘とは言い切れない。ブラック＝ショールズ方程式はテキサス・インスツルメンツの初期の電卓にプログラムされ、ウォール・ストリートで広く普及していたのである。

ショールズとマートンがノーベル賞を受賞したときも、ビジネスで脱線行為におよんだときも、〝オプション〟は中心的な役割を果たした。オプションは比較的シンプルな金融商品だが、正確な評価が難しい。そもそもオプションとは将来のある時期に何かを所定の価格で売買する権利のことで、この権利は行使してもしなくてもよい。その起源は遠く古代ギリシャにまでさかのぼり、当時は出航する貿易船が将来もたらすかもしれない利益が投資の対象にされた。今日のオプション取引には巨額の金が関わっており、巨大な取引の中心がシカゴオプション取引所である。オプション取引は将来のある時点での資産の増加や減少を対象にした賭けのようなもので、投資の選択肢が広い。たとえば先物契約を結んだ場合、投資家は将来のある時点での資産（または株）の購入を義務づけられるが、オプションの場合、購入するか否かは投資家の裁量に任される。そこからオプションという名前が付けられたのであり、一般にはデリバティブとして知られる。

オプションには、買う権利（コール・オプション）と売る権利（プット・オプション）の二種類がある。コール・オプションは、資産価値の上昇が見込まれるときに購入される。たとえば一ドルの手数料を支払って、三カ月後に株を五ドルで購入できるオプションを手に入れたとしよう。実際には三カ月後の株価が八ドルにまで上昇していたら、オプションを行使すればよい。五ドルで購入した株をすぐに八ドルで売却すれば三ドルが手に入り、そこから手数料の一ドルを引いた二ドルが最終的な利益となる。一方、思惑が外れて株価が上昇しなかったときは、権利を行使しなければよい。損するのは一ドルの手数料のみ。ちょっと手の混んだ工夫をすれば、いろいろな形で株式市場に投資できることがおわかりだろう。

一九七三年、〈ジャーナル・オブ・ポリティカル・エコノミー〉に掲載された論文のなかで、ブラックとショールズはオプション・プレミアムを算出するための方程式を紹介した。オプション・プレミアムの算出は一見難しそうだが、実は物理の熱伝導方程式と同じなので、解を導き出すことができた。これは物理に詳しいフィッシャー・ブラックの功績である。さらにノーベル賞受賞者ウィリアム・シャープの助けを借りて、この方程式は投資家にも役に立つ簡単な形に作り変えられた。

シカゴ大学とMITとスタンフォード大学は金融経済学という新しい学問の発展の中心地となり、ショールズはその間を自由に往来した。一九七三年には客員教授としてシカゴ大学に戻り、その後は八一年にスタンフォードに籍を置いた。やがて九〇年代、ショールズの学問的研究とビジネス・ベンチャーは徐々に融合を始めた。彼は従来どおりスタンフォード大学でデリバティブを研究する一方、ソロモン・ブラザーズの顧問を務め、最終的には常務取締役にまで登りつめた。これで準備は完了した。九四年、ショールズはLTCMの共同設立者となり、後にノーベル賞を受賞すると、自慢のアイデアを駆使して錬金術に乗り出したのである。それは成功するはずだった。

ロバート・C・マートン（一九九七年受賞）

ＬＴＣＭでショールズのパートナーとなったロバート・C・マートンは、やはり野心旺盛で数学が得意な金融経済学の教授だった。学生時代のマートンは工学と応用数学に関心が高く、最初はコロンビア・カレッジ、つぎに全米屈指の技術学校であるカリフォルニア工科大学で学ぶ。[*9]常に数字や数学が頭から離れず、野球選手の打率やピッチャーの成績、車のエンジン仕様書の数字まで暗記していた。その一方、銀行業務や株式市場にも興味を示し、九歳のときには母親の小切手帳を操作したり、架空口座を作ったりしていた。皮肉にも数十年後、ＬＴＣＭは同じ手口による脱税行為をＩＲＳ（内国歳入庁）から指摘された。[*10]マートンは十一歳ではじめて株を購入し、すでに十九歳で危険な「鞘取り売買」の経験をすませていた。

カリフォルニア工科大学の数学教師たちの強い勧めが功を奏し、マートンはＭＩＴの大学院で経済学を学ぶことになった。そして周囲のアドバイスにしたがい、ノーベル賞受賞者ポール・サミュエルソンの経済学のクラスを受講する。サミュエルソンはマートンの才能をただちに認め、自分の研究助手に採用した。ふたりは難解な金融商品への興味を共有しており、ほどなく共同研究を始める。当時マートンは大学院の二年生だったが、あまりにも優秀な彼をサミュエルソンは論文の共同執筆者として認め、ＭＩＴとハーバードによる数理経済学セミナーの冒頭で居並ぶノーベル賞受賞者に論文を披露させた。

マートンは金融を正式に学んだわけではないが、ＭＩＴのスローン経営学大学院は金融工学の講師として彼を採用した。金融工学では数学の能力が重視されたからだ。一九七〇年の秋から常勤になると、彼は大学院での講義で使う資料の学習に多くの時間を費やした。ＭＩＴ在職中には、マイロン・ショールズ、フランコ・モディリアーニ、フィッシャー・ブラックなど、金融分析の能力に優れた多くの学者たちと交流する機会に恵まれた。

ロングターム・キャピタル・マネジメント

投資家は常にライバルよりも何とか優位に立ちたいと願うものだが、時には学者がそのための道具として利用される。評判の高い学者のスキルを利用して金儲けする方法は、決して新しい戦略ではない。しかしソロモン・ブラザーズのトレーダーだったジョン・メリウェザーは、一九八〇年代から九〇年代にかけてこの戦略を貪欲に展開した。彼は生まれながらのギャンブラーであり、早くから投資運用に数学モデルを取り入れた。

やがてメリウェザーは自分で投資会社を立ち上げると、ヘッジ、レバレッジ、リスクなど、ソロモンで大成功をおさめた戦略を再現することにした。さらに、金融工学の分野から最高の頭脳をリクルートする戦略も継続し、ハーバードからマートン、スタンフォードからショールズを熱烈なラブコールによって獲得した。マートンによれば、メリウェザーとＬＴＣＭは「金融に関して理論と実践の最高の組み合わせを目指した」という。[*11] そして当時の経験について「ＬＴＣＭの立ち上げに関わった日々は、実に強烈で刺激的だった」と熱っぽく語っている。[*12] こうしてメリウェザーは新しい会社に優秀な頭脳をそろえたが、他にもMITやハーバード・ビジネススクールから有能な学者を招聘した。その結果として出来上がったオールスターキャストは、〝機関投資家〟から「世界最高の金融工学者集団」と称されたものだ。

メリウェザーは学者のドリームチームをふたつの方法で活用した。まず、ドリームチームによってハイレベルの計算やモデリング能力が会社に備わった。しかしより重要なのは、有名な教授陣の存在が、月並みな投資会社よりも有利だという評判につながることだった。それが、投資家や資金を呼び込みやすくする。実際、最強の布陣にウォール・ストリートは幻惑され、一九九四年の運用開始時点でLTCMの評価は最高潮に達していた。その結果、なんら実績もないLTCMが一〇億ドルの投資ファンドを創設し、こうした業務に対して銀行などが通常請求する手数料に関しても、大きな譲歩を引き出すことができた。

LTCMが利用した手段のひとつがヘッジだ。値動きが対照的な投資を組み合わせることによって利益と損失を相殺し、全体としてのリスクを軽減する方法である。ここではよく空売りが使われる。空売りでは、まず証券会社から株を借りてすぐに売却する。ふつう株に投資するときは、将来株価が上がりそうな銘柄を購入するものだ。しかし空売りの場合には、後から株価が下がることが前提になる。下がった時点で株を買い戻して銀行に返却すれば、利益が得られるわけだ。一九四九年にアルフレッド・ウィンスローは、株式投資のリスクを相殺するために空売りを行なった。四人の友人と一〇万ドルの資金を集めて立ち上げられた組織は、世界初のヘッジファンドと言ってもよい。ウィンスローはヘッジファンドの父と呼ばれている。

ただし、ヘッジファンドはほかの投資戦略に比べて値動きが少ないので、大損がない代わりに大もうけも期待できない。

そんなヘッジファンドで手早く大もうけするための唯一の方法がレバレッジである。レバレッジは借入金を使う形の投資で、シンプルながら金融では重要なコンセプトである。たとえば手持ちの一〇〇ドルを投資して一ドルの利益が得られても、儲けはわずか一パーセントにすぎない。しかし同じ一〇〇ドルでも、自分では一ドルだけ投資して、残りの九九ドルを借入金でまかなえばどうだろう。利益は大きく膨らむ。自分では一ドル投資するだけで一ドルの見返りが得られるのだから、ほぼ一〇〇パーセントの儲けになるのだ！[*13] ＬＴＣＭの金融の天才たちは、収益やヘッジファンドやレバレッジに関する知識を武器に、市場やライバルを打ち負かすために様々な作戦を立てた。これは非常に賢明な戦略で、しばらくの間はうまく機能した。最初の数年間、ＬＴＣＭは実に二桁の利益率を記録したのである。

ところがロシアが短期国債の債務不履行を宣言する異常事態が発生し、市場の混乱が深刻化すると、頼りになるはずの武器はまったく使い物にならず、ＬＴＣＭは対応に苦慮した。市場は時として予測不能な動き、いや不合理な動きさえするものであり、方程式もコンピューターモデルも高等数学も、何を使ってもこの現実を変えることはできない。そもそも市場が合理的に動くというルールなど存在しない。危機に直面した市場は特に不安定に推移するものだ。市場も最終的には合理的な動きを取り戻し、価格も本来の安定を取り戻すだろう。しかしそれまでに不合理な価格がどれだけ続くのかは誰にもわからない。ケインズはこの問題をとっくに認識していた。「市場の不合理な状態は、そう簡単に解消できない。思っているよりもずっと長く続くものだ」

一九九八年の夏の間じゅう、ＬＴＣＭは巨額の損失を計上し続け、ポジションの損失は拡大し続けた。そして危機が拡大するにつれて、ある事実が世間で明らかになった。ＬＴＣＭのレバレッジは極限まで引き上げられており、その資金は国内の複数の大手銀行から借り入れたものだったのである。ソロモン、メリルリンチ、ゴールドマンサックス、モルガン・スタンレーといった銀行でさえ、帳消しにできないほど借入金は膨らんでいた。なんと、レバレッジは二八倍（一ドルの投資に対して二八ドルの借入金である）。一企業の危機は、ほぼ一夜にして国家的な危機へと拡大した。

同じような立場に置かれたら、たいていの企業は借金を返済するために資産の整理を迫られるところだ。十分な資金を確保できなければ、行き着く先は破産裁判所である。裁判所はわずかな資金をすべての当事者に配分し、実質的に損失の分配が行なわれる。しかしＬＴＣＭはあまりにも大きく、借入金はあまりにも多く、投資家に資金を返済するためにはあまりにも多くのポジションを清算しなければならなかった。一〇〇〇億ドルの借入金は、世界の金融市場を大混乱に陥れるには十分だった。内部関係者は清算が進まない状況に苛立ちを募らせたが、そもそもＬＴＣＭの資産を時価で投資家に購入してもらうことには無理があった。ポジションの清算が始まった時点で価格は急落し、事態の収拾は不可能になっていただろう。

少なくともニューヨーク連邦準備銀行はそんなシナリオを思い描いた。そこで大口の貸し手を招集し、ＬＴＣＭのポジションをもっと緩やかに穏やかに清算し、最終的に組織を解体させるための戦略を話し合った。この場面にはウォレン・バフェットまで登場し、ぎりぎりの段階でＬＴＣＭの買収を申し出たが、メリウェザーはこれを即座に断る。彼にとっても、ほかの経営陣にとっても、屈辱的な条件が提示されたからだ。バフェットの提案が拒否された後、銀行関係者は本格的な話し合いに入った。そしてニューヨーク連邦準備銀行の指示により、公的資金は使わずに、民間銀行がＬＴＣＭへの緊急融資を自発的に行なう方針が決定された。たった一年で、ＬＴＣＭは八〇億ドルの資産のうち七五億ドルを失ってしまった。

そしてもうひとつ重要な問題が残り、解決までには何年もかかった。それは税金である。ＬＴＣＭは一九九八年に破綻したが、ＩＲＳは二〇〇二年になっても不正処理されたと見られる七〇〇〇万ドルの未納分の税の回収に努めていた。ロジャー・ローウェンスタインはＬＴＣＭに関する優れた著書のなかでノーベル賞受賞者ショールズをつぎのように紹介している。ショールズは「税金を刺激的で知的なゲームと見なし」、「誰だってきちんと税金を払ったりしない」という趣旨の発言をしたという。[*14] またデイヴィッド・ウェッセルは〈ウォールストリート・ジャーナル〉で、ＩＲＳの調査は「大物が税金逃れをする方法を垣間見せてくれた」と記した。[*15]

ウェッセルが紹介している手口は複雑だが興味深い。たとえば、ゼネラル・エレクトリックやファースト・アメリカン・ナショナル・バンクがコンピューターをリースするとしよう。この場合、リース料は所得控除の対象にできるし、減価償却費として計上することもできる。このシンプルな仕組みから、サンフランシスコの投資銀行ボブコック・アンド・ブラウンは「リース・ストリッピング」と呼ばれる方法を考案した。ＩＲＳの目の届かない海外に課税所得を移転する一方で、アメリカ企業に適用される収益税控除の資格を継続させたのである。租税回避の中継地には、ロンドンの会社オンスロー・トレーディング＆コマーシャルＬＬＣが使われた。会社といっても私書箱があるだけで、社員は税理士と銀行家と計理士しかいない。

ロングターム・キャピタル・マネジメントとロンドンのオンスロー社の取引は、オンスローの優先株とＬＴＣＭの株式のスワップから始まった。そして一九九七年、ＬＴＣＭは取得した優先株を売却することによって大きな損失を計上し、納税義務の減少に成功したのである。しかしＩＲＳはこれを認めようとせず、二〇〇三年には法廷闘争で勝利をおさめた。[*16] この経緯を取材したデイヴィッド・ウェッセルは、〈ウォールストリート・ジャーナル〉の特集記事をこう締めくくった。「……税金の支払いを刺激的な知能ゲームにするべきではない。何百万ドルも費やして複雑な『偽取引』をでっち上げた連中は、政府がその仕組みを暴くために何年もかかることすら承知のうえだ[*17]」

ＬＴＣＭが破綻した後、ふたりのノーベル賞受賞者マートンとショールズは大学に戻り、投資機会について専門家の立場からアドバイスを行なうようになった。ちなみにショールズはアドバイス料を受け取ったうえで、ポートフォリオ戦略や税金を合法的に軽減する方法についてクライアントに指南している。

疑念

本章で紹介してきた経済学賞受賞者たちは全員が、金融経済学の発展に何らかの方法で貢献した。シカゴ、スタンフォード、MIT、ハーバードなど名門大学出身の彼らは、ミューチュアルファンドやデリバティブやストックオプションの市場拡大に一役買っている。また、ミクロ経済学や微積分の高度な技術を金融市場に応用した。それを見た多くの投資家は、株、オプション、リスク、資本など、様々な金融商品の価値を測ることができる客観的な公式が発見されたと信じ込んでしまった。

新たに登場した金融経済学者の役割について、ニューヨークにあるニッコー・セキュリティーズ・インターナショナルのチーフエコノミスト、ロバート・ブルスカは「彼らの貢献によってみんなの生活が大幅に改善された[*18]」という。ミューチュアルファンドやオプション取引の市場が以前よりも巨大化したことは間違いない。その成長が金融モデルの発展によって促されたのも確かだろう。たとえば現在、デリバティブ市場では年間およそ七〇兆ドルの取引が行なわれていると推定されるが、これはアメリカの国内総生産のほぼ一〇倍の数字である[*19]。

しかし、本当によいことばかりだろうか。繰り返すが、金融経済学の公式はどんなに優れていても前提にすぎない。たとえばブラック＝ショールズ方程式は複雑で抽象的すぎるので、常に正しいわけではないという事実を一般の投資家が理解できない可能性もあり得る。実際、ブラック＝ショールズ方程式の前提条件は、この方程式の証明に使われる伊藤の微分方程式と同程度に難解なものだ。ならば、ノーベル賞を受賞した学者たちが、計画的にリスクを過小評価したとは考えられないだろうか。過度に楽観的な前提を持ち出して、投資家がリスクの大きいポジションをとるように仕向けた可能性はないだろうか。ＬＴＣＭの破綻とは、こういうことではなかったのか。このようなリスクを取ることが国家や世界の純資産の増加につながるだろうか。単に途方もないギャンブル行為になってしまっていたのではないか。

金融経済学の重要な前提のひとつである〝効率的市場仮説〟によれば、株価は現在と将来の市場の価値を知るための最高の手段だという。この理論はシカゴ大学のユージン・ファーマによって提唱されたもので、株式市場はすべての情報を合理的に織り込んだうえで常に〝適正〟価格を生み出すものだと仮定している。しかしこの仮定は、理性というより信仰が前提だ。株式市場が完全に合理的に機能するためには、情熱、恐怖、高揚感、迷信、パニック、後知恵といった様々な人間の感情に影響されてはならない。

このように、効率的市場仮説の正しさを疑うべき理由はきちんと存在するのに、ほとんどの金融経済学者はこの問題を無視した。効率的市場という前提がなければ、せっかく考え出した原則や証明や方程式の多くが成り立たないからだ。ブラック＝ショールズ方程式も例外ではない。それでも代わりになるような理論は存在しないから、金融市場は本質的に合理的だというあやしげな前提条件にもとづいて、学者は手の込んだ数学理論を考え続けていく。うまくいけば学者としての評判が少なからず上昇し、オプション取引で何十億ドルも稼げるかもしれないのだ。

効率的市場仮説によれば、株価を変えられるのは新しい情報のみである。しかし実際のところ、株価は重要な新情報とまったく無関係な形で不規則な動きをするときがある。理論と現実の矛盾は、株式市場の大暴落の際に最も顕著な形で表れた。

一九八七年十月十九日、ダウ平均指数は一気に五〇八ポイント下落した。一日で二三パーセントという記録的な落ち込みである。ところがこのとき、原因を解明できるような新たな情報は存在しなかった。市場の崩壊は青天のへきれきとしか思えなかったのである。後日行なわれた調査では、興味深い事実が明らかになった。株価暴落劇にはコンピューター取引が関わっていたのだ。金融モデルをプログラムされたコンピューターは、売買注文を自動的に行なうように設定されている。そのため市場の下落が確認された途端に売り注文を増やし、株価を一気に下げてしまった。株価は下げ止まらず、取引時間を大幅に短縮した後、ようやく歯止めがかかった[*20]。皮肉にも、この危機を引き起こした犯人のひとりは、ブラック＝ショールズ方程式が組み込まれたコンピュータープログラムだったのである。

〈フォーブス〉に掲載されたデイヴィッド・ドレマンの記事によれば、新たに市場に導入された様々なモデルが相互作用を繰り返したあげく、安定していたはずの市場に大混乱を引き起こしたのだという。このブラックマンデーの株価暴落は、効率的市場仮説を提唱する学者たちに厄介な問題を突きつける結果になった。現状はまったく変化していないのに、市場指数が数日間で二五〇〇ポイントから一八〇〇ポイントまで一気に下がるとは、一体どういうことなのだろう。金融経済学の分野でノーベル賞を受賞した学者にとって、一九八七年の大暴落は大切なライフワークに間違いが証明されたかのような大事件で、誰もが困惑を隠せなかった。ノーベル賞受賞者のシャープは「われわれはみんな戸惑っている[*21]」と認めた。そのうえで、市場がここまで壊滅状態に陥るということは、何か新しい情報の存在が考えられるかもしれない、さもなければ理論とつじつまが合わないと弱々しく指摘した。そして「十分な情報にもとづいて将来の経済動向を予測していたはずだったが、そこに何らかの変化が生じ、市場にあのような状態を引き起こしたというシナリオも十分に考えられる。いずれにせよ、それを証明することはできない。それにしても、こんなおかしな事態が発生するとは」と語った。[*22]

一方、フィッシャー・ブラック教授は一九八七年の大暴落について、市場の不安定な状態が極限まで膨らみ、収束するために株価が下がるしかなくなり、その結果として十月の大暴落が引き起こされたのだと指摘している。[*23] しかし、そもそもなぜ不安定な状態が助長されたのだろう。市場は時として不合理で予測不能な動きをするものであり、それが危機の引き金になるときもあると説明すれば明快ではないか。しかしこのように説明すると、効率的市場仮説との矛盾が生じる。

では、一九八七年の大暴落についてショールズはどう解説したか。キース・デヴリンの取材記事から紹介しよう。[*24] ショールズによれば、方程式には何の落ち度もない。高度な方程式にトレーダーの頭がついていけず、十分に使いこなせなかったのがいけなかったのだという。これは驚いた。一体何が足りないというのだろう。市場はあらゆる点で完全だと言っておきながら、方程式の使い方だけは完全ではないと言いたいのか。もちろんトレーダーの計算能力が足りなかったわけではない。計算をするには、ブラック゠ショールズ方程式が組み込まれたテキサス・インスツルメンツの電卓を購入すればよいのだから。

この大暴落の後には、効率的市場仮説とそれにもとづく金融モデルへの信頼を揺るがすような変化がほかにも微妙な形で進行している。株価指数先物取引の値が現在価値に収束しなくなったのだ。一〇パーセントないし二〇パーセントの食い違いが生じたが、ブラック教授によればこれは「あり得ない事態」だという。[*25] 一方、ハーバードの経済学者ローレンス・サマーズはこの事実に注目し、「従来の理論のギャップが明らかになった」としたうえで、長年「アメリカでは金融経済学の教授の誰もが、こんな事態はあり得ないと教えてきた」と指摘した。[*26]

ローレンス・サマーズをはじめ金融経済学に批判的な学者は、効率的市場仮説の基本的な前提そのものに疑いの目を向けている。人間の基本的な行動は恐怖やパニックや情熱を伴うものであり、そんな感情が市場を動かせば、数学者の考える完全な合理性など吹き飛んでしまう可能性は十分に考えられると指摘した。イェール大学のロバート・シラー教授は「効率的市場仮説は経済理論の歴史上最も重大なあやまちである。これでまた経済学の寿命が縮められた」と語っている。サマーズはブラックマンデーの重要性を強調し、つぎのような結論を下した。「経済のファンダメンタルズに関する情報の変化が株価を決定すると信じていた人たちも、月曜日に五〇〇ポイントも下げた市場を見せられて呪縛から解放されたはずだ」。[*27] ちなみにケインズも株式市場が合理的だという妄想とは無縁の人物で、合理的に説明できない心理を「アニマルスピリッツ」と呼んでいる。そして「国の資本がカジノでの賭けで増えていくようでは、悪い結果は目に見えている」と警告した。

ノーベル賞を受賞するほどの経済学者が、どうしてこんなトラブルに巻き込まれたのだろう。そもそもの発端は罪のない行動だった。数学好きの学者がミクロ経済学の原則を金融市場に応用しただけである。たしかに興味深いアイデアや洞察は得られるだろう。しかし抜け目のない投資家ならこんな理論の限界を理解できるだろうし、絶対に正しいと勘違いして無条件に受け入れたりしない。

金融経済学の理論、いや経済学のあらゆる分野の理論は、あくまでも仮説にすぎない。彼らの名誉のためにことわっておくが、経済学者のほとんどは非常に誠実な人柄であり、自分で考案した仮説を学術論文に慎重に発表するが、そもそも誰も読まないし、理解できない。一般の人たちはむろん、投資家だって伊藤の微積分にでも精通していないかぎり、理解できない。投資家は学者の名声、数学的能力、そしてもちろんノーベル賞をあてにして信用しているにすぎない。

現代の経済学の見識について理解することはもちろん大切だが、限界についても同じように十分学ばなければならない。一九八七年にブラックマンデーが起こる以前、効率的市場仮説を批判する人たちはどこにいたのだろう。主要経済誌のどこにも論文は掲載されていない。デイヴィッド・ドレマンは、学術誌が故意に批判を閉め出しているも同然だと語り、つぎのように記した。「学術誌は一握りのエリートしか相手にしない。すでに社会で評価が定着している理論の考案者や信奉者にだけ出版の機会を与える。反対する人の書物を燃やすわけではないし、その必要もない。都合の悪いものは掲載しなければよいのだ[*28]」

科学者は親切な批判に対して感謝するものであり、これで理論の弱点が補足された、新しい理論を創造するきっかけが提供されたと喜ぶのが普通である。ところが経済学者は違うようだ。質の高い研究は歓迎されず、理論の良し悪しは仲間の意見によって決定されてしまう。批判や意見の相違を受け入れる余地が現代科学を育ててきたというのに、経済学者も経済学賞選考委員会もほとんど受け入れようとしない。

　結局、新しい金融モデルは一九九八年にＬＴＣＭを守るためにも、一九八七年の株式市場暴落の理由を説明するためにも大して役に立たなかった。八七年にブラックマンデーを経験した後では、金融経済モデルの未来がばら色に見えたとも思えない。それなのに経済学賞選考委員会は性懲りもなく、九七年にふたたび金融経済学の分野からふたりの受賞者を選んでしまった。選考委員会は難解な数学に気を取られるあまり、経済学が現実の世界で果たす役割の重要性を忘れてしまったのだろう。経済学理論がなすべきは数学のパズルを解くことではない。現実の世界で生じる経済的な出来事をきちんと解明しなければならないのだ。

　そんな経済的な出来事のひとつが二〇〇八年の株式市場崩壊である。このような深刻な危機に直面したときの常として、報道陣や政治家や企業関係者はノーベル賞を受賞した経済学者の意見を求めた。何が間違っていたのか、どのようにして正せばよいか、知りたがるのは当然だ。ところが、金融経済学という新しい学問での成果を評価されたはずの学者たちは、おそまつな回答に終始した。自分の理論では、こんな出来事は想定外だったと繰り返す。これではノーベル賞そのものの存在価値が問われてしまう。人類のために最大の貢献を行なった人物が選ばれているとは言えないだろう。

第5章
さらにミクロに

ジョン・R・ヒックス卿（一九七二年）
ウィリアム・S・ヴィックリー（一九九六年）
ジェイムズ・A・マーリーズ卿（一九九六年）
ヴァーノン・L・スミス（二〇〇二年）

ノーベル賞を受賞したすべてのミクロ経済学者がシカゴ学派に属するわけではないし、株式市場を専門に研究したわけでもない。なかにはジョン・R・ヒックス卿のように、博士課程で学んだミクロ経済学を興味深い問題に応用した学者もいる。経済学の高度な研究においてミクロ経済学は基準となる要素であり、数学や物理と同じく、問題も回答も明快な点が一種の魅力になっている。若い頃のヒックスはミクロ経済学の研究に魅せられ、この分野の基本コンセプトの充実に大きく貢献した。数学者としては決して優秀ではなかったが、アイデアをシンプルな方程式やグラフで表す才能に恵まれ、ほかの経済学者に貴重なツールを提供した。しかし、ヒックスの貢献はひとつの分野に限定されない。ケインズ経済学と一般均衡理論への貢献もまた、ノーベル賞委員会から正当に評価された。

ミクロ経済学のスキルに優れたもうひとりの経済学者がウィリアム・S・ヴィックリーで、彼は入札（オークション）の仕組みを解明するためにミクロ経済学のツールを利用した。その結果、異なった形式のオークションが平均すると同じような収益をもたらすという驚くべき発見に至ったのである。この結果は非常に興味深いもので、その通りならばきわめて役に立つ。しかし残念ながら、ミクロ経済学が想定する理想化された世界での出来事は、現実の世界に常に完全にあてはまるとは限らない。一方ヴィックリーは、ミクロ経済学の分析から最適税率を導き出せるとも確信した。最適税率とは、最も多くの人びとに利益をもたらし、経済へのダメージが最も少ない税率である。ヴィックリーは問題の定式化に成功したが、最終的に回答を導き出したのはジェイムズ・A・マーリーズ卿の優れた数学の能力だった。

そして本章の最後に登場するヴァーノン・L・スミスは被験者を使って市場やゲームのシミュレーションを行ない、ミクロ経済学とゲーム理論の妥当性を明らかにしようと努めた。シンプルな経済行動を実験環境で確認するアプローチは、実に画期的だった。経済学には実験科学としての未来があるのだろうか。スミスの研究は、その可能性を垣間見せてくれた。そして彼の実験が特に興味深いのは、自由市場に傾倒する本人の気持ちと矛盾するような結果が図らずも導き出されたからである。

ジョン・R・ヒックス卿（一九七二年受賞）

ジョン・R・ヒックス卿は稀有な存在ゆえ、ほとんどすべての経済学者から深く尊敬されている。一九六四年にはナイトの爵位を、七二年にはノーベル賞を授与されただけでなく、歴史にも数学にも哲学にも造詣の深い、幅広い知識と教養を備えた最後の世代の経済学者でもあった。そのうえ、新古典派とケインズ派のどちらからも研究を評価された数少ないひとりでもある。新古典派経済学においては一般均衡理論への関心を復活させ、ミクロ経済学の基本概念を明らかにしていった。一方ケインズ経済学においては、新しい概念や図表を分析手段として考案し、ケインズ理論の理解と拡大に貢献したのである。

ミクロ経済学において、価格は非常に重要なメカニズムである。消費者や企業にシグナルを送るのも、彼らの行動を導くのも価格である。したがって、ミクロ経済学者は組織的市場における価格の役割、特に資源配分や需給バランスに対して果たす役割を真剣に考え、そこからいくつもの興味深い洞察を引き出した。たとえばガソリン価格が上昇したときには、〝代替効果〟と〝所得効果〟のふたつが発生すると考えられる。ガソリン価格が上昇すると、エタノールや大量輸送機関などの代替手段が選択肢として浮上するのが代替効果であり、これはわかりやすい。これに対し、所得効果のほうはやや込み入っている。[*1]ガソリン価格が上昇すると、一般に各家庭では家計に占めるガソリン代の割合が膨らみ、結果としてほかの支出を切り詰める。これが所得効果である。ヒックスと同僚のR・D・G・アレンはこの洞察にもとづいて、価格変動への反応が代替効果と所得効果のふたつに分解されることを数学的に解明した。これはミクロ経済学上の大発見として高く評価された。[*2]

所得効果の応用分野のひとつが〝厚生経済学〟である。厚生経済学といっても、貧困層の支援を目的とした政府プログラムとは関係ない。資源配分の変化が社会全体の福祉に与える影響を評価する学問である。たとえば食品価格が二〇パーセント低下したとき、人びとはどう反応するだろうか。一九二〇年代、アルフレッド・マーシャルは〝消費者余剰〟（訳注　消費者の支払い許容額から実際に支払った金額を差し引いたもの）という実際的な測定方法を考案した。[*3]これに対しヒックスは、価格の変化が需要の変化におよぼす影響に所得効果の面から取り組み、ふたつの基準を使って効果額を算出した。[*4]経済学者が同じものに複数の算定基準を採用するのはちょっと意外な印象を受けるが、ヒックスはそれが避けられないことを明確な形で説明した。

ヒックスの所得効果の概念は、政府の行動を評価する手段としても使われている。たとえば飛行場を建設する際には、周辺住民の反対を具体的に把握しておけば役に立つ。政府が住民にいくら支払えば空港の隣で暮らす不便な生活を我慢してもらえるか訊ねることは、ひとつの手がかりになるだろう。建設前に補償に必要な額がわかっていれば、これも飛行場のコストとして考えられる。実際、こうしたプログラムの影響を評価するために、経済学者は何十年も同じような調査を行なってきた。しかしノーベル賞受賞者のダニエル・カーネマンによれば、このアプローチはあまり信頼できないという。カーネマンはいくつかの理由を挙げながら、関係者に訊ねても常に正直な回答が得られるわけではないと説明している。

ヒックスもR・D・G・アレンも、代替効果と所得効果という数学的論理は一九三〇年代に自分たちが発見したものだと信じていたが、後日、第一発見者は別人だと判明する。ふたりに先立ち、ロシア人統計学者のエヴゲニー・スルツキーが基礎的な研究成果を一九一五年に発表していたのだ。おそらく、論文がイタリアの無名学術誌に掲載されたせいだろう。アレンやポール・サミュエルソンらが一九三〇年代になって気づくまで、経済学の主流からはまったく顧みられなかった。

一般均衡

経済学者は需要と供給に関する方程式をすでにいくつも考案していたが、一九三〇年代にはヒックスによって新たな方程式が加えられた。財やサービスの生産と、それを消費することから得られる効用すなわち満足感との関係を表した方程式である。[*5] こうした方程式はミクロ経済学にとって重要であるばかりか、一般均衡モデルの完成にも役立った。一般均衡は十九世紀に、経済全体の需要と供給についてレオン・ワルラスが考案したモデルである。一八七〇年代のワルラスの研究にもとづいて、一九五〇年代にはふたりのノーベル賞受賞者ケネス・アローとジェラール・ドブルーが高度な数学的証明を完成させるが、ヒックスはその重要な橋渡し役になった。経済学賞選考委員会は、この功績を受賞理由のひとつとして評価した。

ミクロ経済学や一般均衡理論に関するヒックスの初期の研究は、すべて完全競争を前提としていた。ところが後年になると、彼は完全競争という考え方にほとんど興味を失ってしまった。たとえば一九三二年に発表した処女作『賃金の理論』では、完全競争が非常に重要な要素になっている。しかし八六年になると、この著作について「完全競争は非常に便利な前提ではあるが、ちょっと極端だった」と語るようになった。[*6] この本にかぎらず、完全競争という前提はヒックスにノーベル賞をもたらした多くのアイデアにとって欠かせない要素だったが、「まったく信じられない」と率直に認めるようになったのである。発言は次第にエスカレートして、「私のあの本をいまだに使う人がいるが、あんなもの、実にくだらない」とまで言い切った。[*7] 一九三九年に出版されて絶賛された『価値と資本』に関しても、後日ヒックスは新古典派の傾向が強すぎたと認め、「私の考え方はもう変わった」と語っている。[*8]

実は一九三六年にケインズの『一般理論』が出版されると、ヒックスは競合するパラダイムであるケインズ派経済学に惹きつけられてしまったのだ。出版後ほどなく、この作品の書評を〈エコノミック・ジャーナル〉から依頼されたことを、のちに「このうえない名誉」だったと述べている。[*9] ヒックスは好意的なコメントを寄せるだけでは飽き足らず、コンセプトに補足的な説明を加え、シンプルなグラフで幾何学的に表現した。そのうちのひとつが、いまでは〝IS－LMモデル〟と呼ばれるものだ。これは投資（I）と貯蓄（S）の関係を表す曲線、ならびに流動性選好（L）と貨幣供給量（M）の関係を表す曲線のふたつから成るグラフで、不完全雇用のままでも経済が均衡に至ってしまう可能性という、ケインズの中心的な理論を図示したものだ。このモデルはハーバード大学のアルヴィン・ハンセンも独自に構築し、ハンセンの在庫循環モデルと呼ばれた。ほかにもヒックスは、ケインズが示唆した〝流動性の罠〟についても詳しく触れている。これは失業率が高くても金利が非常に低い状態では、金利をさらに引き下げて景気を刺激することができない状態のことだ。[*10]

ところが、ヒックスの変節は自ら考案したIS－LMモデルにまでもおよんだ。あるインタビューで、彼は自分のあやまちをつぎのように説明している。「このふたつの曲線を同じグラフで処理することはできない。ひとつはストック、もうひとつはフロー均衡なのだから無理がある」[*11]。しかし発案者本人の心変わりとは関係なく、七〇年ちかく経過した今でも中級経済学のテキストでは、ふたつの曲線が相変わらず同じグラフに描かれている。

実際ヒックスは自分の学問的成果を評価するとき、変節が習慣になっているようだ。それはノーベル賞記念講演からもうかがえる。自らの発見について簡単に紹介したうえで、それらがもはや役に立たなくなった理由を簡潔に説明している。特に彼は、異質な資本財をひとつにまとめて考える新古典派の方針は意味がないと切り捨てた。すべての工場や設備や機械や車両をひとまとめにして、資本という単独の変数で表す習慣はもはや正当化できないと指摘したうえで「このように恣意的に評価される資本には、説得力も存在理由もない」と結論づけた。[*12] そもそもこれはジョーン・ロビンソンが言い始めたことで、本当にそうであれば新古典派経済学の理論の大半が無意味になってしまう。そこでヒックスは、選考委員会からは認められていないが、自分にはもっと「有望」と思えるトピックを取り上げて、記念講演の内容のバランスを取った。[*13]

一九八六年に行なわれたインタビューでは、若い頃ではなく、後年の研究成果を選考委員会から評価されたかったと打ち明けたうえで、著書『経済史の理論』への強い思いを語った。[*14] 残念ながらこの本はけっして評判がよかったわけでもなく、選考委員会から「科学的」と認められることもなかった。数式を使わずに、実際の経済活動を言葉で分析していたからだ。たとえばヒックスは、権力者である国王が厳しい財政状態に陥るケースが多いことに注目した。[*15] これはなぜだろう。経済活動が全国に分散していた時代には、活動の記録を作ることがほぼ不可能だったので、税の徴収がきわめて困難だったことが一因と考えられる。やがて貿易が発達し、経済活動が一部の地域に集中されてくると、この問題は緩和された。おまけに株式会社が登場すると簿記の作成が義務付けられたおかげで、決して意図的ではなかったが税を集めやすくなった。となると、そもそもの問題は国王が借金しにくいことにあるとヒックスは考えた。主権者たる王に契約の履行を迫るのはむずかしいからだ。一般にはより高い権威に訴えることで契約は履行されるものだが、相手が国王ではそれができない。だから皮肉にも、国王への貸付はリスクが高いと思われてしまう。この事例からもわかるように、ヒックスは現実の経済活動のパターンをじっくり観察したうえで、その仕組みの解明を試みている。しかし経済学賞選考委員会はそんな研究には関心を持たず、紹介もせず、ヒックスを大いに失望させた。

ジョン・R・ヒックスは一九〇四年、イングランドのウォリックでジャーナリストの息子として生まれた。最初はオックスフォード大学のクリフトン・カレッジとバリオル・カレッジで数学を学ぶが、学費が高いうえに退屈だった。そこでまず奨学金を獲得して学費問題を解決し、一九二三年、オックスフォードでの専攻科目を哲学と政治学と経済学に変更した。新たな専攻科目は文学や歴史に対する幅広い興味を満足させてくれるだろうと期待したが、この決断は「成功」とは言えなかった。[*16] 学位こそ取得したものの、成績は上から二番目の評価しかとれず、自分から見てもすべての科目が準備不足だった。

ところが幸運にも、一九二〇年代末は経済学者が不足しており、ヒックスはロンドン・スクール・オブ・エコノミクスに非常勤講師として採用された。ここで彼は労働経済と労使関係を教えるかたわら自分の研究に着手するが、ほどなく数学の勉強不足を思い知らされる。本人の話では、数学の勉強は十九歳でやめていたので、独学するよりほかなかった。そんな若い時代の学習成果のひとつが著書『賃金の理論』の数学的補足だが、これは本人にとって「お恥ずかしい」出来ばえだった。能力は次第に改善されていくが、それでもヒックスはサミュエルソンのような経済学者を「数学者として私よりもはるかに優れた人物」として尊敬した。[*17]

一九三〇年代は、ロンドン・スクールにとって良い時代だった。将来ノーベル賞を受賞するフリードリヒ・A・フォン・ハイエクのような大物が在籍し、経済理論の一大中心地として開花しつつあった。アーシュラ・ウェッブもここで教鞭をとっており、ヒックスは彼女と一九三五年に結婚する。同じ年、彼はケンブリッジ大学からポストを提供されたが、彼には魅力的とは思えなかった。物理的環境も知的環境もお粗末で、「とても住めたものではなかった」という。学部はふたつの陣営に分かれ、お互いにあまり口も利かない状態だった。そこで三八年にはケンブリッジからマンチェスター大学に移り、さらに四六年、オックスフォードに移った。

ヒックスがノーベル賞の受賞理由となったアイデアを発表した時期と、実際に受賞した時期との間には大きな隔たりがある。ミクロ経済学や一般均衡理論やケインズ派経済学の分野で評価された研究のほとんどは一九三〇年代に完成されたもので、一九七二年にノーベル賞でその業績を認められるまでには四〇年ちかくが経過していた。比較的新しく創設されたノーベル経済学賞では順番待ちの研究が多かったのだ。

ヒックスは経済理論の発展に大きく貢献したが、現実の経済政策に苦言を呈するようなタイプではなかった。理論や経済原理の理解には自信を持っていたが、「実際の経済が抱える大きな問題について発言することは遠慮した」[*18]。経済学を深く理解している学者ならば現実世界の出来事に口をはさむ資格があると単純に考えるような人物ではなく、それは専門である経済の問題も例外ではなかった。その点でも、ヒックスは経済学者として稀有な存在だった。

ウィリアム・S・ヴィックリー（一九九六年受賞）

ノーベル経済学賞は毎年十月初旬に発表され、十二月に行なわれる盛大なセレモニーの場でスウェーデン国王からメダルが授与される。ところが一九九六年、ふたりの受賞者のうちのひとりが公式の場に姿を見せなかった。ウィリアム・S・ヴィックリーが賞の発表から三日後、十月十一日に帰らぬ人になったのである。

選考委員会はヴィックリーの受賞理由として、ふたつの目覚しい功績を紹介した。ひとつは最適な入札（オークション）方式の考案、もうひとつは最適税率に関する問題提起である。最適税率の問題は、共同受賞者ジェイムズ・Ａ・マーリーズによって後日解決された。

ヴィックリー・オークション

経済学で入札といえば、国防契約を巡る競争入札から教会での募金を目的としたサイレント・オークション（訳注　言葉で競り上げるのではなく、紙に自分で金額を書いていく仕組みのオークション）まで、実に幅広い。ヴィックリーがはじめて経済学の視点から取り組んで以来、入札は普及して重視されるようになった。彼が有名な論文「対抗投機、オークション、封印式競争入札」を発表したのは一九六一年。政府が電波の周波数帯域の使用権や海底油田採掘のリース権を入札によって割り当て、イーベイが有名なオンライン入札を始めるよりも、はるか以前のことだった。

入札にはいくつかの方式が存在するが、どれがベストなのだろうか。主催者が最大の収入を得るものか、それとも「正しい」落札者が落札することを保証され、最大の利益が得られそうなものか。最善の入札は談合の発生を最小限に食い止められるか、あるいは後であれこれ批判されずにすむだろうか。ヴィックリーは一九六一年、従来の複数の入札方式をこれらの問題と絡めて検証し、ほどなくひとつの方式に至った。これは彼にちなんでヴィックリー・オークションとも呼ばれる。

ヴィックリー以前の伝統的なミクロ経済学者は、価格が実際に決定される基本的な仕組みについてほとんど関心を持たなかった。アダム・スミスと同じく、多くの売り手と買い手の活動や試行錯誤を通じ、市場が効率的な価格を決定すると信じる傾向が強かった。しかし現実には、この単純なシナリオが通用しないものは多い。電波の周波数帯域を例にとろう。この特殊な資源の入札に参加するのは、十分な資本と知識を備えた一握りの企業に限られる。さらに、どんなに人気が高くても周波数帯域を増やすことは物理的に不可能だから、供給も限られる。このような状況では、市場が円滑にかつ効率的に機能する保証はない。

そんなときに市場価格を決定する方法のひとつが入札である。ヴィックリーは三種類の主な入札方式を検証したうえで、四番目の方式を提案した。まず、従来の方式のなかで最も馴染み深いのがイングリッシュ・オークションだ。入札者が価格を次第に競り上げて、最終的に最も高い価格を提示した買い手が落札する。その反対がダッチ・オークションで、売り手が設定する最高価格が順次引き下げられ、最初に買い手がついた時点でそれが落札価格として決定される。そして三番目が封印入札方式で、最終的に最も高い価格を入札した買い手が落札するところはイングリッシュ・オークションと同じだが、入札者が相互に提示価格を確認できない点が異なる。さらにこれは第一価格入札と第二価格入札に分類される。前者の場合、最高提示価格がそのまま落札価格となる。そして後者は、最高価格を提示した入札者が落札するところまでは同じだが、実際に支払う金額は二番目に高い入札価格となる。

イーベイでもよく使われるイングリッシュ・オークションは、入札者が残りひとりになるまで、あるいは制限時間が終了するまで続けられる。もしもあなたがエルビス・プレスリーのサングラスに一〇〇〇ドルの価値があると思えば、一〇〇〇ドルまでは提示価格を競り上げていく。途中で落札できればよいが、一〇〇〇ドルを超えても自分以外の入札者が残っていたら、そこで手を引くことになる。もしも途中で落札できた場合には、当初予定していた金額を払う必要はない。二番目に高い提示価格に一ドルだけ上乗せすれば十分である。たとえば次点入札者の提示価格が四九九ドルであれば、五〇〇ドルで落札できる。ヴィックリーは、封印入札方式でもイングリッシュ・オークションと同じような結果は出ないだろうかと考えた。そこで提案したのが第二価格入札、すなわちヴィックリー・オークションで、落札者の支払額を次点の入札価格に一ドル上乗せした金額とするものだ。この形なら競り上げ方式のイングリッシュ・オークションと同じ結果が得られるはずだ。

イングリッシュ・オークションとヴィックリー・オークションには、非常にありがたい共通点がある。どちらのケースも、競合相手の戦略について思い悩む必要がないのだ。実際、相手の戦略を知っても役には立たない。イングリッシュ・オークションでは、入札者は最後に勝つまで、もしくは予定の金額を超えるまで参加する。相手の戦略を知っていようといまいと行動方針は変わらない。ヴィックリー・オークションも同じで、勝つかどうかは自分の入札価格次第だ。ただし実際の支払額は他人の入札価格によって決まる。イングリッシュ・オークションと同じくヴィックリー・オークションも、理論的にはシンプルで正直な入札が保証される方法である。

一方、ダッチ・オークションと第一価格入札はこれとは異なる。どちらも、正直者は自分の考えた入札価格をそのまま提示するかもしれないが、二番目に低い落札価格を予想したうえで少しだけ上乗せした金額を提示する参加者もいるだろう。実際、エルビスのサングラスを五〇〇ドルで落札できそうだと思えば、一〇〇〇ドルで入札する気分にはなれない。ただし、具体的にどこまで下げられるかが問題だ。二番目に高い入札価格がわかれば決断も難しくないが、すべての入札の確率分布しかわからないときはどうすればよいか。ところがこのような前提があっても、平均すれば二番目に高い入札価格で落札される傾向が強いことをヴィックリーは証明することができた。つまり四種類の入札のすべてにおいて、期待される落札価格は同じになるわけだ。彼はこの洞察にもとづいて〝収入同値定理〟を考案し、これはノーベル賞の受賞理由として高く評価された。[*19]

もちろん同じといっても、ダッチ・オークションと第一価格入札でサングラスの落札価格が常に五〇〇ドルに落ち着くというわけではない。平均すれば五〇〇ドルになるという理論上の話である。実際には他人の入札価格の分布など知りようがないのだから、驚くべき証明結果も現実には効果がかなり限定されてしまう。事実、経済学者が行なった実験によれば、現実の入札結果は大体においてヴィックリーの同値定理と矛盾した。[*20]やはり、理論は現実世界の行動を反映できない。ほかの入札者の行動を手探りで想像しながら、参加者は戦略を工夫していくものだ。

ところでヴィックリー・オークションと聞けば発案者はヴィックリーだと連想しがちだが、実際は違う。ヴィックリー・オークションすなわち第二価格入札は、ヴィックリーが一九六一年に論文で紹介する何十年も前から存在していた。正確には、スタンプ・オークションと呼ぶほうがふさわしいかもしれない。というのも、これはコレクターが出品した郵便切手を売るために考案されたものだからだ。デイヴィッド・ラッキング・ライリーは詳しい調査の結果、ヴィックリー・オークションがすでに一八九三年には行なわれていた事実を確認した。[*21] 当然ながらヴィックリーはまだ生まれていない。

たしかにヴィックリーはこのオークションの発案者ではなかったかもしれないが、その仕組みの分析に真剣に取り組んだのは彼が最初だろう。では、彼はスタンプ・オークションの存在を知っていたのだろうか。それとも、そうとは知らずに新しいコンセプトとして考案したのだろうか。どちらもあり得る。ただし、郵便切手マニアの世界の外ではこのやり方はほとんど知られていなかったので、例外的な存在だったスタンプ・オークションが容易に見過ごされた可能性はあるだろう。

切手以外でヴィックリー・オークションが普及しなかったのはなぜか。ラッキング・ライリーによれば、こうしたケースは入札者が競売人を信用しなければ十分に機能しないからだという。結局、競売人は落札価格の一定の割合を収入として受け取るわけだから、二番目に高い入札価格を高めにでっち上げれば利益が膨らむ。エルビスのサングラスの二番目に高い入札価格が九〇〇ドルだったと嘘をついたほうが、正直に五〇〇ドルだったと伝えるよりも儲けは大きい。実際にラッキング・ライリーは、郵便切手のオークションをこのやり方でごまかした競売人の存在を確認している。[*22]

ヴィックリー・オークションをイーベイに導入すれば有意義だろう。参加者は入札価格をじっと見守っている手間をかけなくても、理論的には同じ結果が得られるからだ。実際、イーベイはヴィックリー・オークションをまねたプロキシ入札と呼ばれる仕組みを導入した。もちろん、イーベイも自分たちが正直で公明正大であることを参加者に保証しなければならず、それを立証するためにすべての入札者と入札価格のリストを公表している。[*23] そのうえで実施されるヴィックリー・タイプのオークションは、従来よりも所要時間の短縮につながる。しかしその反面、運命が決まる劇的な瞬間の興奮を経験できなくなったのも事実であり、なかには昔を懐かしむ人たちもいるだろう。

ヴィックリーは少年時代を恵まれた環境で過ごし、一九三一年にフィリップス・アンドーバー・アカデミーを卒業した。アンドーバーは今日でも全米屈指の全寮制の名門高校で、創立は一七七八年まで遡る。ヴィックリーはイェール大学に進学し、一九三五年には数学の学士号、三七年には経済学の修士号を取得した。

イェール在学中、ヴィックリーは著名な経済学者アーヴィング・フィッシャーの影響を大きく受けた。一九二九年の株式市場大暴落の直前、投げ売りに走る投資家を説得できなかったことで有名な人物である。[*24] ヴィックリーが最適課税――経済に生じるゆがみが最も少ない課税方法――に興味を持つようになったのもフィッシャーの影響である。[*25] 最適課税はヴィックリーの博士論文「累進課税の指針」の主題として取り上げられ、ノーベル賞の受賞理由にも挙げられた。この論文は政策立案者からはほとんど顧みられなかったが、やはり金持ちは高い税金を払うべきだと信じて疑わない経済学者の間ではちょっとした古典として評価された。[*26]

ヴィックリーはノーベル賞発表の三日後に亡くなったため、受賞講演には仲間の経済学者が招待され、入札など生前の彼の研究について取り上げた。ヴィックリーは、混雑した大都市での交通渋滞緩和やニューヨークの地下鉄の環境改善に強い関心を寄せ、これらの問題に価格の観点から取り組むことを熱心に提案した。晩年にはミクロ経済学への興味をすっかり失ったようで、それは考案に協力した〝情報の非対称性〟、すなわち保有する情報量の格差に関するアイデアも例外ではなかった。ヴィックリーは、このアイデアが妥当性に乏しいといって切り捨てたようだが、皮肉にも後年、情報の非対称性は経済学の重要な概念になったばかりか、ノーベル賞の受賞理由として評価された[*27]。

ヴィックリーには、聖戦に赴く兵士のような面があった。実生活ではクエーカー教徒で、第二次世界大戦中は良心的兵役拒否者となり、仲間の経済学者への批判もためらわなかった。その矛先はノーベル賞受賞者にも向けられた。特に槍玉にあげられたのは、「失業を平然と受け入れる」経済学者たちで、ヴィックリーには「……他人に我慢を強いておきながら、自分は痛みを分かち合おうとしない学者がほとんど」に思えたのである[*28]。ほかの経済学者は三〜四パーセントの失業率なら満足するところだが、ヴィックリーは一・五パーセントのレベルに下がるまで断固戦うべきだと信じていた。もう少し長生きしていれば、その野心的なゴールをノーベル賞受賞者として達成するための対策も生まれたのだが。

ジェイムズ・A・マーリーズ卿（一九九六年受賞）

完全な所得税は存在するだろうか。その場合、所得が高いほど税率は高くするべきだろうか、あるいは逆に低所得者ほど高く設定するべきだろうか。社会全体の幸福に貢献するような、いや、せめて社会の損失を最低限にとどめられるような課税方法はあるのだろうか。ミクロ経済学者はこうした疑問に細かく取り組み、そのひとりジェイムズ・A・マーリーズ卿は一九九六年にノーベル賞を受賞した。

理想的な課税方式を求めて

〝限界税率〟の高さは、かなり以前から問題視されてきた。限界税率とは、所得の課税対象額がある水準を超えるとその増額分に適用される税率のことである。所得に課税すると、高額所得者は勤労意欲を失って労働時間を短縮し、投資家は高リターンが約束される投資やリスクを控えるようになる恐れがある。高い税金のせいで働かない人や投資リスクを避ける人が増えてくると、望ましくない結果が生じてしまう。民間部門の生産高が減少し、政府の歳入の減少につながってしまう。その弊害を最も声高に指摘するのは、当然ながら高額所得者である。一方、ジョン・ケネス・ガルブレイスはこれに反論し、アメリカでは一九五〇年代から六〇年代にかけて限界税率が非常に高かったにもかかわらず、企業役員も起業家も投資家も、いや映画スターさえ、優秀な人材が明らかに不足する事態は発生しなかったと指摘している。

すべての人の税引き前の収入がほぼ同じなら、理想的な税金も簡単に決められる。たとえば政府が支出をまかなうために、各国民からおよそ一〇〇〇ドルを徴収する必要があるとしよう。全員から一〇〇〇ドルをいわゆる〝一括税〟として徴収すれば、問題は簡単に解決される。限界税率はゼロだから、マイナスの誘因は発生しない。少しだけ一生懸命に長時間働いても、税金は一〇〇〇ドルよりも増えないのだ。国民の勤労意欲を減退させずに政府の財源を確保できる一括税は、理論的には効率が高いと言える。

しかし現実の世界では、税引き前の収入は人によって異なるから、一括税も公平とは思えない。たとえばこんな例を考えてほしい。現在最も所得の高い人の翌年の収入が、正確に五〇億ドルになるとわかっているとしよう。それならば、五〇億ドルを限界税率にし、それを上回る収入だけに課税するという設定も意味を成す。五〇億ドルを目標に長時間懸命に働くので、結果として経済は活性化され、社会には純便益がもたらされる。政府の歳入が増えるわけではないが、もちろん減少するわけでもない[*29]。この方針は効率がよいが、あまり現実的ではない。そもそも将来見込まれる収入を正確に予測することなど、税務関係者には不可能だ。これらの事例からわかるように、ミクロ経済学者は税金を勤労意欲におよぼす影響として考える。

では、現在アメリカで採用されている連邦所得税の仕組みとは反対に、高額所得者ほど限界税率を下げるべきだろうか。いや、かならずしも有効とはかぎらない。高額所得者は税金として取られてもその痛みは少ないと考えれば、多く徴収するのは理にかなっている。同じ一〇〇〇ドルの税でも貧困家庭のほうが大金持ちよりも痛手は大きいはずで、その正しさは経済理論によっても裏付けられている。結局、収入にかぎらず何でもたくさん手に入るようになると、満足感はそれほど膨らまなくなるものだ。シカゴの危険地帯サウスサイドの公営住宅で暮らす家族にとって一〇〇〇ドルは大金かもしれないが、ビル・ゲイツにとっては微々たる金額だろう。そう考えれば、高額所得者ほど高い税率が課せられる累進課税がベストということになる。

要するに最適な課税制度では、勤労意欲や投資意欲が失われる可能性（効率性）と、同じ収入から得られる相対的な満足度の違い（公平性）が考慮されなければならない。もちろん、ほかにも検討すべき要因はあるが、このふたつは特に重要である。最適課税の問題に数学的見地から最初に取り組んだ経済学者の一人がウィリアム・S・ヴィックリーだが、その解を導き出したのは数学的才能に恵まれたジェイムズ・A・マーリーズ卿だった。では、どんな形が最適税率だと言えるのだろう。その答えは、効率性と公平性というふたつの要因の相対的な重要性に左右される。どちらを重視するかで、高所得者ほど税率が高い累進課税がよいか、それとも反対に累退課税がよいかが決まる。ただし、効率性や公平性を正確に測定するのは不可能とまではいかないが、きわめて難しいので、理想的な課税方式はいまだになかなか解明されない。

十四歳のとき、マーリーズは「数学に驚くほどの情熱を抱く」ようになり、数学の教授を目指すようになったという。[*30] 彼はスコットランドの出身で、エジンバラ大学に進学した。一九五〇年代にはケンブリッジ大学に籍を置き、最初は数学、つぎに経済学を学んだ。ケインズ経済学の誕生の地であるケンブリッジでは当然ながらマクロ経済学が盛んだったが、マーリーズは興味をそそられなかった。入学後にさっそくケインズの『一般理論』を読むことを教師から勧められたときには、こう答えた。「ベストのアドバイスとは思えないけれど、有害というわけでもないから、そのうち読んでみます」[*31]。その代わり、マーリーズはミクロ経済学に傾倒し、この分野で解決すべき問題を見出したのである。

経済学者が累進課税のメリットをあまり評価しない理由を、経済学者のハル・ヴァリアンはこう説明する[*32]。現実の世界では、収入は本人の生産性と税率だけで決まるわけではない。たとえば運もある。正しい時期に正しい場所にいることも、生産性と同じく経済的成功には欠かせない要因である。同じ環境で育った兄弟は同じような才能や労働倫理を持っているはずだが、時間が経過するにつれて収入格差が広がることがあるのも運のなせるわざといえるかもしれない。ここが肝心である。運がよかっただけで高収入を得ている人は、累進課税で高い税率を課せられても働き方を変えるわけではない。したがって税の効率性は損なわれないはずだ。むしろ、たまたま得た収入に課税するのは当然ではないか。それなのに従来のミクロ経済学者は、運が大切な要因であることを見過ごしている。だから、最適税率に関しても見込み違いしている可能性が高いのだとヴァリアンは指摘する[*33]。

効率性の重要度を決めるのはむずかしいが、少なくとも理論的には観察が可能である。たとえば、税率が変わったときの働き方の変化を観察して評価すればよい。しかし公平性のほうは観察も評価もできないので、価値判断がはるかに困難である。たとえば収入が一〇〇〇ドル減ったときのビル・ゲイツの幸福度の減少と、収入が一〇〇〇ドル増えたときの貧しい子どもの幸福度の増加を数学的に比較することはできるだろうか。累進課税の長所を議論する際、質的に比較するのは大切かもしれないが、厳密な数字を当てはめるようなことがはたして理にかなっているだろうか。

マーリーズは後年、税が人々の行動におよぼす影響についての分析作業を拡大し、不確実性を伴う市場の不完全性を考慮するようになった。[*34] この点は、いわゆる行動主義のノーベル賞受賞者と共通している。マーリーズが基本モデルに様々な形の不確実性を導入すると、結果も様々に変化した。このことは、私たちに大切な教訓を再認識させてくれる。私たちは結果ばかりにとらわれず、結果にいたる過程をもっと大切にしなければいけない。どんなモデルでも、前提をひとつ修正するだけで結果は変化するもので、ときには逆転することもあるのだ。

税率の専門家であり、しかもノーベル賞を受賞したマーリーズの税に関する見解は、大きく報道されるようになった。香港で開催されたセミナーでは、香港は所得税率を引き上げてもかまわないと提案したことが報じられている。一五パーセントは国際基準から見てやや低いと指摘したうえで、イギリスのように四〇パーセントまで引き上げる必要はないが、シンガポールと同じ二〇パーセントまで引き上げてもよいと発言した。[*35] 一方、彼は中国にも同様の勧告を行なっている。当時の中国では国民総生産の二五パーセントが税金として徴収されていたが、これは不十分だと判断し、教育や医療、あるいは貧困者への現金補助のための支出を確保するため所得税を引き上げるべきだと提言した。[*36]

ミクロ経済学者は誘因について客観的に考える訓練を受けているが、ノーベル賞も間違いなく誘因のひとつに数えられる。賞は多額の賞金と大きな名誉を伴うのだから、研究にもそれだけ熱が入るはずだ。しかし、ノーベル賞をとった後はどうなるのだろう。研究への意欲は消えうせるのだろうか。「経済学の理論に従えば、名誉ある賞は受賞者から研究意欲を失わせるはずだから、かならずしもありがたいとは言えない」とマーリーズは語った。[*37] しかしその後、同僚につぎのような趣旨の発言を行なっている。「それでも私には……まんざら悪いものでもないね[*38]」

ヴァーノン・L・スミス（二〇〇二年受賞）

ヴァーノン・L・スミスは二〇〇二年にノーベル経済学賞を受賞したが、そのきっかけとなったアイデアを思いついた瞬間を、今でもはっきり記憶している。それは一九五二年、ハーバード大学の大学院でエドワード・チェンバレンの講義に出席していたときのことだった。ケンブリッジのジョーン・ロビンソンと同時期に独占的競争モデルを考案したチェンバレンは、当時すでに有名人だった。その日の講義のテーマは不完全市場で、チェンバレンは講義の導入として学生にちょっとした実験をさせることにした。アダム・スミス式の単純な市場を試そうというものだ。学生の半分は買い手となり、買値の最高価格をこっそり教えられる。残りの半分は売り手となり、こちらは売値の最低価格をこっそり教えられる。ここで、チェンバレンは学生たちに実験の方法を説明した。教室を歩き回ってそれぞれ売買の相手を見つけ、価格交渉をする。取引が成立しなければ次の相手を探しにいくが、成立したらクラスの全員にそのことを伝える。最後に全員の実験結果にもとづいて需給曲線を作成すれば、価格と数量が描き出すカーブは適切な均衡点に収束するはずだった。ところが実際には、価格はグラフのあちこちに散らばって、予測可能な形にも効率的な形にも収束しなかったのである。

こうして自由市場は常に予想どおり機能するわけではないことを実験で証明したうえで、チェンバレンは理論の説明に入った。しかしヴァーノン・スミスには、これが気に入らなかった。アダム・スミスが考案し、尊敬するオーストリア人のハイエクが支持する自由市場を、たったひとつ矛盾する例があったからといって切り捨ててよいものだろうか。そこで彼は、市場が自らの能力をもっと良い形で証明できる機会を与えるため、自分でも実験を考案しようと決心した。そして四年後の一九五六年、教える立場になったスミスは講義に出席した二二人の学生を使い、売り手と買い手の実験を行なった。しかし今回は、証券市場でよく使われるルールに従い、ダブルオークション方式が採用された。ダブルオークションでは、買い手と売り手が互いに価格を提示して買値（付け値）と売値（呼び値）をつき合わせ、価格が一致するか近くなったときに取引が成立する。そしてこのとき実験を数回繰り返すだけで、市場は〝競争的均衡〟価格に収束したのである。「従来の経済理論の枠にとらわれずにアイデアを試す方法があることを、あのとき偶然思いついたんだ」とスミスは語っている。*39

やがて教室で行なわれていた簡単な実験は、もっと洗練された形へと進化していく。市場をシミュレーションするため被験者はコンピューターを与えられ、実際に現金報酬を受け取るようになった。経済学賞選考委員会によれば「かつての経済学は実験と無縁の科学だった」が、ヴァーノン・L・スミスのおかげで変わった。[*40] ミクロ経済学やゲーム理論が提唱するルールや誘因にもとづいて行なわれる実験は、人間の行動を分析するための手段を提供してくれた。

スミスはゲーム理論の大ファンで、研究室でもゲーム理論のアイデアを好んで試した。ただし、ひとつ問題があった。ゲーム理論のほとんどが、研究室で試すにはあまりにも抽象的だった。ゲーム理論家が現実的なゲームと言っているものもだいたいはいたって単純なものだった。複雑にすると、しばしば数学的な解を得られなくなるからだ。こうした単純なゲームを実験で試すことはできるが、これでは経済的な妥当性はほとんどない。スミスもゲーム理論が時として「砂上の楼閣」になってしまうことを認めたが、それでも価値があると信じた。[*41] ゲーム理論は研究室で常に妥当性が確認されたわけではないが、スミスの実験経済学で大きな役割を果たした。

好況と不況

最初の実験からも明らかなように、スミスにとって最大の関心事は市場の自己調整機能を実験で証明することにあった。たとえ完全競争の必要条件がすべて整っていなくても、正しく組織された市場は効率的に機能しうると信じ、その証明にとりわけ熱心に取り組んだ。だから、金融市場や不動産市場でよく観察される好況と不況の不合理な循環が自分の実験で再現されたときには、驚きを隠せなかった。ある実験で、スミスは被験者に単純な金融商品の取引を試してもらった。

このときトレーダー役が価格をどんどん吊り上げても買い手役は手を引こうとせず、ようやく怖気づいたときには市場が崩壊していた。途中で市場の安定を取り戻すため、スミスは被験者に扱っている金融商品の正確な価値を伝えたが、そのくらいでは投機熱は収まらなかった。当初、被験者は大学院生だったが、金融のプロと入れ替えてみた。ところが結果はさらにひどいもので、価格はさらに激しく変動したのである。「バブルを発生させるのも崩壊させるのも簡単だ」というのがスミスの結論だった。[*42]

同じ実験を何度か繰り返すうちに被験者は学習し、バブルは次第に縮小して最後は消滅した。しかしそれでも、スミスは「人びとが近視眼的で」、「価格が上昇していると、いつまでも上がり続けると勘違いしてしまう」ことを発見した。[*43] 自由市場の信奉者にとって、これはあまりありがたくない観察結果である。投機的バブルやその崩壊は、効率的市場仮説ともミクロ経済学とも相容れなかった。効率的市場仮説によれば、株式市場は参加者の情報をすべて吸収し、いかなるときのいかなる瞬間にも株の「真の」価値を正確に反映するはずなのだ。スミスの実験が明らかにしたように、市場が近視眼的で不合理な狂乱に翻弄されるようでは、理想とかけ離れてしまう。

こうして市場の失敗が自らの実験によって図らずも証明された後も、スミスは結果を認めたくなかった。そこで、好況と不況の循環から何とかポジティブな結果を引き出そうとした挙句、不況が役に立つ理由を考え出した。なんと、不況は枯れ木を処分してくれるというのだ。「技術が進歩を始めて以来、ずいぶん無駄なものが溜まってしまった。でもありがたいことに、不況がそれを処分してくれた。後には強いものだけが残った」という理屈である。[*44] しかしこれは、競争市場がきちんと機能していれば、常軌を逸した好況と不況の循環など引き起こさずに自然に果たされるはずのことではなかったか。経済の無駄や非効率をもたらす投機的バブルや市場の崩壊について、前向きに解釈するのはやはり容易ではない。

協力しすぎるのはなぜ

合理的な行動は、ミクロ経済学やゲーム理論のほとんどにとって基本的な大前提である。ところが、スミスの実験では合理的な行動があまりうまく機能しなかった。それが最も顕著に表れたのが、いわゆる最後通牒ゲームである。このゲームでは、プレイヤーAに一〇〇ドルが与えられる。プレイヤーAはそれをプレイヤーBと分け合わなければいけないが、具体的な分け方はAの裁量に任される。Bはそれを受け取るわけだが、もしも分け方が不満なら拒否することもできる。Bが拒否した場合には、AもBも一ドルも受け取れない。ゲームは一度だけ行なわれる。

合理的な人間は、このゲームをどのように行なうだろうか。プレイヤーAはこう考えるだろう。Bも合理的な人間だから、わずかな金額でもゼロよりはましだと思って受け取るはずだ。そうなると、プレイヤーAは最低の金額、たとえば一ドルを提示するはずだ。そして合理的なプレイヤーBは一ドルを受け取り、Aは九九ドルの利益を得られる。ところが、スミスが実際に実験すると、あまりにも不公平な金額を提示されるとBはネガティブな行動をとり、たとえ利益がゼロになっても受け取りを拒否することが明らかになった。一般にプレイヤーAはそんな相手の心理を経済学者よりも正確に把握しており、大体は一ドルと言わずにもう少し金額をはずむ。ただしそれが常に相手を満足させるとはかぎらない。スミスによると、ある実験では平均の提示額が四四ドルになったが、それでも常に受け入れられたわけではなかった。[*45]

スミスは同僚と一緒に、このゲームのバリエーションをいくつも実施した。金額を変える、指示内容を変える、匿名性を導入したりもした。プレイヤーBから唯一の決定権を取り上げたケースもあり、これはいわゆる独裁者ゲームである。あるいはプレイヤーAとBの双方が分配に関する選択を制限されるパターンもあり、これは信頼ゲームと呼ばれた。このようにどんなに工夫しても、どうしても避けられない結論があった。どの実験においても、人びとは合理的に行動しないのだ。「結局、人間はゲーム理論の予想以上に相手を信頼して協力し合い、結果を導き出すことがわかった」とスミスは語った。[*46] 相手が匿名でも信頼を失わず、協力関係を築こうとする。実際、自分が損失をこうむってまでも、公平な行動を心がけるときもある。

ノーベル賞受賞スピーチで、なぜ人間はそんなに協力し合うのだろうかとスミスは問いかけた。[*47] そしてそれは、相手に見返りを求める気持ちが強いからではないかと指摘した。他人のために犠牲を払うのは、相手から最低でも同じ程度、できれば多くの見返りを期待できると考えるからだというのだ。実際、スミスの実験の一部はこの解釈を裏付けたが、十分とは言えない。人間は他人を助けたり、相手を公平に扱ったりする行為に純粋な満足を見出す可能性もあるのではないか。たとえば毎日レストランでチップを払うときには、相手から見返りなど期待していない。ゲームにいくら複雑なバリエーションを取り入れてみても、そうした行動はいまだに十分に解明されていない。結局、理由はどうあれ、人間の行動は経済学で従来考えられてきたほど合理的ではないのだ。スミスは、サルですら公平を心がけて協力し合うことを明らかにした研究結果についても引用している。[*48]

ただし、こうした行動にも例外はある。たとえば反社会的な人格障害者や社会病質者の間では、協力的な行動はほとんど見られないことが調査から明らかになっている。そして二〇〇一年にノーベル賞を受賞したジョセフ・スティグリッツによれば、経済学者はこの例外的存在のリストに含まれるという。「実験経済学からは実に興味深い結果が導き出されているが、なかでも利他主義と利己主義に関する結果は面白い。（少なくとも実験環境では）被験者は経済学者が想定するほど利己的ではなかった。ただし、ひとつだけ例外のグループがあった。それは経済学者自身である」[*49]。ノーベル賞受賞スピーチで、スミスはつぎのような結果を報告している。ゲーム理論についての知識を持つ教授陣は仲間と協力する気持ちが希薄なので、ゲームで獲得する金額が学生に比べて少ない。しかもどういうわけか、決断するまでにずいぶん時間がかかった。[*50]

入札

実験経済学の実践的な応用例のひとつが、たくさんの複雑なルールに制約される入札の模擬実験である。これによって実際に入札がどう機能するか予測できるわけではないが、欠点を明らかにすることは可能だ。飛行機のデザインをテストするために風洞が使われるのと同じである。[*51] たとえば組み合わせ入札という、携帯電話などの無線周波数帯域を販売する際に使われる形式がある。実際、組み合わせ入札を採用している組織は多い。たとえばシアーズは輸送業務の外注先を選ぶために取り入れているし、NASAは惑星探査機カッシーニの土星ミッションの際、積荷スペースの割り当てをこの方式で決定した。[*52]

そんな事例のすべてが成功しているわけではない。たとえば無線周波数帯域の入札はあまりにも成功して入札価格が高くなりすぎたせいで、電気通信関連企業の倒産が増えたのではないかという見方もある。[*53] もうひとつ、電力業界の規制緩和も散々な結果に終わった。このときは市場での競争を促すために複雑な入札が導入された。実際にカリフォルニアで行なわれた入札では、しばらくは価格も比較的低い水準で安定して推移した。ところがカリフォルニアを直撃した熱波が北西部の水力発電システムの水不足と重なった途端、市場価格が高騰して停電が発生するようになり、エンロンのようなエネルギー取引関連企業の大がかりな不正行為が火に油を注いだ。その結果として発生したエネルギー危機で電力会社は何十億ドルもの損失をこうむった。すべて清算するまでにはまだ何年もかかるだろう。カリフォルニア州で実施された入札の一部は、経済学者が模擬実験を行なっていたはずだ。後から新しい市場の欠点を確認することはできても、残念ながら前もって予測することはできなかった。

二〇〇二年にノーベル賞を同時受賞したダニエル・カーネマンをはじめ、合理的行動モデルに反対する心理学者や行動経済学者に対してスミスは共感を持てなかった。行動経済学者は人間のあやまちによって市場の機能が限定されることの証明に時間をかけすぎているのではないかと彼は憂慮した。「あやまちの研究にばかり気をとられていると世間での評判はおろか、経済学者としての信念までゆがんでしまう恐れがある」と語っている。[*54] そしてノーベル賞受賞スピーチでは、心理学者と従来の経済学者の違いをつぎのように要約した。「心理学者の多くはあらゆる場所に不合理を見出す。経済学者の多くは、発見された不合理があらゆる場合において意味がないことを調べようとするものだ[*55]」

さらにスミスは、行動経済学者や心理学者がよく使う調査方法にも共感できなかった。「人びとの実際の行動は発言と矛盾するときがある。それは訊ねてもわからない。本人でさえ、これから何をするか、今何をしているのかわからないのだから[*56]」。またべつのときには、ノーベル賞を同時受賞したカーネマンとその協力者であるエイモス・トベルスキーを名指して「自説と矛盾するような解釈や証拠を長年無視してきた」と非難した[*57]。そのくせ、ノーベル賞晩餐会ではカーネマンのために乾杯し、その創意工夫の才能と深い洞察力をたたえた[*58]。

スミスは五二ページにおよぶノーベル賞記念講演を、経済学のつぎのフロンティア、すなわち神経経済学についてのコメントで締めくくった。人が経済的な決断を下すときに脳のどの部分が活性化されるのか、経済学者と心理学者はそれまでも協力して解明に努めてきた。たとえばある研究によれば、利益が得られたときには右脳が、損失をこうむったときには左脳が活動するという。好奇心旺盛な実験経済学者は、機能的ＭＲＩをツールキットに加えてこうした研究に取り組んでいる[*59]。

気ままな一匹狼

スミスがルールを破って気ままに研究を続けていなければ、これほどの成功はおさめなかったかもしれない。彼は経済学への従来のアプローチには関心を示さず、まだ世間的に認められていない時代から実験経済学を研究テーマとして選んだ。しかし、スミスの一匹狼的な行動はそれだけにとどまらない。長髪をポニーテールに束ね、ホピ族のシルバージュエリーを身に着けている外見は、ほかの経済学者とかなり異なる。しかし、ノーベル委員会を最も悩ませたのはカーボーイブーツだった。「ぼくが授賞式にカーボーイブーツを履いてくると思って、死ぬほど心配したんだ……わからないなあ。べつにかまわないじゃない」と本人は語っている。[*60] スミスは授賞式当日の服装についてまったく心配していなかったが、賞金にかかる税金はべつだった。「これじゃあ、受賞した途端に最低代替税を払わなくちゃいけない」と不満を漏らした。[*61]

もちろん、なかには守るべき行動ルールもある。スミスが二六年間にわたって教鞭をとったアリゾナ大学にも、ほとんどの公立大学でお馴染みのルールがあった。大学の設備や資源を利用した個人的なビジネスが禁じられていたのだ。スミスと三人の同僚は大学に雇われていたにもかかわらず、サイバノミクスという営利企業に関わっていた。経済や市場の分析に使われるコンピューターソフトウェアを開発する会社である。[*62] ところが、それをある教授が深刻に受け止めたため、四人の教授の行動がルール違反かどうか確認するため学内に監査が入った。アリゾナ大学を退職してから三年後、そしてノーベル賞の受賞から二年後、スミスらは調停を受け入れて給料の一部に当たる七万五〇〇〇ドルを大学に返却した。ただし不正行為についてはいっさい認めていない。このとき監査関係者はカレッジの経営側の落ち度も指摘した。「学外のコンサルティング業務に関する教職員のコンプライアンスへの監視を怠り、適切なガイドラインを設けていなかった」。[*63]

ヴァーノン・スミスの人生は、およそ恵まれているとはいえない状態で始まった。選考委員会に提出した自伝には、つぎのように記されている。「同世代の例に漏れず、私は数奇な状況を生き延び、悲劇を克服して成功をつかんだ」。スミスの母親はサンタフェ鉄道の機関助手と結婚してふたりの娘をもうけたが、一九一八年、二十二歳のときに列車事故で夫を亡くす。その後、スミスの父親となる機械工と再婚し、一九三二年に夫が解雇されると一家でウィチタ郊外の農場に引っ越した。

スミスは教室がひとつしかないような、小さな古い地元の学校に通ったが、幸いにも飛びぬけて勉強ができた。やがてカリフォルニア工科大学、さらにハーバード大学に進んでも、優秀な成績は続いた。大学では最初に物理学を専攻するが、途中で電気工学に転向し、一九四九年に学士号を取得する。その間、政治に関しては母親の影響を受け、はじめて投票した大統領選挙では社会主義者のノーマン・トーマスに一票を投じた。[*64] しかしスミスは次第に経済学に惹かれ、カリフォルニア工科大学の図書館でポール・サミュエルソンの『経済分析の基礎』とルートヴィヒ・フォン・ミーゼスの『ヒューマン・アクション』に出会ったことをきっかけに、市場への全面的な信頼やリバタリアン的思想傾向を強めていく。そして経済学についてさらに学ぶため、カンザス大学に入学して修士号を取得した。その後、ハーバードの博士課程に進学し、アメリカのケインズ派経済学者として有名なアルヴィン・ハンセンの下で学び、ノーベル賞受賞者ワシリー・レオンチェフの講義を受講した。しかし、スミスの将来を決定付けたのはチェンバレンの教室だった。学生を使って市場の動向を確認する実験が、彼のライフワークになったのである。

その後、スミスがスタンフォード大学に在籍した一年は、のちにノーベル賞を受賞するゲーム理論家のラインハルト・ゼルテンのもとで経済学の実験について学ぶことができた貴重な時間だった。実験経済学は非常に小さな研究分野のような印象を与えるが、一分野であることに変わりはなかった。スミスはこのときの経験を通じ、実験経済学は自分にとって趣味以上の存在だと確信するようになった。[*65] 研究室の環境は、自由市場の価値を追究する場所として理想的だった。仮想市場が投機バブルによって崩壊しても、あるいは市場の参加者が競争よりも協力を優先させたとしても、彼は自由市場への熱意を決して失わなかった。アダム・スミスは市場に見えざる手を見たが、ヴァーノン・スミスは「魔法のようなもの」をそこに見たのである。[*66]

市場システムを使った予測

実験経済学でのスミスの研究からは、興味深い副産物がいくつか生まれた。市場が本当に大量の情報を伝えるのだとすれば、それを手がかりに将来を予測できるはずだ。そこで経済学者によって発明されたのが、予測市場である。基本的なアイデアは、市場を情報収集手段と見なすハイエクの楽観的な見解から生まれた。アイオワ・エレクトロニック・マーケット（ＩＥＭ）はその一例だ。これはアイオワ大学ビジネススクールの教授らが立ち上げたベンチャーで、先物市場のような仕組みになっている。一九九八年以来、ＩＥＭは大統領選挙の得票率をはじめ様々な出来事の結果を予測するために利用されてきた。ＩＥＭでは選挙の各候補者の得票率に関する予測を証券化して、インターネット上で売買が行なわれる。そして、候補者が獲得した得票率に比例して支払額が確定される。したがって、候補者の最終的な得票率が予想を上回れば、かならず利益が得られるわけだ。効率市場では、株価が選挙結果の正確な指標になるはずである。アイオワ大学の教授陣によれば結果は実際にそのとおりで、選挙中の出口調査よりも電子市場の予測のほうが的中率は高いという。[*67]

こうした新しい予測ツールに興味を示した米国国防省は、テロリストに攻撃されそうな場所を予測する仮想市場の創設を真剣に検討した。結局、一部の上院議員グループから「モラルに欠ける」と指摘されて計画は断念される。しかし実現していれば、様々な興味深い疑問が生じたはずだ。[*68]たとえば利益を確保したい投資家が、テロリストによる攻撃を望まないか。オサマ・ビン・ラディンがビジネス仲間とぐるになって株を購入したうえで、アメリカを攻撃して一儲けを企む可能性はないか。そしてペンタゴンがこうした方法に頼るようになると、図らずも、ペンタゴンが従来の情報収集ツールをもはや当てにできなくなったことをテロリストに伝えてしまうのではないか。

第6章
行動主義者

ハーバート・A・サイモン　（一九七八年）
ダニエル・カーネマン　（二〇〇二年）
ジョージ・A・アカロフ　（二〇〇一年）
ジョセフ・E・スティグリッツ　（二〇〇一年）
A・マイケル・スペンス　（二〇〇一年）

人間が間違った情報にもとづいて不合理な選択をしてしまう可能性を信じられない人がいるだろうか。ところが自由市場の信奉者は一〇〇年以上にわたり、人間は完全な情報にもとづいて完全に合理的な決断を下すものだという仮定に満足してきた。たしかにミクロ経済学モデルの世界に生息する人間なら、嫉妬、悪意、決断の遅さ、気まぐれ、後悔、無知、いや間違いとも無縁だろう。常に自分にとって最善の選択をするようにプログラムされているとしたら、人間というよりは機械のような存在である。

しかし、すべての経済学者がこの見方に納得しているわけではない。たとえば十九世紀半ばに生きたカール・マルクスは、資本家の完璧な決断という幻想にだまされなかった。ただし、彼の影響力が主流派経済学におよぶことはなかった。二十世紀はじめにはソーースティン・ヴェブレンが、労働者の原動力は製作者本能だという理論を展開して一般の支持を得た。さらに彼は、消費者がモノを購入する背景には手に入れることによる満足だけでなく、それを他人に見せびらかすことによる満足もあると考えた。〝顕示的消費〟と呼ばれたこの概念は、現実に観察される明らかに不合理な行動をうまく説明するように見えた。ただしマルクスと同じく、ヴェブレンが従来の経済学におよぼした影響も長続きしなかった。

人間性に対する経済学者の見解を変えたという点で、最大の功労者はジョン・メイナード・ケインズである。彼の理論によれば、株式市場を動かすのはアニマルスピリッツであり、貯蓄や投資についての決断を促すのは人間のあやまった判断力である。たとえば企業や消費者は将来について様々な期待を抱くが、常に実現するわけではない。つまり、人間は本来、過ちを犯す生き物なのだ。ケインズはこのようなシンプルで現実的な想定によって、従来の経済学の多くの矛盾を暴くことに成功した。

しかし自由市場経済学者、シカゴ学派、ミクロ経済学者といった新古典派経済学者は、ケインズの新しい理論を受け入れようとせず、競争市場は常に政府の介入に勝るという信念にこだわり続けた。結局マクロ経済学の分野では、自由市場信奉者はケインズ派に事実上の敗北を喫する。しかしミクロ経済学の分野では健闘し、ケインズ派の現実的な仮定の侵食を許さなかった。何年もの間、ミクロ経済学に挑んだ学者はほとんど撃退され続けた。ただし例外は存在した。才能豊かな一握りの学者は権威ある経済学術誌で反論を展開し、そのうちの何人かはノーベル賞を受賞したのである。

この挑戦者グループの知的リーダーのひとりが、スタンフォード大学の著名な経済学者ケネス・アローである。一九六三年、アローは医療保険における不確実性の問題について画期的な論文を発表し、モラルハザードという概念を主流派経済学に持ち込んだ。モラルハザードは一六〇〇年代に誕生した古い言葉だが、その説によれば、保険に加入している被保険者は、よりリスクの高い行動をとりがちだという。「大丈夫、保険をかけているんだから」というわけだ。またアローは不完全情報にもとづいた行動を観察し、それを統計的差別という概念にまとめた。さらに、情報を持つ人は持たない人にどんなシグナルを送るのだろうかと考えたすえ、情報分布が偏っているときのみシグナルは効果を発揮するという結論に達した。いわゆる〝情報の非対称性〟である。アローはこうした貢献の数々を評価されて一九七二年にノーベル賞を受賞した。彼については、一般均衡の章（第11章）で詳しく取り上げる。

ダニエル・カーネマン、ジョージ・A・アカロフ、ジョセフ・E・スティグリッツ、A・マイケル・スペンスなど、本章で紹介するノーベル賞受賞者はアローの先例に倣い、経済理論を確立するうえで人間らしい行動を様々な角度から検討した。さらにハーバート・A・サイモンの功績も忘れてはいけない。明晰な思想家であるサイモンは、経済学とコンピューター科学のふたつの分野の発展に大きく貢献した。

ハーバート・A・サイモン（一九七八年受賞）

人間はどのように決断を下すのだろうか。野球のキャッチャーを考えてみよう。鎧のように不恰好なプロテクターを身につけ、真横ではバッターがバットを振り回し、前方からはピッチャーが剛速球を投げてくるポジションで窮屈にしゃがみこみ、あれこれ考えなければならない。ピッチャーやバッターは右利きか左利きか、塁上にランナーがいるか、アウトカウントは、現在のストライクとボールのカウントは……。一球ごとにピッチャーに出すサインを考えなければならない。内角の速球がいいか、外角高めのカーブ、それとも内角のスライダーにするか。何をピッチャーに要求すべきか、一瞬のうちに決断しなければならない。そんな場合、従来のミクロ経済学の想定どおり、計算機のように完全な決断が下せるものだろうか。それとも、もっと現実的な「経験則」に頼るのだろうか。ハーバート・サイモンは経験則の重要性を指摘した。[*1]

従来の経済学の世界ならば、キャッチャーは与えられた状況に最適な投球を選択する。その時、眼の前のピッチャーとバッターの過去の対戦成績を含めてすべての情報を分析することなど、毎回迅速な決断が要求されるキャッチャーにとって明らかに現実的ではない。サイモンは、消費者や企業に毎回完全な決断を期待することも同じように現実的ではないと考えた。ところがどの大学でも、ミクロ経済学を学ぶ何千人もの学生が毎日のように現実的でないことを教えられている。

経済的な決断は完全な情報にもとづいて、合理的な人間が、効用や利益が最大化されるように下すものである、と。

しかし実際の決断はこの理想と程遠いものであり、その点をミクロ経済学はかねてより指摘されてきた。そんな指摘に対してミクロ経済学者は反論を試みてきたが、なかでも実証経済学に関するミルトン・フリードマンの理論は注目された。結果的に予測が正確で説明が役に立つならば、仮定が非現実的かどうかなど無視してかまわないというのである。しかしサイモンはこれに賛同できず、ノーベル賞記念講演でその理由を説明している。

限定合理性と直感

講演の冒頭、サイモンは明白な事実を指摘した。人びとが実際に決断を下す様子を観察するかぎり、それはフリードマンが考えるようなやり方とは明らかに異なる。現実の世界には不確実性があまりにも多く、かりにすべての情報が手に入るとしても（それはあり得ないのだが）、それを全部手に入れて処理するのは不経済である。経済学者の頭の中なら、完全な情報や完全な合理性も役に立つかもしれないが、現実の世界ではその可能性が低い。サイモンはそう語ったうえで、実際の経済活動の結果を予測する際に、完全な合理性が必要であることや役立つことを裏付ける決定的な証拠は見当たらないと指摘した。つまり、完全な行動など現実には存在しないし、そもそも将来を予測するのにも、実際の決断を説明するのにも必要ない、とサイモンは結論づけた。

人間は十分に良い決断を下すように出来ているもので、完全な決断はかならずしも必要ないとサイモンは確信していた。そして、このルールはすべての人間に当てはまるもので、ミルトン・フリードマンのような経済学者も例外ではないと続けた。フリードマンだって自分の理論が完全だから擁護するわけではない、「十分に良い」予測を立てられるから、少なくともほかの理論よりは「優れている」からではないかと巧みに論じた。[*2]

こうしてサイモンは完全な合理性を否定するが、その一方、すべての決断が完全に不合理であるとも考えなかった。そして実際の決断プロセスを、〝限定合理性〟という言葉で表現した。人間は完全に合理的でも完全に独断的でもなく、適度に効率的だという発想である。近道や「経験則」を頼りに多くの決断を下すのであり、日常的に繰り返される問題には同じ決断を「習慣的に」下すことさえある。従来の経済学が考える最大化行動に対し、サイモンはこれを〝満足化行動〟と呼んだ。

チェスの世界的プレイヤーを観察したサイモンは、つぎの一手を決める速さに強い印象を受けた。それは文字通り一瞬の判断だった。ひとつのゲームに専念しているときでも、複数のゲームを同時進行させているときでも、そのスピードは変わらない。実際、どのように決断しているのか訊ねると、「直感」とか「プロとしての判断」という返事が多かった。[*3] サイモンはその答えに満足せず、直感とは何か調べることにした。チェスボード上の情報を確認したうえで、つぎの一手をいちいち分析せず瞬時に決断するとき、人間の心はどんな作業をしているのだろうか。その答えとして、彼は人間特有の思考形式、すなわち潜在的なパターン認識を導き出した。

決断のプロセスを基本的な諸要素に分解することへのサイモンの熱意には、隠された動機があった。彼はコンピューターに「考える」作業をプログラムしたいと考えていたのだ。そして実際、人間の思考を三つの基本的な要素に分解していた。データをスキャンしてパターンを見つけること、パターンを記憶すること、そのパターンを応用して推論や推定を行なうことの三つである。直感の場合、この三つのステップが無意識かつ迅速に進められていくが、その原動力は経験だ。たとえばボードにお馴染みのパターンを認めたチェスプレイヤーは、適切な反応を瞬時に思い出す。一方、もうひとつの思考形式として、三つのプロセスをひととおり踏んだ系統的な「分析」が考えられる。そしてサイモンによれば、ほとんどの決断は二種類の思考、すなわち直感と分析の組み合わせだという。[*4]

チェスの名手がつぎの一手を瞬時に決断した後に、今度はじっくり時間をかけ、あらゆる反応の可能性を考慮しながら「勘は間違っていないかどうか評価する」ことはめずらしくない。そのうえでようやく、勘は正しかったという結論に達する。[*5] こうした直感と分析の組み合わせは、物理をはじめ様々な分野での問題解決に使われている。サイモンは、物理の問題に取り組んでいるときの初心者と専門家のパフォーマンスを比較した。その結果、専門家は直感に頼る部分が多く、記憶や蓄積されたパターンをすぐに引き出すので、それが近道となって解決までの時間が短縮されることがわかった。一方、初心者は退屈な分析や計算に頼らなければならないことが多かった。[*6]

「考える」コンピューター

大恐慌の最中の一九三三年、高校を卒業してシカゴ大学に進学したサイモンは使命感に燃えていた。それは、社会科学の分野での数学のレベル向上である。[*7]そこで数学的スキルを磨くため、さらには「自然科学」の各分野についてひととおり理解するため、大学では経済学、政治学、数学、記号論理学、さらには修士レベルの物理学を学んだ。そして一九四三年にシカゴ大学で政治学の博士号を取得するとカーネギー工科大学（カーネギー・メロン大学の前身）に赴任して、企業経営についての新しいアイデアと、成長著しいコンピューター技術を組み合わせた。[*8]キャリアをスタートさせた頃の研究は伝統的な経済学の範囲におさまっていたが、研究対象は意思決定理論へと徐々に移行して、心理学の概念や〝人工知能〟にも取り組むようになった。

一九五〇年代になるとサイモンは、「考える」ことができるコンピュータープログラムの設計に多くの時間を費やすようになった。単に計算だけでなく、定理を証明したり法則を発見できるようなコンピューターを目指したのである。思考を覆い隠す「秘密のベール」を取り除き、人間と同じ思考プロセスをそっくり再現することは可能だと確信していた。

その努力が最初に結実したのが、アレン・ニューウェルとプログラマーのJ・C・ショーとの共同研究である。一九五六年、三人はバートランド・ラッセルの数学定理を「証明」するプログラムを開発した。〝ロジック・セオリスト（論理的な理論家）〟と呼ばれたこのプログラムは、コンピューターの性能が現代の基準から見ればかなり見劣りするにもかかわらず、かなり高度な「思考」を実現した。もうひとつ、〝ゼネラル・プロブレム・ソルバー（一般的な問題解決）〟と呼ばれたプログラムは、数学の問題の解を逆方向から求めた。答えから遡って問題に到達するやり方である。ほかにはチェスプレイヤーのような、パターン認識に特化したプログラムもあった。

やがてプログラムは洗練され、ガリレオ、ケプラー、ボイル、オームらの物理の基本法則の「再発見」に取り組むものまで誕生した。そして、いずれも試行錯誤の手間を省いて効率化を図るため、〝経験則〟が重視された。たとえば同じ結果を説明するのにふたつの方法があることをプログラムが発見した場合には、経験則にもとづいて単純なほうが選ばれる。これはオッカムの剃刀と呼ばれる原理だ。[*9]

一九五七年、研究に夢中になったサイモンは、今後一〇年以内にコンピューターは世界最強のチェスプレイヤーに勝つことができると大胆にも予言した。当時のコンピューターの性能の低さと、チェスのプレイに求められる知性の高さを考えれば、それは途方もない思いつきだった。しかし一〇年以内という数字は外れたものの、サイモンの予言は的中した。一九九七年、ＩＢＭのコンピューターのディープ・ブルーは、人間のチャンピオンであるガルリ・カスパロフを実際に敗ったのである。[*10] その頃には、コンピューターのパワーも性能も大幅に改善されていたので、この偉業達成に驚く人はほとんどいなかったはずだ。

コンピューターは実際に考えることができるのだろうか。人間よりも賢くなれるだろうか。この疑問にはまだ議論の余地があると考える人たちもいるが、サイモンに迷いはなかった。二〇〇〇年、コンピューターがノーベル賞級の発見をできるようになるのはいつ頃かと訊ねられたときのことだ。彼は、すでに実現しているかどうか、ちょっと考える時間をくれと答えた。つぎに、いつかコンピューターにもノーベル賞が与えられるべきかと訊ねられると、与えない理由はないと回答した。[*11] 今日コンピューターが素晴らしい成果を達成していることを考えれば、人工知能の分野の創設者のひとりとして誰もが認めるサイモンは、功績を評価されて当然だろう。
一九七八年、サイモンはノーベル賞の栄誉に輝くが、彼はノーベル賞や受賞者である自分自身について大げさに騒ぎ立てるような人物ではなかった。受賞が発表された日の朝、テレビや新聞の記者が例のごとく研究室に押し寄せた。ところが二、三の質問に答えた後、サイモンはいきなり時計を確認して、これから講義が始まるからと退室しようとした。「私はそのために雇われているんだ」[*12]。記者たちは抗議したが、サイモンは本当に退室してみんなを驚かせた。後日、彼はインタビューでこう語っている。「ノーベル賞なんて忘れてくれ。大したことじゃない」[*13]
受賞の知らせを聞いたとき、サイモンは本当に経済学者なのかといぶかる向きもあった。たしかに博士号は政治学で取得しているが、キャリアを始めた一九四〇年代から五〇年代にかけては伝統的な数理経済学を研究していた[*14]。当時手がけた様々な研究のひとつが、ホーキンズ＝サイモンの定理の証明である。これは、レオンチェフの投入産出モデルの解の存在を決定するために使われる。それによれば、産業が拡大するときにすべての生産要素の投入量が増えれば、モデルから数学的な解が得られるという。やがてサイモンは、経済学にはこれ以上の数学は必要ないという結論に達し、もう十分ではないかと考えた。「数理経済学や計量経済学がもてはやされるようになった結果、経済学者は二世代にわたって形式的で技術的な問題に取り組んでエネルギーを使い果たし、現実の世界の平凡な問題と向き合う時間を先延ばしにしてしまった」という[*15]。サイモンの目には、経済学者が糖蜜のように粘り気のある物体の落下について研究しているようにも見えた。忠実にニュートンの法則に当てはめようとしているが、落下物が糖蜜状であることを考慮していないような印象を受けたのである。[*16]

異端の行動主義者

サイモンは、人間の行動について研究するときに現実的なモデルを考慮せず、自然科学の研究を模倣するだけの経済学者に苛立ちを隠せなかった。「社会科学が自然科学の目覚しい成功例をモデルにすることが習慣になってしまった」と嘆き、「盲目的な模倣に終始しなければ有害ではないのだが」と仲間の経済学者に警告している。[*17] そして「科学にとってニュートン物理学だけが唯一のモデルではない。むしろわれわれの目的にふさわしいとは思えない」とも語った。[*18] 重要な問題に関して従来とは逆の見解を主張したサイモンは、〈ニューヨーク・タイムズ〉のコラムニストから異端者のレッテルを貼られた。[*19] これには現代の経済学者も共感したようで、幅広く人間の行動というものに関心を示す姿勢から、サイモンを行動主義者と呼ぶようにもなった。

サイモンのアイデアの多くは、ドイツのマックス・プランク研究所が心理学者と経済学者を対象に開催した限定合理性に関するサマーセミナーで誕生して研究が進められた。同研究所はあらゆる種類の意思決定に独創的に取り組んでおり、その研究範囲は人間の習慣に限定されない。たとえばミツバチは、どこに巣を移すかについて集団で重要な意思決定を下す。数百匹の偵察隊はいくつかのグループに分かれ、各グループは候補地を決めるとダンスによって貴重な情報を仲間に伝える。最も有望な場所を見つけた偵察隊はどのグループよりも長く熱心にダンスを続け、最後はほかの偵察隊を吸収してしまう。まるで候補者を決定する党大会のようだが、ミツバチは実際にこのようなプロセスを経て巣の移転先を決める。かならずしも最適ではないかもしれないが、十分に良い場所であることは間違いない。[*20] 限定合理性は、人間にもミツバチにも当てはまるのだ。

サイモンはカーネギー・メロン大学で五二年にわたって教鞭をとり、その間にコンピューター科学部を設立して学部長を務め、分野を問わず多くのグループと共同研究を行ない、なんと一〇〇〇編ちかくの論文を執筆して発表した。[*21] 興味が多方面におよぶ彼は、社会意思決定学、哲学、統計学、物理など、ほかの学部を頻繁に訪れた。意思決定のスペシャリストであるサイモンにとって、最高の決断のひとつがドロシー・パイとの結婚だった。彼のほうからプロポーズした後、一九三七年のクリスマスに式を挙げた。三人の子どもはそれぞれ学者の世界の外で「楽しく充実した」人生をおくっている。

サイモンの経歴には多彩な興味が反映されているが、すべてを貫くひとつのテーマがある。人間はどのように決断を下し、問題を解決するのか。この重要なテーマを最優先しつつも、様々な分野で評価されたことは注目に値する。彼は一九七八年にノーベル賞を受賞しただけではない。九三年には、全米心理学会から心理学への長年の目覚しい貢献を認められて表彰された。そして七五年にはコンピューター科学での研究を認められてA・M・チューリング賞を授与されるなど、ノーベル賞以外にも多くの栄誉に輝いている。

研究や執筆に対するサイモンの情熱は最後まで衰えず、二〇〇一年に八十四歳で亡くなるまでカーネギーメロン大学で意欲的に取り組み続けた。そんな彼は多くの学生や同僚に刺激を与え、その影響力は高く評価された。教え子のふたりはカーネギー・メロン大学の心理学の教授になったが、「知識人として学者として申し分のない人物」だったとサイモンを評した。[*22] 実際サイモンは、高度な専門技術の持ち主であるばかりか、視野が広くて先見の明のある人物でもあった。ノーベル賞受賞スピーチでは、「自然界の法則に関する知識だけでなく、人間の行動の法則に関する理解を広く深く掘り下げるように」と仲間の経済学者に呼びかけた。

生前、サイモンが考案した限定合理性の概念は学問的に注目されたものの、経済学者からはほとんど評価されなかった。ミクロ経済学の本質に変化を生じさせたわけでもない。しかし合理性の殻を破り、後に続く挑戦者のために扉を開いた功績は大きい。そのなかから、二〇〇二年のノーベル賞受賞者ダニエル・カーネマンも生まれたのである。

ダニエル・カーネマン（二〇〇二年受賞）

ノーベル経済学賞の受賞者のなかで、ダニエル・カーネマンほど大衆メディアの想像力を掻き立てた人物はまずいない。二〇〇二年、ノーベル賞に関する記事を面白おかしくするために、〈ウォール・ストリート〉から〈タルサ・ワールド〉に至るまであらゆる出版メディアがカーネマンの研究成果、すなわち人間の奇妙で風変わりな行動の実例を競って紹介した。人間が合理的に行動しないことの研究に関して、カーネマンは第一人者になった。

カーネマンの研究は大衆紙で熱烈に歓迎されたものの、快く思わない経済学者もかなり多かった。ひとつ問題だったのは彼が経済学者ではなく、プリンストン大学の心理学者だったことである。さらに、彼が細かく指摘した奇妙で風変わりな行動は、ほとんどの経済学者が信じる人間の本質とは相容れないものだった。カーネマンが描く人間の実像は、ミクロ経済学のモデルに登場するホモ・エコノミクス、すなわち冷たくて計算づくの人種とは程遠い存在だったのである。

慎重なカーネマンは、自分の研究成果について大げさに語ろうとしなかった。経済学の基準では合理的ではないものの、現実には十分あり得る人間の行動について多くの事例を紹介したにすぎない。簡単な調査や研究室での対照実験を通じ、人間は絶対に判断をあやまらないわけでもないし、バイアス（認知の偏り）と無縁なわけでもないことを証明したのである。大した発見に思えないかもしれないが、実際には、これらのアイデアが行動経済学と呼ばれるまったく新しい分野の誕生を促した。従来の経済学者のように人間とはこうあるべきだとは考えず、実際の行動の観察結果にもとづいた学問である。

直感とフレーミング効果

カーネマンの理論の出発点は、直感にもとづいた迅速な反応（システム1）と系統的な熟考型推論（システム2）の分類である。迅速な反応についての心理学は、ハーバート・A・サイモンが考案したもので、マルコム・グラッドウェルのベストセラー『第1感──「最初の2秒」の「なんとなく」が正しい』[*23]によって今ではかなりよく知られるようになった。人間は一日を通じてあらゆる種類の選択を行なうが、そのほとんどは些細なもので、状況を素早く判断して即座に決断が下される。即決即断は人間が進化していく過程で欠かせないものだったはずだ。それが現在まで受け継がれ、いまだに多くの場面で活かされている。ただしいくら役に立っても、反射的な決断が常に正しいとはかぎらないし、偏見と無縁でいられるわけでもない。たとえば、つぎの質問に即答してみよう。「バット一本とボール一個の値段は合計で一ドル一〇セント。バットはボールよりも一ドル高い。ではボールだけの値段は？」[*24]大抵の人が一〇セントと答えるが、それは反射的に決断しているからだ。正解に近づいてはいるが、正しいとは言えない。正答を得るためにはシステム2のプロセスが必要である。答えをチェックして間違いを見つけ、修正しなければならない。この問題の正解は五セントだが、要するに、人間の推論は特にシステム1のようなケースで間違いを犯しやすいものであり、それは十分に予測できる。

ハーバート・サイモンと同じくカーネマンも、人間は経験則に従って迅速な決断を下すものだという前提に立った。たとえば〝小数の法則〟というものがある。即断が必要な状況では、多くの情報を参考にするよりも自分の個人的な経験をひとつだけ頼りにする傾向が強くなるという法則である。投資家は前年の利益が市場指標を上回っただけで、担当ブローカーを天才だと思いこんでしまう。しかし実際には、これではサンプルが少なすぎる。一度観察するだけで妥当な結論を導くことには無理がある。ところが自分で観察したことかどうかはともかく、一度だけでは意味のある結果を引き出せないという事実から人間は目を背けようとするものだ。

さらに、サンプルが多いほうが役に立つ情報を得られることを人間が理解しているかどうかもあやしい。たとえば、男の子の赤ん坊が生まれる確率は、地方の小さなクリニックよりも都会の大病院のほうが全国平均に近いが、それは誕生する赤ん坊の数が多いからである。ところが、調査してみるとほとんどの人がこの事実を認識していない。[*25] その正しさは統計学で〝大数の法則〟と呼ばれる原則によって証明されているのに、実際に決断を下す段になると、人間は個人的な経験から即座に一般論を引き出そうとする。その結果、愚かにも身近にある些細なサンプルにしか目を向けず、たくさんの有益な情報から得られる証拠を見逃してしまうのである。

カーネマンが確認した間違いの多くは、〝フレーミング効果〟と呼ばれるカテゴリーに該当する。私たちの目が錯覚を起こしてしまうのは、目の前の対象物の置かれた状況や表現の仕方（フレーム）が原因となっているケースがほとんどである。たとえばまったく同じ暗闇でも、背景によって受ける印象は異なる。視覚的な認識は状況によって意図的にゆがめることもできるが、同じことは認知的知覚にも当てはまる。ある実験で、被験者の学生に「これまでの人生でどのくらいの幸せを感じましたか」「先月は何回デートをしましたか」とふたつの質問を訊ねた。[*26] この順番で訊ねると、ふたつの答えには相関性が見られない。ところが質問の順序を入れ替えると、途端に相関性が発生する。デートであれ、ほかの活動であれ、具体的な事柄は幸福に関する認識にたやすく影響を与えてしまう。フレームや状況のもつ力はあなどれない。

設定次第では、フレーミング効果が厄介な問題になり得る。たとえば医者は患者に対し、手術が成功する確率が九〇パーセントだと言うべきだろうか、それとも失敗する確率が一〇パーセントだと言うべきだろうか。どちらも同じ事実を正確に伝えているが、カーネマンが紹介する調査結果によれば、死亡率よりも生存率を伝えるほうが、患者が手術を選択する可能性は高くなるという。[*27]このようにフレームは生死に関わる決断に影響をおよぼすのだから、世俗的な事柄における経済的な選択に影響を与えるのは当然である。たとえば広告業はフレーミング効果を実に見事に利用して利益をあげるが、経済学者はこの効果をほとんど無視している。

損失回避

ミクロ経済学では、個人の幸福度は蓄えた財や富の量で決まるものだと考え、蓄積する順序は顧みられない。では、ここでカーネマンのもうひとつの事例を見てみよう。二人の人間が証券会社から報告を受けた。ひとりは三〇〇万ドル、もうひとりは一一〇万ドルを投資している。前者は一〇〇万ドルの損失をこうむり、後者は一〇万ドルという少しばかりの利益を手に入れた。満足度が高いのはどちらのほうだろう。手持ちの金額の多いほうだろうか。おそらく違うはずだ。ここでも状況が重要な役割を果たす。人間はお金が増えれば喜び、減ると不幸になるものである。前者のほうがずっと金持ちなのに、皮肉にも後者のほうが幸福度は高くなると考えられる。この推論から判断するかぎり、期待効用論の大前提（訳注　合理的な人は期待値〈期待効用〉が最大になる選択をする）は成り立たないとカーネマンは指摘した。期待効用論は十八世紀にダニエル・ベルヌーイが最初に定式化して以来、ほとんど変化していない。[*28]

いま紹介した事例の根底にあるのが〝損失回避〟で、カーネマンはこの傾向が普遍的なものだという。経済学者はリスク回避、すなわちリスクの高いチャンスへの挑戦をためらう傾向に注目するが、カーネマンは金銭的なことか否かにかかわらず、人びとが損失に対して示す強い反応にあらためて注目した。彼はこの傾向を非常にシンプルな実験で明らかにした。被験者の学生をふたつのグループに分け、一方のグループには絵柄のついたマグカップを渡し、それを最低いくらなら手放してもよいか訊ねた。そしてもう一方には、マグカップの代わりにいくらの現金を受け取れば満足できるか訊ねた。両者の違いは、カップを所有しているかどうかという一点のみだ。そして結果は、人間は所有物を手放したがらないという事実——損失回避——を反映したものになった。最初のグループがカップを手放してもよい金額は七ドル、後のグループがカップの代わりに受け取りたいと考えた金額は三ドル五〇セントだった。損失回避の応用とも言えるこの現象は、〝授かり効果〟と呼ばれるようになった。

特に家の所有者は、家に投資したお金を失うことを嫌がる。ある調査によれば、マイホームを手放す際の売値には、家に投資してきた金額の違いが反映されるという。同じような家でも投資額が大きいほど、売値は高く設定される。価格が高いと売れるまでに時間がかかるが、実際に売れたときのもうけは大きくなるだろう。[*29] これがミクロ経済学では、合理的なマイホーム所有者は家に投資してきた金額、いわゆる〝埋没費用〟のことは気にしないものだと想定する。悩んだところで回収できないのだから、家を手放す見返りに得られるものにしか関心を持たないと考える。

さらに、人びとが現金で支払う費用ほどには機会費用（訳注　利益をあげる機会があるのに、何もしないことによって生じる損失）を重視しない傾向も、損失回避に関連する。実際には何もしていないのに損失として見なすのは、ほとんどの人にとって理解に苦しむところで、機会費用をほかの費用と同列に扱うのは、経済学者ぐらいだろう。たとえば電力会社はサケの遡上を助けるためにダムから放水してもよいし、生息地の環境整備に資金を提供してもよい。この場合、最初の行動の費用は、放水しなければ生産されたであろう電力の価値で計る。そして二番目の行動の費用は実際に拠出した金銭価値だ。放水に伴う機会費用が生息地の環境整備にかかる費用と比較できるほど現実的かどうかという問題は、いまだにアメリカ北西部でさかんに議論されている。やはり、実際に所有していないものから損失が発生するという発想は、人びとには受け容れがたい。カーネマンはこうした現象について「人びとは機会費用と実際の損失とのあいだに経済的に不合理な区別をするもの」だと説明した。[*30]

ところで、新しい家電やコンピューター購入時の延長保証金は、良い制度かどうか考えたことがあるだろうか。平均すると、実際にはフェアな制度であるとは言えない。割に合うときもあるが、そんなものにお金を使わないほうが生涯にわたって良い暮らしができる可能性は高い。ところが人びとは延長保証金を支払う。なぜだろう。行動経済学者は、損失回避を理由として考えている。消費者は購入品の価値が失われるのを嫌がる。だからそれを回避するための保険ならば、現実的とは思えないほど高い料金でも支出を惜しまないのだ。当然ながら、企業は支払われた料金を大喜びで受け取る。[*31]

アンカリング

ビジネスの世界にとって重要な意味を持つフレーミング効果が〝アンカリング〟である。人間は最初にある特定の数字に心を留めると、なかなかその数字から離れられない。評価を下したり目標を設定したり交渉を行なうときには、たとえ根拠がなくても最初の数字が非常に重要な役割を果たす。ある心理学の実験では、マンハッタンの医師の人数を推測してもらうとき、あらかじめ被験者に社会保険の番号を確認した。すると、医師の人数を訊ねる前に社会保険の番号が頭に叩き込まれただけで、ふたつの数字の間に相関関係が成立した。[*32]

企業の買収や新規市場への参入、あるいは大規模な投資を始める際には、アンカリングが頻繁に発生しているのではないかとカーネマンは考えている。このようなビジネス活動は、失敗にいたるケースが思いのほか多いこともあって、経済学者の注目を集めてきた。[*33] カーネマンは〈ハーバード・ビジネス・レビュー〉の論文で、医療保険会社のオックスフォード・ヘルス・プランズが導入した新たなコンピューターシステムの事例を紹介している。想定以上の問い合わせや請求が来たにもかかわらず、当初の設定にこだわったあまり対応が遅れ、おかげで同社の株価は暴落し、一日で三〇億ドルもの損失を計上した。[*34] また、北米で新たに建設される製造工場の七〇パーセントは一〇年以内に閉鎖され、企業の吸収や合併のうち七五パーセントは投資を回収できないという事実もある。最初に見せられた費用見積もりの印象が役員たちの頭に強く残り、実際に発生する不慮の事故やリスクを考慮するときになってもこだわりを捨てられないからだとカーネマンは推理している。一方、特定の数字へのこだわりは、経験の浅い投資家にも問題を引き起こす。株の取得時の価格にこだわるあまり、それを下回ると、落ち込みがひどくなる前に手放す決心がなかなかつかない。同様に購入時の価格をちょっとでも上回ると、あわてて株を売ろうとする。もちろん、どの株が儲かるか損をするかは、そう簡単にわからないものだ。

仮想評価

小規模ながら経済学者にとってやりがいのある分野が、環境汚染や絶滅危惧種に関わる公共政策や法的和解における非市場的価格の評価である。誰でも澄んだ空やきれいな水や生物種の保存を大切に思うものだが、それらが社会に対して実際にどれだけの価値を持つものか具体的に示す市場メカニズムは存在しない。経済学者は通常、質問への回答を集めて金銭的な価値を評価するので、この手法は〝仮想評価法〟(ＣＶＭ)と呼ばれる。調査のための質問は「汚染物質でどんよりとした空の代わりに青空を手に入れられるとしたら、いくら支払うつもりがありますか」といったシンプルなものが多く、大抵はそこに写真が添えられる。

しかし調査によって人間の態度や偏見を測定する作業に精通しているカーネマンは、この手法に批判的だ。そもそも、人間は関心を向けた物事の重要性を常に誇張する。たとえば二人の候補者のうち一方が選挙に勝ったらどんな気分がすると思うか訊ねると、いまよりもずっと幸せな気分か不幸せな気分になるだろうという回答が多い。ところが選挙後に追跡調査を行なってみると、実際には気分にほとんど変化が見られない。[*35]「人生には、いま考えていること以上に重要なことはない」というのがカーネマンの結論である。[*36]調査と称して質問されると、そのことについて考えるよう強いられてしまうのだ。

こうしたあやまりを複雑にしているのが、変化への対応、すなわち〝適応力〟についての予測のむずかしさである。いまこの瞬間あなたが何に幸せや悲しみを感じていようとも、来年、来月、いや来週になればそれは意味を持たなくなっているかもしれない。人間は変化に適応する生き物なのだ[*37]。そしてもうひとつ、いろいろな数字を提供されるとアンカリングが発生し、こだわりを感じる数字に答えが近づいてしまうことも問題だ[*38]。さらに厄介なのは数字がまったく提供されないケースで、この場合の回答はまったく独断的になる可能性がある。問題が自分にとって重要なときには、恣意的に大きな数を選んでしまうものだ[*39]。

このような偏見や問題をすべて考慮すれば、仮想評価法にもとづいた調査結果が法廷での決断や公共政策に意味のある情報をほとんど提供できないことがわかる。経済学者のマシュー・ラビンはつぎのような結論を出している。「裁判所や政府機関が何かを選択するときに使われる仮想評価の手法には、欠陥があるという事実がようやく広く受け入れられるようになった[*40]」。ところが現実には、仮想評価法は費用と便益の関係を研究するために広い範囲で使われ続けている。正確だからではない。それに代わるものがないからだ。

幸福感

従来の経済学では、お金を稼ぐと幸せになれるから人間は一生懸命働き投資するものだと考えられてきた。カーネマンはこの一見明白な原理にまで挑戦した。これまでも心理学者は何が人びとを幸せにするのか長年にわたって研究し、回答が期待できるケースではかならず質問を投げかけてきた。たとえば、なぜミネソタは最も幸せな州のひとつなのか。幸福感は四十五歳を過ぎるといったん衰え、その後ふたたび上昇するのはなぜか[*41]。もっと重要な問題もある。収入が幸せの決定要因として重要に見えないのはなぜか。なるほど非常に収入の低い人たち、具体的には年収一万二〇〇〇ドル未満の人は、あまり幸せとは言えない。しかしそれ以外の範囲では、一国のなかで見ても国ごとに見ても、収入と幸せには目立った相関関係がない。[*42] どうしてだろう。

カーネマンは、この理由を適応力で説明できると考えた。いったん新しい収入レベルに慣れてしまうと、幸せのレベルは生来の資質や本来の状況と関わりの深いところに逆戻りするというのだ。その証拠が宝くじの当選者で、最初の高揚感が時間と共に消えてしまうと、幸せな気分は対照群と大差なくなる。[*43] その意味では、下半身が麻痺した人がほかの人よりも不幸というわけでもない。貧困や深刻な健康上の問題を除いては、人びとの回復力はかなり強いもので、結局は新しい環境に適応してしまう。その結果、億万長者になるよりも前の晩に熟睡できたほうが幸せだという回答も出てくるのだ。[*44]

経済学者にとって適応力は新しい概念だったかもしれないが、心理学者には馴染み深い。カーネマンはそれをこんな実験で紹介している。片手を熱いお湯の入ったボウルに、もう一方の手を冷たい水の入ったボウルに入れる。それぞれの手をボウルから取り出して、今度は同じボウルに突っ込むとどうなるだろう。その前のボウルの水の温度によってそれぞれの手の体感温度は異なるはずだ。体は明らかに外部の刺激に適応する。心も同じで、お金がたくさんあればそれなりに、なければそれなりに、与えられた状況に適応していく。[*45]

しかしお金がかならずしも幸せをもたらすわけではないとすれば、何が幸せの源なのだろうか。カーネマンはテキサス州で働く女性九〇九人を細かく調査した結果、答えを得られたと確信した。

まず彼は、一日に何回か、いまどれくらい幸せか訊ね、幸福度の正確な記録を作成した。そのほかに、前日の行動について思い出したときにどんな気分がするかも訊ねた。カーネマンはこのやり方を「一日再現法」と呼んだ。当然ながらその結果、人には特に幸せな気分を感じられる活動があることが明らかになった。リストのトップは親密な関係。以下、人付き合い、食事、リラックス、エクササイズとなり、いちばん最後が仕事と通勤だった。人付き合いといっても幸福感は相手によって異なり、誰とでもいいというわけではない。特に愉快なグループは存在する。リストの上から順に、友人、親戚、夫、子ども、クライアント・顧客となり、最後が職場の同僚だった。[*46] 子どもが比較的下位なのは意外かもしれないが、子育てが幸福感尺度でかなり低くランクされている事実と矛盾しない結果である。子育ては家事をわずかに下回るのだ。[*47]

こうして人びとの満足度についてひととおり把握したカーネマンは、新たな試みを目指した。お馴染みの国民所得勘定の代わりに、国民幸福勘定なるものを考えついたのである。この場合、人びとが愉快な活動と愉快でない活動にどのように時間を割り当てているかが基準になる。[*48] たとえば金持ちでもストレスや争いの絶えない状況で苦しんでいる人と、収入は低くても心が幸せで満たされている人の幸福度を比較するわけだ。

カーネマンは、幸せと表裏の関係にある苦しみの感情についても調査のノウハウを応用した。なかでもユニークなのは、治療のなかで特につらかったと思う瞬間を患者に思い出してもらう試みだろう。ここでは大腸内視鏡検査の事例が取り上げられた。この調査からは、経験全体を評価するときに時間の長さはほとんど関係ないことがわかった。重視されたのは、ピーク時と検査終了時の痛みの程度だった。カーネマンはこれをピーク・エンドの法則と呼んだ。カーネマンは心理学でも特に独創性の高いこの調査結果をサンプルグループの医師に見せて、患者によっては内視鏡検査の終了を一分間延長するよう説得した。少し延長するだけで痛みが不快を感ずる程度に変わり、最後の瞬間の記憶が改善されるという結果が出ていたのだ。[*49]

公平性

公平性は従来、ミクロ経済学の扱うものではなかったが、これからはそうあるべきだろう。たとえば「最後通牒ゲーム」と呼ばれる実験では、相手を罰するため、もしくは利するために自分の利益を犠牲にするケースが多い。人間は不当に扱われるのを特に嫌がるもので、相手と平等になるためには金銭的な損失も厭わない。[*50] この傾向はビジネスでも見られる。コストの上昇に伴う値上げは公平でも、需要の増加や品不足に便乗した値上げは不公平だと見なされる。[*51] べつの調査によると、現在の従業員を対象にした賃金カットは不公平だと見なされるが、新しい従業員の賃金を下げることには理解が得られる。以前と同じように働くことを期待されながら賃金をカットされることに、従業員は強く反発するのである。従業員から敵意を向けられるのが怖いから、景気後退期でも賃金カットを行なわない企業はめずらしくない。これはケインズ一派が〝賃金の下方硬直性〟と呼んだ現象である。二〇〇九年の景気後退のようなケースでは賃金をカットする企業もあるが、大体は従業員の反応を恐れて敬遠されるようだ。

そしてもうひとつカーネマンは、企業のトップは例外的な存在で、高額の報酬を受け取るに価するという発想に異議を唱えた。従来の経済学では、CEOは有能で仕事ができる人物として評価されるのが習慣になっていた。さもなければトップにまで上り詰めないという発想だが、カーネマンは賛同できなかった。そもそも、ほとんどの人は自分の能力を過大に評価するものである。大学入試センターが一九七〇年代に一〇〇万人の学生を対象に行なった調査によれば、自分のリーダーシップ能力は平均以上だと考える学生の割合は七〇パーセントに達した。平均以下だと答えたのはわずか二パーセント。[*52]そこでカーネマンは、CEOも同じように自信過剰なのではないかと考えた。たまたま運がよくて出世できたCEOは大勢いるはずだ。事実、努力したから成功し、運が悪かったから失敗したと考えるエグゼクティブが多いことを示した研究をカーネマンは挙げた。自分の能力を過大評価した挙句、時としてCEOは重大な過ちを犯し、企業の倒産や政府からの財政支援といった事態を招くのである。

カーネマンは一九三四年、母親がテルアビブまで長期の旅行に出かけていなければ、パリで生まれていたはずだった。その代わり、のちにイスラエル領となった場所で生まれ、少年時代の大半をパリで過ごす。父親は化学工場の研究所長だった。ユダヤ人だったカーネマン一家は、一九四〇年にドイツ軍がフランスに侵攻して国内を占領すると身の危険を感じた。八歳のカーネマンはある晩、夜間外出禁止の時間帯に緊張の一瞬を経験した。ひとりのドイツ軍将校から手招きされたのだ。恐ろしさで震え上がったが、よくよく話してみると、彼と同じ年頃の息子を思い出して声をかけたくなっただけだという。幸いカーネマンは念のためセーターを裏返しに着ていたので、ユダヤ人のダビデの星を見られずにすんだ。[*53]

カーネマンの父親はほかのユダヤ人と一緒に連行され、どう考えても強制収容所に送られるはずだったが、複雑な裏取引のおかげで無事に釈放された。[*54] 一家はヴィシー政権下のリヴィエラ、さらにフランス中部に移住する。そして父親はDデイの二カ月足らず前、糖尿病で亡くなった。[*55]

戦後、残された家族はパレスチナに移住する。カーネマンはヘブライ大学に進学し、まず二年間で心理学と数学の学位を取得した。そして翌年、徴兵によってイスラエルの国防軍に入隊し、心理作戦部に配属された。ここで彼は幹部養成校の入学者候補の選抜を任される。そこで候補者をグループに分けて、決められた課題に挑戦させる方法を考えた。障害物の置かれた場所で電柱を移動するような作業である。グループのなかでリーダーシップを自然に発揮した人物が訓練プログラムに推薦されるというわけだ。しかし、心理学者がせっかく一生懸命に考えた方法を養成校はほとんど評価せず、カーネマンもその結果を謙虚に受け止めるしかなかった。そしてそんな扱いを「妥当性の錯覚」といって嘆いたが、軍隊勤務にも良いところはあった。このとき培った心理調査の手法が、将来の研究で大いに役に立ったのである。[*56]

一九五六年に除隊すると、カーネマンは妻のアイラと共にバークレーの大学院に入学した。彼はいくつもの講義を受講して数多くの文献に目を通し、学問に真剣に取り組んだ。そして博士論文はいきなりタイプして八日間で書き上げたという。ただし素晴らしい出来とは言えず、指導教授でさえ、読んでいると「泥の沼を歩いて渡っているような」気分になったそうだ。[*57] 一九六一年に学位を取得すると、カーネマンはヘブライ大学に戻って心理学科で教鞭をとり始めた。そして多くのアイデアやテクニックを考案するが、それはつぎの四〇年間の研究の礎となった。彼が

「ひとつだけの質問による心理学」と呼んだ研究アプローチは、当時の研究を発展させたものである。このアプローチはシンプルなので結果もわかりやすく、説得力があった。

一九六八年、カーネマンは友人であり、ヘブライ大学の同僚の心理学者でもあるエイモス・トベルスキーと重要な共同研究を始めた。カーネマンは多くの学者と共同研究を行なっており、実際に重要な著作のほとんどは共同で執筆されている。しかし彼にとってトベルスキーとの関係は特別なもので、最も大きな成果をおさめることができた。二〇〇二年に経済学賞選考委員会がカーネマンの受賞理由として紹介した研究のほとんどは、トベルスキーとの共同作業によるものだ。不幸にもトベルスキーは一九九六年に亡くなっていたため、賞を分かち合うことがなかった。

敵対的共同作業

やがてカーネマンはプリンストン大学で終身在職権を獲得するが、それに先立ち経済学者のリチャード・セイラーとの共同研究を始めた。ふたりは実際の人間の行動を研究し、それを経済理論に応用することで行動経済学の大方の枠組みを創造した。[*58] そうした研究成果を誇張されて従来の経済学への挑戦と見られるのは本意ではなかったので、カーネマンは慎重な行動を心がけたが、周囲は彼をさかんに賞賛した。おかげで彼は従来の経済学者から目をつけられ、「大学生をだますような人工的なパズル」をつくりだしたといって非難された。なかには「こんな馬鹿馬鹿しい心理学にはまったく興味がない」と切り捨てる批評もあった。[*59] 最初はカーネマンもそうした批判にいちいち付き合っていたが、学術誌で反論しても時間の浪費だという結論に達した。いくら議論を戦わせても、問題が解決されることは滅多になかった。そこで原則として批判されても反論せず、つぎのプロジェクトに移ることにした。ただし、いわゆる〝敵対的共同作業〟は継続した。この作業は、問題解決のための実験を敵対者と共同で行なう形で進められる。カーネマンは自分に批判的な学者に声をかけ、実験を共同で考案したうえで実施し、結果報告の論文も共同で執筆した。彼にはこのアプローチのほうが、学者同士で議論するよりも興味深く生産的だった。

一方、一般大衆の説得は、経済学者ほど難しくなかった。損失回避、アンカリング、フレーミングといった概念は、大抵の人が理解できる人間の本性と共鳴するような部分があった。犯罪を防ぐための最善の方法から成功するための投資戦略まで、カーネマンの理論は様々な問題への解決策としてメディアでさかんに紹介された。そしてノーベル賞は、彼の研究への注目度を一気に高めた。選考委員会はつぎのように評価している。「個人がホモ・エコノミクスとして行動しない状況も存在するという事実が、心理経済学の研究者のおかげで確実に証明できるようになった」[*60]。従来の経済学の欠点のなかには、実際の人間の行動にちょっと注目するだけで回避できるものも含まれる。カーネマンはその事実を明らかにした。

カーネマンは執拗な抵抗に直面しながらも、ミクロ経済学を守ってきた鎧を見事に突き破った。彼は主要経済誌の一部でアイデアを発表し、人間の実際の行動についての議論を経済学者の間で促した。どうしてそこまで出来たのだろうか。たしかにカーネマンは心理学の才能に恵まれ、大きな名声を手にしていたが、それだけでは十分ではない。実際カーネマンは、社会科学の世界には同族意識とでもいうべきものがはびこっていることに気づいていた。だから心理学者と経済学者の集団はお互いに交わろうとしない。そのうえカーネマンによれば、各集団では「能力の評価が儀式的に行なわれている」。だから「人選」にも「実態がほとんど反映されていない[*61]」。「学術論文の審査は何とも不可解で恣意的だ。評価が長続きする論文はごく一部で、発表されてもすぐに忘れ去られるケースがほとんどだ」とカーネマンは言う[*62]。おそらく研究の対象にしたCEOと同じく、カーネマンもちょっぴり運に恵まれていたのかもしれない。

カーネマンとトベルスキーは一九七九年、〈エコノメトリカ〉に掲載された論文をきっかけに経済学の分野に進出した[*63]。しかしふたりを大きく飛躍させたのは、一九八六年にトップ経済誌〈アメリカン・エコノミック・レビュー〉に掲載された、公平性に関する論文である。このときふたりの査読者が内容を無条件で支持してくれたことは、カーネマンにとって驚きだった。そしてのちにそのふたりの名前を知ったとき、自分の幸運に感謝した。共感を寄せてくれた査読者のひとりは未来のノーベル賞受賞者ジョージ・A・アカロフで、彼もまた世間一般の通念に異議を唱えることに積極的な人物だった[*64]。もしも査読者がシカゴ大学の学者だったら、論文は公平に扱われなかったかもしれない。自分の幸運を振り返り、カーネマンはつぎのように認めている。「経済学という教会は、以前なら異端者として切り捨ててきた学者を受け入れて、研究の努力に報いるようになった[*65]」

ジョージ・A・アカロフ（二〇〇一年受賞）

もしも全員が完全な情報を持っていれば、何かを取得するための費用を必要以上に支払わなくてすむ。これはミクロ経済学の重要な前提であるが、実際のところ正確というよりも自分勝手な前提である。この前提にもとづけば、理論的には自由市場がどのシステムよりも効率的で優れていることがうまく証明される。しかし残念ながら、完全な人間がいないように、完全な情報など存在しない。

最初にこの問題と真剣に向き合った経済学者のひとりが、ノーベル賞を受賞したシカゴ大学教授のジョージ・スティグラーである。すべての限りある資源と同じく、情報も費用と便益を戦略的に比較して取得されるものだと考えた。そうすれば問題は解決されるとスティグラーは期待したのだが、実際にはそうはいかなかった。そもそも、どの程度の情報があれば十分なのか。その答えを得るには、十分であることを教えてくれる情報が新たに必要になる。スティグラーはミクロ経済学を窮地から救い出そうとしたが、たいした成果は得られなかった。情報がそもそも存在するかについての情報も含め、情報は制約されるものであり、結局のところ自由市場は効率的に機能しないという現実は避けようがなかった。

やがて一九六〇年代、バークレーの若き経済学者が情報について真剣に考え始めた。正確には、情報というよりは、情報の欠如である。ジョージ・A・アカロフは、この問題に頭を悩ませた点では主流派経済学に近かったが、自由市場の完全性を信じるほどではなかった。むしろ情報が完全ではないとき、あるいは情報量に個人差があるとき、市場に何が起きるか知りたいと考えた。そして、不均衡な情報を〝情報の非対称性〟という言葉で表現したのである。情報の非対称性を特徴とする市場は、もはや理想とは程遠い。不完全な情報の行き着く先が不完全な市場であることは、誰でも容易に想像できるはずだ。

アカロフは科学者の一族に生まれ、その伝統に連なるものと思われた。父親と叔父は化学者、兄は物理学者、曾祖父は医師で医学部教授を務め、祖父は薬学教授。そして母親は彼の父親と出会うまでイェール大学で化学を研究する大学院生だった。そんな一族の伝統を破り、ジョージ・アカロフは経済学者になった。

オタクを自称するアカロフは、勉強は出来たが体育の授業はさぼった。そして兄の後を追うようにイェール大学に進学し、そこで経済学への興味が芽生えた。ただし彼にとっての経済学は「公式のモデル（競争市場における一般均衡）とその前提条件というよりは、実質的な政策問題との関わりが強い」ものだった。[*66] 経済学と数学の知識を十分に持つアカロフは、一九六二年の秋にはマサチューセッツ工科大学（ＭＩＴ）の博士課程への入学をすんなり認められた。そして最初の一年間は、代数的位相幾何学の習得に多くの時間を費やした。経済学の理解に役立つと考えたからである。ＭＩＴは個人的にもアカロフにとって良い環境で、多くの大学院生と友情を育む機会が得られた。そのひとりジョセフ・Ｅ・スティグリッツとは、のちの二〇〇一年にノーベル賞を分け合うことになる。

レモン市場

一九六六年にＭＩＴを卒業してまもなく、アカロフはカリフォルニア大学バークレー校に着任し、その一年目に「レモン市場」と題する論文を執筆した。後日この論文は、ノーベル賞の主な受賞理由として高く評価される。本人の説明によると、もともと彼は車の売り上げと景気循環の関連について取り上げるつもりだったという。車を持ちたいと考える消費者は、新車を購入する代わりにレンタカーですませるか、それとも中古車を購入するか、どちらがよいかあらかじめ検討するもので、その結果が新車の売り上げに影響をおよぼすのではないかと推理したのである。ところが、中古車市場では買い手よりも売り手のほうが情報量に関して有利なので、市場が十分に機能しない。情報量で劣る買い手は質の悪い中古車をつかまされるか、場合によっては中古車市場を完全に敬遠する恐れがあった。アカロフはそんな中古車市場の仕組みに興味をそそられ、それを数学的に証明する研究に取り組んだ。この証明では中古車を特に取り上げたが、同様の問題は借金や保険の契約を検討する人にも起こり得ることが結論からは推測された。草案の段階では難解な位相数学が使われていたが、もっと簡単なほうがよいと同僚から指摘されて、少しでも多くの経済学者に理解してもらえるよう、最終的にはお馴染みの需給曲線を使ったものに書き直された。

この論文はすぐに評価されたわけではない。当初は三つの学術誌から差し戻された。経済学界の一流誌〈アメリカン・エコノミック・レビュー〉は、論文の主題が平凡だという理由で掲載を拒んだ。〈レビュー・オブ・エコノミック・スタディーズ〉も同じ理由を指摘した。そして〈ジャーナル・オブ・ポリティカル・エコノミー〉の場合には、ふたりの査読者から内容が不正確だと判断された。たとえば卵は品質にばらつきがあっても、きちんと選り分けられて販売される。だから中古車も同じではないかと反論されたのだ。特に厳しく批判されたのが、中古車市場が最後には消滅するという極論である。なぜなら、実際にそんな事態は発生していなかったのである。最終的にアカロフの論文は〈クォータリー・ジャーナル・オブ・エコノミクス〉に掲載された。こうして世に出るまでは時間がかかったが、いったん発表された論文は瞬く間に注目を集めた。ミクロ経済学の前提に挑戦する機会が熟していたのだろう。

アカロフは、中古車市場で新発見をしたわけではない。中古車の品質について詳しいのは買い手よりも売り手のほうで、その結果として買い手は質の悪い中古車（レモン）に高い料金を払いすぎ、質の良い中古車に相応の料金を払わないことは、常識で考えてもわかる。実際、馬喰《ばくろう》は何百年も前から同じリスクを抱え、仕組みを理解していた。アカロフは特に新しい事実に注目したわけではなかった。それでも彼の論文が重要なのは、主要な経済誌上でミクロ経済学に挑んだからである。これをきっかけに、限定的な情報がおよぼす効果について考えることは、学問的に正当なテーマとなった。将来のノーベル賞受賞者A・マイケル・スペンスやジョセフ・E・スティグリッツは、その恩恵に浴した。アカロフが扉を開いてくれたからこそ、先に進むことができたのである。

現実の世界では、情報が限定されるだけで中古車市場が消滅するわけではない。品質の高い車を販売する一部のディーラーは、製品に自信があれば品質保証書を発行するかもしれない。保証書を交付しないディーラーもいるだろう。私の場合は、プロの整備工に簡単に点検してもらってから中古車の購入を決める。かならず役に立つ情報が提供されるものだ。要するに現実の世界では、売り手にせよ買い手にせよ、情報の非対称性に対処する方法が大体は存在する。しかしここでの議論は、中古車市場というよりは経済理論内部の問題である。アカロフは情報の非対称性の存在をミクロ経済学者に認めさせたかったのであって、その点に関しては成功したといえよう。

バークレーに赴任してから一年後、アカロフはニューデリーに一年間滞在し、インドの貧困問題の原因を探った。このときの経験をきっかけに彼は失業問題に取り組み始め、経済学に二つ目の貢献をした。これは、失業は基本的に自発的なものだとするミクロ経済学の考え方への疑問が発端になった。実際に経験してみれば、それが間違っていることは誰でもわかる。そしてもうひとつ、ミクロ経済学者が雇用対策として賃金カットを提唱することも問題だった。大恐慌の時代、この政策はまるで機能しなかったのである。賃金をカットしても失業率の上昇は一向に収まらなかった。

アカロフは、ミクロ経済学がなぜ間違えたのかという疑問を抱いた経済学者のひとりである。働きたい労働者を十分確保できるときに、雇用者が単純に賃金を下げないのはなぜか。その答えとしてまずアカロフは、賃金が高いほど仕事の能率は上がると考えた。忠誠心も強くなり、勤労意欲がわき、会社をやめたがらなくなる。そういう労働者は企業にとって貴重な人材である。しかも、賃金が高ければ応募者数が増え、企業にとっては有能な人材を見出すチャンスが拡大する。賃金をカットしてせっかくのチャンスをつぶすことなど、雇用者はまず考えない。これがいわゆる〝効率賃金理論〟である。まったく筋の通った考え方で、明白でさえあったが、これもまたミクロ経済学者からは散々に非難された。

一九六八年、バークレーに戻ったアカロフは終身在職権を獲得するが、正教授の地位は叶わなかった。論文の発表数が少ないことを理由として指摘されると、そこから俄然奮起して「一心不乱に書きまくった」すえ、ついに昇進を果たした。一九七八年には、やはり著名な経済学者であるジャネット・イエレンと結婚した。彼女は経済政策関連の三つの要職にかかわっている優秀な女性である。連邦準備銀行の理事会のメンバーと米大統領経済諮問委員会の委員長を務め、現在はサンフランシスコ連邦準備銀行の総裁である。ふたりの息子のロビーはハーバードで博士号を取得して、現在はＭＩＴに在籍している。家族のディナーは、経済学の理論や政策について話し合うハイレベルなミーティングの場になっていることだろう。

行動経済学

一九三〇年代のケインズ以来、基本的競争モデルに本格的な戦いを挑んだ経済学者はアカロフとハーバート・サイモンが最初だった。人間の実際の行動を重視した現実的な前提に立つアイデアは今日では行動経済学として知られるが、アカロフはこの分野のパイオニアのひとりだった。行動経済学は「人間の合理的な行動というあやしげな前提よりも、経験的観察を重視する経済学を徐々に進化させてきた」とアカロフは語っている。[*67]

この事実は、基本的競争モデルを擁護する学者も無視するわけにはいかなかった。ノーベル賞受賞者でシカゴ大学出身のゲイリー・ベッカーは「市場も非効率的になるときはある」と認めた。ただし、ノーベル賞受賞者としては後輩のアカロフやスティグリッツとは対照的に「大体において悪いのは政府だ」と明言した。

行動経済学はケインズ以前の自由市場マクロ経済の復活を目指す新古典派経済学者にとっても脅威となった。アカロフはノーベル賞記念講演の機会を利用して新古典派を擁護する学者を批判したが、そのなかにはミルトン・フリードマンやロバート・ルーカスといったノーベル賞受賞者も含まれていた。アカロフによれば、新古典派の理論は完全情報と完全な合理性という条件の下でのみ有効であり、そんな条件があり得ないことは行動経済学者によって証明されていた。新古典派理論の提唱者は「自分が自信過剰に陥っていることに気づいていない」とアカロフは考えた。そしてオリバー・クロムウェルの言葉を引用して「よく考えてくれたまえ、あなた方も間違うことはあるのだ」と訴えたのである。[*68] 新古典派も行動主義も、どちらも完全に正しいとは言いきれないが、どちらの陣営からもノーベル経済学賞は選ばれている。

さらにアカロフはノーベル賞記念講演で「アメリカにとって深刻なマクロ経済問題」への注目も促した。それは白人と黒人の経済格差である。[*69] 収入、失業、犯罪率、投獄、薬物やアルコールの常用、未婚の出産など、幸福に関わるほとんどすべての分野において、黒人は白人よりもはるかに劣っていた。こうした格差の根底にある「自滅的な行為」について、ミクロ経済学では説明が「不可能だ」とアカロフは結んだ。[*70]

二〇〇一年のノーベル賞は、後のノーベル賞受賞者ポール・クルーグマンによって高く評価された。クルーグマンは概してノーベル賞の対象となった理論を手厳しく批判するが、この時は例外だった。アカロフ、スペンス、スティグリッツのアイデアに影響されたからこそ、自分は経済学者になったと強調した。インサイダー取引や処方箋薬剤給付保険などの重要な問題に対し、アカロフらの理論はもっともな説明を提供してくれた。アカロフらは市場が失敗する状況、クルーグマンの言葉によれば「見えざる手がボールを落とした」[*71]状況を見事に確認したのである。

ジョセフ・E・スティグリッツ（二〇〇一年受賞）

二〇〇一年には三人の学者がノーベル経済学賞を受賞したが、そのなかでもジョセフ・スティグリッツは多作のライターとして際立っている。しかも、いい加減な仕事はひとつもない。選考賞委員会に提出した自伝は、二四ページにもおよんだ。これは記録的な長さで、ちなみにジェイムズ・ブキャナンなどわずか一ページ。履歴を列挙しただけである。しかもスティグリッツの場合、受賞講演の原稿はさらに長い。なんと六八ページもあって、そのうち一五ページは注に当てられ、さらにそのうちの五ページは自らの著作物のリストである。ただしアカロフとは違い、スティグリッツは特定の論文を受賞理由として挙げられていない。その代わり、とにかく数が多かった。ひとつひとつの貢献は微々たるものかもしれないが、数の威力はあなどれない。結果としてスティグリッツは、情報が原因で失敗した市場を建て直すために、政府の介入を強く擁護する学者として知られるようになった。

逆選択とモラルハザード

市場の情報が不十分だとどんな現象が発生するか、スティグリッツはいくつかの事例を使って明らかにした。そのひとつが〝逆選択〟と呼ばれ、クレジット業界ではお馴染みの現象である。銀行や抵当融資会社など資金融資を行なう企業は、将来の返済がきちんと保証されることを願う。そのための手段として顧客の信用履歴をチェックするのも悪くはないが、それだけで返済が保証されるわけではない。実際、一部のローンが返済されない可能性は否定できない。そうなると貸し手は将来の損失を見込み、顧客全員の金利を高く設定しなければならない。他人がデフォルトする可能性を理由に高い金利を押し付けられるのだから、これでは優良な借り手は損をする。その結果、リスクの低い借り手が市場から撤退し、後にはリスクの高い借り手だけが残る事態も発生するだろう。これが逆選択である。信用度は基本的に確認できないので、市場はうまく機能しない。

現実の世界では、銀行はこうした問題の発生を食い止めるための措置を講じる。たとえば最低頭金比率を設定し、借り手が銀行に一定の金額を預けることを義務付ける。たしかに借り手はローンの返済に誠実に取り組むようになるかもしれないが、デフォルトのリスクや逆選択の可能性がすっかり消滅するわけではない。

同じことは保険にも言える。保険会社はリスクの高い顧客と低い顧客のどちらも考慮して保険料を設定しなければならない。実際、リスク度を区別するために最善の努力を惜しまず、喫煙者、若いドライバー、男性といった個人的な特徴に注目するが、それだけでは個人に特有のリスクを正確には把握できない。平均すれば、リスクの低い顧客は保険料を高く払いすぎている可能性が高い。自分はリスクが低いという事実を証明できないからだ。その結果、情報の限られた保険市場からリスクの低い顧客が消える現象、逆選択が生じる恐れがある。

そこで保険会社が考案した解決策が、保険金の一部を加入者に負担してもらう自己負担限度の設定である。若くて健康な顧客なら、自己負担金の高さは問題にならない。保険に加入しても、実際に利用するような事態は想像できないからだ。だから保険会社は高い自己負担金と引き換えに保険料を低く設定すればよい。理論的には、高い自己負担金と低い保険料の組み合わせはリスクの低い顧客を引き止められる。逆にリスクの高い顧客は保険を実際に利用する可能性が高いので、自己負担金を低く設定しておけば高い保険料を厭わない。顧客はそれぞれ将来のリスクを検討したうえで、自分に合った保険を選ぶはずだ。

つぎにスティグリッツが取り組んだ市場の失敗例がモラルハザードだ。この現象は、ほとんどの保険で発生している。たとえば車に盗難保険をかけると、鍵をかけ忘れたり一晩中路上駐車したりする確率が高くなる。火災保険も同じで、薪ストーブの所有者が加入すると煙突を毎年掃除しなくなる。さらに、国際通貨基金が通貨危機を想定して何らかの形で保険を提供するときも、同様の事態が図らずも発生する。関係国は、自国通貨の安定を維持する意欲をそがれてしまう。保険会社は顧客にリスクの高い行動を避けてほしいと願うが、その思いが通じないケースはめずらしくない。

最近ではウォール・ストリートの銀行が財政援助を受ける事態が発生し、モラルハザードが懸念材料として新たに注目された。倒産してもかならず資金援助を受けられると思えば、銀行は倒産を恐れなくなる。本来、自分の投資は自分で責任をもって管理するものであり、リスクを最低限に食い止める努力を惜しんではならない。しかし、そんな意欲をモラルハザードは弱めてしまう。

同じことは、ほとんどあらゆる形態の埋め合わせ行為に当てはまる。固定給のセールスマンが販売に熱が入らないのも、モラルハザードの一例である。失業者、貧困者、母子家庭などを支援する社会プログラムも、一部ではモラルハザードとして非難されている。こうしたプログラムが、不幸な状況を避けようとする気持ちを弱めてしまうからだといわれる。

このように、モラルハザードは多くの市場を何らかの形で損なう恐れがあるが、その一方、革新的な価格設定や支払いプログラムによってモラルハザードを軽減することは不可能ではない。たとえば営業担当への歩合制や管理職への利益分配制の導入は、モチベーション向上の手段として理にかなっている。これらの誘因はモラルハザードを軽減し、場合によっては消滅させる可能性もあり、市場の機能を維持するうえで役に立つだろう。

シグナリング効果

逆選択とモラルハザードに加え、スティグリッツはもうひとつ重要なコンセプトに取り組んだ。〝シグナリング〟だ。情報が限定される世界では、正確な情報を持つだけでなく、情報の正しさを他人に納得させることも大切である。説得力のある方法で情報を伝えれば、相手にシグナルを送ることができる。

シグナリングに関しては、ポール・クルーグマンがエッセイのなかでユニークな事例を使って紹介している。孔雀の尾ばねと大学の学位の類似性である。[*72] クルーグマンによれば、尾ばねも学位も自分の優秀さを伝えるための装飾である。孔雀の場合、雄は自分が交尾の相手にふさわしいことを納得させる手段として、エレガントな尾ばねを使う。生物学者から見て、美しい尾ばねにはそれ以外の機能がほとんど考えられない。実際、ひとつの目的、つまり交尾の相手へのアピールを除けば、大きな尾ばねはほとんどの状況で厄介なハンディキャップにすぎないのだ。大学教育も同じだとクルーグマンはいう。大学教育は役に立つスキルを身につけさせてくれるかもしれないが、むしろ将来の雇用者や大学院に対するシグナルとして役立つ。大学の学位は、一定レベルの才能と野心を備えた優れた人材の証だと言ってもよい。このシグナリングのパロディーとして、クルーグマンは『ライアーズ・ポーカー』の一節を引いている。投資銀行家が経済学を学ぶのは、退屈で屈辱的な活動を耐え忍ぶ能力の証明になるからだという内容である。大学の学位が孔雀の尾ばねと同様の飾り物だと本気で考える人はいないが、卒業証書はたしかに学力以上の何かを証明している。

企業が競合相手から社員を引き抜こうとするときにもシグナリングは発生する。たとえば社員の引き抜きを狙う企業Aの動きに対抗しなければならない企業Bは、相手の提示額と匹敵するレベルまで給与を引き上げて社員を引きとめようとする可能性がある。そんなBの行動を見たAは、それを貴重なシグナルとして解釈する。やはりあの社員は優秀だった、自分の見る目は正しかったと確信するだろう。一方、昇給が提示されずAが引き抜きにすんなり成功しそうな場合には、本当に優秀な社員なのだろうかという疑問が生じる。これは〝勝者の呪い〟と呼ばれる現象で、行動がシグナルを送ったり情報を伝えたりする仕組みをわかりやすく説明している。従来のミクロ経済学の世界とは、ずいぶん大きくかけ離れた発想だ。どの企業も採用に当たって応募者全員の生産性を正確に把握しているというミクロ経済学の前提が、ここではまったく通用しない。

実際ビジネスの世界では、ほとんどすべての活動が何らかのシグナルを送っているとも考えられるが、なかには意図せぬシグナルが送られてしまうケースもある。たとえばCEOは、自分の会社に関するネガティブな合図を送りたくないという気持ちがとりわけ強い。ここで、特別手当やストックオプションによって自社株を多く保有しているCEOのケースを考えてみよう。この人物がポートフォリオを多様化するために株を売却しようとすれば、ほかの投資家に間違ったメッセージを送ってしまう可能性がある。CEOが自社株を売却したという事実が公になると、ほかの投資家は現在の株価が実態以上に高いのではないかと判断し、早く売ってしまおうと決心するかもしれない。したがって、役員は必要以上に多くの自社株を抱え込む羽目になり、結果として長期的な成長よりも目先の利益を生む戦略を優先する可能性も出てくる。自社株を大量に保有するCEOが行動を変化させていくようなストーリーの背景には、シグナリングの存在があったのである。

かつてポール・サミュエルソンはジョセフ・スティグリッツについて、インディアナ州のゲイリー出身者のなかで最高の経済学者だといって賞賛した。そのサミュエルソン自身、同じくインディアナ州ゲイリー出身のノーベル賞受賞者なのだから、これは気の利いたお世辞だったと考えられる。スティグリッツの父親は独立保険代理店を営んでいた。彼にノーベル賞をもたらしたアイデアのなかで、保険が重要な役割を果たしたのは偶然ではなかったのかもしれない。

ゲイリーの公立高校を卒業すると、スティグリッツはアマースト大学に進む。ここは男子だけの教養大学で、全校生徒はわずか一〇〇〇人。ノーベル経済学賞を受賞した人物の例に漏れず、スティグリッツは数学と科学に興味をそそられ、物理学を専攻した。そして三年目には専攻を経済学に変更する。数学の才能を社会問題への関心と結びつけるには良い機会だと考えたのだ。

アマースト大学でスティグリッツは何事にも強い姿勢で臨み、強い反対に遭っても果敢に戦った。一年目と二年目には学生の自治委員会メンバーに選出され、三年目には委員長に選ばれる。彼は人種差別に一貫して反対し、ワシントンで行なわれたデモ行進にも参加して、「私には夢がある」という言葉で有名なキング牧師の演説もじかに聞いた。これらの出来事に触発されたスティグリッツは、アマーストで学生交換プログラムを企画する。ただし相手は海外の大学ではなく、南部の「小さな黒人の」学校だった。さらにスティグリッツは、友愛会の廃止を試みた。こうした組織は「学内を分裂させる」もので、「教養大学の精神」と相容れないという理由だった。当時はアマーストの学生の九〇パーセントが友愛会に所属していたが、そんな現実を無視した行動である。後年、アマーストでようやく友愛会が廃止されると、彼はそれを心から歓迎した。[*73]当然ながらスティグリッツのリベラルな姿勢は組織的な反発を招き、彼を役職から排除するためのリコール選挙まで行なわれた。スティグリッツはそれを辛くも逃げ切り、信念のために戦う闘士としてのイメージを定着させた。圧倒的な反対を受けても、燃え上がる闘志は決して衰えなかった。

アマースト大学で三年間学んだ後、スティグリッツはMITに移る決心をした。まだ学位を取得していなかったが、一刻も早く大学院の研究を始めたかったからだ。MITの知的な環境で彼は勉学に打ち込み、アメリカ最高の経済学者たちの講義に出席する機会にも恵まれた。[*74]はじめての学術発表は、学友であり将来のノーベル賞受賞者であるジョージ・A・アカロフとの共同作業だった。失業、インフレ、貧困など、経済の成長を阻む大きな問題はすべて数学モデルで解決できると信じていたスティグリッツにとって、MITで過ごした時間は刺激的だった。

MITで二年間学んだ後、スティグリッツはフルブライト奨学金を獲得し、一九六五年から六六年にかけての一年間をケンブリッジ大学で学んだ。ここで彼の監督指導に当たったのが、伝説的な人物ジョーン・ロビンソンだった。彼女はケインズの側近メンバーに最初から加わっていた大物だが、残念なことにスティグリッツがMITで受けてきた教育を財産ではなく負債と見なした。ロビンソンから一から勉強をやり直すように勧められると、スティグリッツは自分でべつの指導教官を見つけた。

プリンストンで学者としてのキャリアを成功させた後、一九九三年にスティグリッツは米大統領経済諮問委員会のメンバーに選ばれ、九五年には委員長になった。彼はこうして推薦されたポストでの仕事を「第三の道」と位置づけた。常に政府に反対するわけでも、常に政府を支持するわけでもなかったからだ。経済問題を解決するためにほかの選択肢が考えられないときだけ、彼は政府の役割を支持した。九六年にクリントンが大統領に再選されると、スティグリッツは経済諮問委員会の委員長として残るように要請された。どんな経済学者にとっても名誉な申し出だったが、彼はそれを断って、もっと魅力的なオファーを受け入れた。それは世界銀行で開発政策を担当する上級副総裁のポストだった。[*75] 世界銀行のチーフ・エコノミストとして、低開発地域の経済成長を促す政策を考案していきたい。スティグリッツは期待を膨らませた。

ＩＭＦとの闘い

就任後まもなくスティグリッツは、経済成長を阻む原因のひとつが世界銀行の姉妹機関である国際通貨基金（ＩＭＦ）だという結論に達した。ＩＭＦの高圧的な方法は、時代遅れで逆効果にしか思えなかった。ＩＭＦが採用する〝ワシントン・コンセンサス〟は、予算均衡をはじめとする緊縮策、政府の補助金カット、資本市場の規制緩和などを通じ、海外からの投資を促す内容だった。こうした政策を無差別に適用すれば、経済状態は悪化するとスティグリッツは考えた。

二〇〇一年、スティグリッツは〈アトランティック・マンスリー〉に寄せた論文でＩＭＦを激しく糾弾した。当時ＩＭＦはエチオピアに対し、ワシントン・コンセンサスを押し付けようとしていた。比較的状態の良い国を選び、変化を強制するやり方がスティグリッツには許せなかったのである。[*76] エチオピアが譲歩を拒むと、ＩＭＦは一九九七年の借款プログラムを中止した。このときはスティグリッツからの強い圧力が功を奏し、ＩＭＦはこの戦略を放棄して借款プログラムを復活させた。

ＩＭＦとスティグリッツの対立は、東アジア危機の間も継続した。この危機に対してＩＭＦはいつもと同じ緊縮策で臨み、金利の上昇と政府の支出削減を組み合わせた政策を採用した。その結果は悲惨なもので、韓国とタイでは失業率が三倍以上に跳ね上がり、政府の補助金カットを受けてインドネシアでは食糧暴動が発生した。[*77] このときもスティグリッツはＩＭＦを非難した。経済的な影響力をかさにきて緊縮策を押し付けても、逆効果でしかないと確信していたからだ。そしてマレーシアのようにＩＭＦの救済策を拒絶した国は、かなり早く回復した事実を指摘した。

代わりにスティグリッツが提唱したのは、ジョン・メイナード・ケインズの理論と矛盾しないアプローチである。皮肉なことに、国際金融の安定化をＩＭＦに任せ、経済の開発を世界銀行に任せる方針を一九四〇年代に考案したのはケインズである。一九九〇年代末になるとＩＭＦはその方針を一八〇度転換し、豊富な資金力を背景に反ケインズ的な政策を推し進めるようになっていた。[*78]

さらにスティグリッツは、旧ソ連の経済を市場資本主義へ移行したときのＩＭＦの戦略も激しく批判した。いわゆる「ショック」療法と呼ばれたやり方である。正常に機能する市場も誠実な政府も育てることなく、ＩＭＦはソ連経済の大々的な民営化に踏み切ったのだ。この戦略が完全な失敗だったという事実は、さすがのＩＭＦも否定するのに苦労した。経済がこれほど急速に崩壊し、貧困率がこれほど急激に上昇して平均寿命が落ち込んだケースは、歴史を振り返っても滅多に見られないだろう。ここでもスティグリッツは、ＩＭＦの「旧態依然とした」経済政策を槍玉にあげ、歴史や社会状況や制度的な要因、さらにいわゆる情報の非対称性を無視したやり方を非難した。

ＩＭＦも黙っていたわけではない。調査局長のケネス・ロゴフが反撃に乗り出した。彼は経済危機に陥った国に予算削減と高金利を要求する従来の政策を擁護して、「ジョー・スティグリッツは間違っていると思わないだろうか」と問いかけた。[*79] ロゴフはスティグリッツの研究成果を称え、「比類なき天才」と持ち上げる一方で、政策への提言は「ちょっとインパクトが足りない」と切り捨て、「彼の住むガンマ宇宙域（訳注　銀河系を四分円に分割した宇宙域のひとつ）では、経済学の法則も異なるようだ」と嘲笑した。ガンマ宇宙域とは、スティグリッツの研究で使われている数学へのあてつけである。[*80]

スティグリッツから「一流大学出身の三流経済学者の集団」[*81]とスタッフをこきおろされたＩＭＦは、そう簡単に傷が回復するわけではなかった。ロゴフはスタッフを「素晴らしいプロ集団だ」と弁護して、何時間も休まず働き、寒さにも病気にも負けずに勤務する姿勢を賞賛した。[*82] そして最後にスティグリッツに宛てた公開状のなかで、彼と交わしたプライベートな会話について紹介した。なんとスティグリッツは、ポール・ボルカーＦＲＢ議長の知性を疑うような発言をしたというのだ。[*83] これに対しスティグリッツは、個人攻撃に「あきれ果てた」というコメントを寄せ、ＩＭＦは本気で「きちんとした話し合いに応じるつもり」があるとは思えないと感想を漏らした。[*84]

世界銀行におけるスティグリッツの波乱含みの任期は短命に終わった。本人によれば、大統領は彼の政策やその前提となる価値観を支持してくれたが、財務長官のローレンス・サマーズはそうはいかなかった。サマーズは、乱闘に巻き込まれたくなかったのである。後日談によると、サマーズは世界銀行でスティグリッツの上司に当たるジェイムズ・ウォルフェンソンを呼びつけて、不快感を表明したという。[*85] 世界銀行を離れる潮時だった。二〇〇〇年一月、彼は職を辞した。

同じような多くの理由でＩＭＦを非難した人はほかにもいるが、スティグリッツのように強い反発に遭ったケースはなかった。高名な学者が公の場を使い、ＩＭＦを直接非難するのは前代未聞の行為だった。しかもその人物が、ＩＭＦの姉妹機関である世界銀行の高官だという事実も前代未聞だった。ＩＭＦの政策に誰かが疑問を投げかけても、従来はほとんどが無視されてきた。繰り出したパンチが見事に命中したのは、スティグリッツが最初だった。

ただし、一連の論争はスティグリッツのキャリアに一切の汚点を残さなかったようである。彼はコロンビア大学に移り、二〇〇一年十月にはジョージ・Ａ・アカロフとＡ・マイケル・スペンスと共にノーベル賞を受賞したことが発表された。この年の経済学賞には、市場の失敗への政府の介入を支持する経済学者が選ばれたのである。経済学へのスティグリッツの大きな貢献を認めるノーベル委員会は、ＩＭＦとの騒動など意に介さないことが証明された。

ノーベル賞を受賞しても、ＩＭＦに対するスティグリッツの鋭い批判は収まる気配がなかった。

ＩＭＦがアルゼンチンで財政赤字を抑制しようと乗り出すと、再び厳しい追及を始めた。スティグリッツによれば、この程度の赤字は問題ではなかった。当時アルゼンチンの赤字はＧＤＰの三パーセントだったが、そのわずか一〇年前、アメリカの赤字はＧＤＰの四・九パーセントにまで上昇していた。その事実を指摘したうえで、景気が後退している国に緊縮策を押し付けるＩＭＦの方針を槍玉にあげ、こんな行為はどこかでやめないと、事態はさらに悪化すると主張した。[*86]

スティグリッツはほかの問題に関しても持論を積極的に展開した。ノーベル賞を受賞した後は、イラク戦争がアメリカ経済を疲弊させると一貫して警告し続けた。[*87] そして、イラクの債務は独裁者サダム・フセインが創り出したものだから免除されるべきだと主張した。[*88] さらにブッシュ政権の減税は将来の成長を危機に陥れると非難して、[*89] 予想が外れて二〇〇三年に失業なき経済回復が実現すると、大いに頭を悩ませた。[*90] 日本に対しては、デフレによる経済停滞への解決策として貨幣増発を提言している。[*91]

ノーベル賞を受賞した経済学者同士が学術誌上で論争を展開するのはめずらしいことではないが、スティグリッツは二人の人物を法廷で非難した。ノーベル賞受賞者のマイロン・ショールズとロバート・マートンが関わっていた投資会社が脱税容疑でＩＲＳから起訴されたとき、スティグリッツは専門的な問題について証言して政府の主張を擁護したのである。彼は複雑な記録を分析した後、一連の活動は経済的に何ら正当化されるものではなく、真の目的は脱税だったという結論を導き出したのである。[*92] ノーベル賞受賞者同士の法廷での直接対決のすえ、スティグリッツの証言は政府の勝利を後押しする結果になった。このとき被告の弁護団はいくつかの戦略ミスを犯した。たとえば、スティグリッツが経済の専門家として証言するに当たって一時間一〇〇〇ドルの報酬を提供されたと指摘して、証言の客観性に疑問を投げかけた。しかし弁護団は、それが判事にどんなシグナルを送る結果になるか、十分に考えるべきだった。スティグリッツが優秀な人物であることの何よりの証拠だと解釈されたのではないか。

一部の経済学者と同じく、スティグリッツは素晴らしい業績を十分な報酬で報われている。ソール・ベロー、ジェフリー・サックス、コーネル・ウェストと並び、彼は「トロフィー・プロフェッサー」として評価され、いくつもの大学が途方もなく高い給料を競って提示した。具体的な金額は明らかにされていないが、コロンビア大学がスティグリッツをスタンフォードから誘い込んだのは、同僚の経済学者ジェフリー・サックスをハーバードから引き抜いたのとほぼ同時期だった。かつて経済学で確立した名声の復活に、コロンビアは特に熱心なようだ。[*93]

ところで逆選択、モラルハザード、シグナリングといった概念は、歴史的にどれくらい古いものなのだろうか。銀行が金利を上げると最高の借り手が市場から撤退することは、およそ二三〇年前にアダム・スミスによって指摘されている。[*94] これは逆選択に他ならない。また、車の盗難保険に加入した人は車の鍵をかけない確率が高いという事実は、ノーベル賞受賞者に指摘されるまでもない。企業の役員が自社株を売却するとネガティブなシグナルが送られることも、はじめて認識されたわけではない。スティグリッツをはじめとする経済学者の功績は、これらをミクロ経済学の数式に置き換え、名前をつけたことである。そして一連のアイデアを考案するプロセスのなかで、自由市場を守り続けてきた伝統に風穴を開けたのだ。たとえ理論の上でも、市場は常に完全というわけにはいかないのである。

これらのコンセプトのひとつは、大衆文化にも定着している。少なくともふたつの音楽グループが、モラルハザードという名前で活動している。ひとつはペスティサイド・レコードに所属するカナダ出身のパンクロックバンド。そしてもうひとつは、ジョージタウン大学ローセンター出身者が結成したアカペラグループという変り種である。このような事例を見るだけでも、理論経済学が日常生活をいかに豊かにしているかおわかりいただけるだろう。

A・マイケル・スペンス（二〇〇一年受賞）

A・マイケル・スペンスは、指導教員からジョージ・A・アカロフの新しい論文「レモン市場」を読むように勧められた日のことをよく覚えている。実際に読んでみると、アイデアがつぎつぎとわいてきた。当時彼は、雇用主が良い労働者と悪い労働者を区別する方法はないかと悩み、労働市場のシグナルにゲーム理論を応用すれば問題は解決されるのではないかと考えていた。シグナリングのコンセプトを発展させるうえで、アカロフの論文は欠かせない枠組みを提供してくれた。

スペンスにとっての基本的な問題はつぎのように要約される。雇用主は最も生産性の高い労働者を雇いたいと願い、そのためには特別賞与も厭わないが、誰がそれに該当するか常に把握できるわけではない。それがわからないと、雇用主は全員に対して同額の平均的な給与を提示するしかなく、結果として働きの悪い労働者には払いすぎ、優秀な労働者には十分な見返りを渡せない。これでは人びとは価値に見合った報酬を支払われず、市場は失敗する。

このような状況で正当な評価を受けられない生産的な労働者は、自分の能力を証明するシグナルを雇用主に送ろうとするはずだとスペンスは考えた。どのようにかというと、大学に入学して学位を取得するのだ。雇用主が大卒者を高い賃金で雇うのは、実際に優秀な労働者であることが卒業証書によって証明されているからだ。これはスペンスの博士論文の中心となったアイデアであり、ノーベル賞の受賞理由にも挙げられた。

シグナルとしての教育

かつてスペンスは、彼のノーベル賞受賞に当惑した記者からつぎのように訊ねられた。「市場には同じことを知っている参加者と知らない参加者が存在することを発見しただけでノーベル賞をもらえるのか。[*95]」記者にはとても信じられなかったようだが、この質問は的外れである。指摘された事実を発見したのはアカロフだ。情報を持っている人が、それを伝えるためのシグナルを情報を持たない人に送ることがある。これがスペンスの発見である。

生産性を向上させる手段としての教育の価値と、シグナルとしての教育の役割は同じではない。たとえ大学教育が生産性に何ら効果を発揮しなかったとしても、大学に通ったという事実だけで有能な人物であることが証明され、高い報酬が約束されるとスペンスは考えた。

しかし実際、こうした分析は現実の世界について何を語っているのだろうか。本当に教育がシグナルとして使われているとしたら、ずいぶん効率が悪くないだろうか。すでに優秀な人物が、その事実を他人に証明するだけの目的で大学に進むのは時間とお金の無駄でしかない。そしてもうひとつ、悪い労働者も同じように大学にアクセスできるとしたら、せっかくのシグナルは機能しない。大学の学位はもはや何の意味もなくなってしまう。シグナルが効果的に機能するためには、生産的な労働者だけが大学にアクセスしやすく、安いコストで学位を取得できなければならない。この事例を掘り下げて研究すれば、何か隠されている教育の目的が新たに発見されると期待するのは間違いだ。要するに彼が明らかにしたのは、情報格差によって市場の効率性は損なわれるが、市場の参加者がコストの高いシグナルに頼らざるを得ないと、さらに効率性が損なわれることもあるということだ。

シグナルが市場でうまく機能しないときには、政府による税金や補助金が役に立つとスペンスは考えた。ただし彼は研究の成果を強張しないように、慎重な姿勢を心がけた。これはきわめて抽象的なモデルなので、現実の世界に当てはめるのがきわめて難しい。だからスペンス本人も「十分に効率的な分離均衡をもたらすような税や補助金の仕組みというものも存在する」と言うにとどめ、それ以上は追究しなかった。[*96]

この見解は一部の人たちから批判された。ジーン・エプスタインは〈バロンズ〉の記事のなかで、「根拠の乏しい洞察」であるが、それにしても「少々わかりづらい」と評した。[*97] そしてデイヴィッド・ヘンダーソンが〈ウォールストリート・ジャーナル〉に寄せた記事は、市場が情報不足のせいで失敗する可能性を認めたとしても、政府に市場以上の何かができると期待することはできないとくぎを刺した。ヘンダーソンによれば、政府の情報の大半が「ほとんど使い物にならない」からだ。[98] ヘンダーソンは本当に政府の情報の大半が使い物にならないと考えているのだろうか。それとも単に言葉の綾だろうか。おそらく彼は、政府がいかに膨大な情報を保有しているか、十分に理解していなかったのだろう。経済データ、基礎研究、公衆衛生、宇宙飛行、天気、国勢調査など、その範囲は多岐にわたる。

　スペンスはプリンストン大学で哲学を専攻し、カナダで育った影響から四年間アイスホッケーを続けた。[99] 卒業後はローズ奨学金でオックスフォード大学に進み、数学の学位をつぎつぎと取得した。そしてハーバード大学の博士課程に入学すると、ようやく経済学に専念した。博士号を取得した後、まずスタンフォード大学に準教授として赴任して、一九七五年に教授としてハーバードに戻った。このときハーバードで大学院生を対象に彼が受け持った理論講座を受講した学生のなかに、ふたりの勤勉な大学生がいた。スティーブ・バルマーとビル・ゲイツである。ふたりとも見事に「A」の評価を受け、後に小さなベンチャー企業マイクロソフトを立ち上げた。

　スペンスは若くして大学の運営に関わるようになった。一九八三年に四十歳でハーバード大学経済学部の部長になり、一年後にはハーバードの学長デレク・ボックに請われ、由緒あるアーツ・アンド・サイエンス教授会のトップに就任する。このポストはふたりの前任者も経済学者で、三人目にも経済学者のスペンスが指名された理由を訊ねられ、ボックは「統計を無視した決断だ」と明答を避けた。[100] しかし報道関係者はここぞとばかりに若き経済学者を追及し、マイノリティの教授や学生の数を増やす計画はあるのかと訊ねた。それに対してスペンスは「正直なところ、自分でもわからない」と答えた。このような謙虚で正直な姿勢は、彼の経営スタイルにも反映された。そんな彼についてハーバードのある同僚は、成績が一番なのにナイスガイだと称した。[*101]

第7章
ケインジアン

ポール・A・サミュエルソン（一九七〇年）
ロバート・M・ソロー（一九八七年）
ジェイムズ・トービン（一九八一年）
フランコ・モディリアーニ（一九八五年）
ローレンス・R・クライン（一九八〇年）
K・グンナー・ミュルダール（一九七四年）

ノーベル経済学賞の受賞者の多くは、ふたつの強力な運動が同時進行していた時期に成人した。ケインズ革命と経済学の計量化である。ケインズは経済理論を見直して、アダム・スミスからアルフレッド・マーシャルに至るまで、従来の経済学者が積み重ねてきた数々の原則に挑んだ。自由市場が常に機能するわけではない理由を説明し、疑う人には大恐慌が何よりの証拠だと指摘した。スウェーデンの社会主義者としてノーベル賞を受賞したグンナー・ミュルダールは、一九三〇年代に学位論文で同様の問題に取り組んだ。

一九三〇年代にケンブリッジ大学から、そして四〇年代にハーバード大学から過激なアイデアが発信されていた頃、新世代のケインジアンのほとんどは大学院生だった。ロバート・M・ソロー、ジェイムズ・トービン、フランコ・モディリアーニ、グンナー・ミュルダールといった若き経済学者は新しい理論で武装すると、世の中を変える作業に取り組んだ。ケインズ経済学を総括し、改善を加え、拡張していった。一方ローレンス・クラインは、膨大なデータに裏付けられた大きな経済モデルにケインズ経済学を応用した。

ケインジアンたちは、経済学が物理学と同じような学問だと信じて疑わない世代でもあった。実際彼らにとって、ロケット軌道の最高高度の計算と国家の極大厚生の計算は大差なかった。ケインズ経済学を学ぶと早速、理論を変数や公式に変換していったが、それだけでは満足しなかった。方程式を導入できる経済のアイデアは、すべてが格好の研究材料だった。企業、家庭の行動、経済成長、国際貿易など、取り組む分野は多岐にわたった。こうした研究では、オリジナルのアイデアに考察を加える必要はほとんどなかった。数学のスキルさえあれば十分である。経済学を物理の言語で表現しなおせば自ずと価値が備わると確信していた点は、ほとんどの経済学者と変わらない。こうしてマクロ経済学ではふたつの運動――アメリカにおけるケインズ派経済学の普及と経済学の数学化――が同時進行していくが、そのどちらでもリーダーとして誰もが認める人物がポール・サミュエルソン。第二回ノーベル経済学賞の受賞者である。

ポール・A・サミュエルソン（一九七〇年受賞）

少年時代、サミュエルソンはインディアナ州ゲイリーの自宅から経済の変遷をつぶさに観察した。「交通機関としての馬車の消滅も、室内配管や電気の登場も記憶している。その後、ラジオの電波やテレビの映像がセンセーションを巻き起こすが、ほどなく熱は冷めた」という。[*1] 第一次世界大戦が始まると、国内には製鉄所がつぎつぎに建設されてフル操業を始める。好景気にわく故郷ゲイリーの様子もポール少年の脳裏にはっきり刻まれた。やがて十歳のとき、一家と共にフロリダ州マイアミビーチに移ったポール少年は、不動産ブームが富をもたらし最後はバブルがはじける様子をじっくり観察した。一九三〇年代、大学生になったサミュエルソンは大恐慌の厳しさを目の当たりにするが、少年時代の経験のおかげで心の準備は整っていた。[*2]

サミュエルソンは勉強がよくできた。「かなり早熟で、IQテストの論理操作やパズルの問題が得意だった」という。[*3] 高校を卒業すると奨学金でシカゴ大学に入学し、一九三五年に卒業した。シカゴ学派の草創期からのメンバーであるフランク・ナイトとヘンリー・シモンズのふたりが彼を自由市場経済学に引き込んだ。

サミュエルソンはハーバード大学の博士課程に進み、ヨーゼフ・シュンペーターとワシリー・レオンチェフのふたりの教授からまったく違う経済学を教えられる。しかし、アメリカのケインズ派の大御所アルヴィン・ハンセンの影響は特に大きかった。[*4] それまでシカゴ大学で学んできた内容が、ケインズ派の新しいアプローチと相容れないことをサミュエルソンは認識した。「最初はケインズ革命に抵抗したが、最後は説得されてしまった」[*5] とのちに語っている。そして素直に納得できなかった胸のうちをつぎのように回想した。「シカゴで訓練を受けた心はケインズ革命に必死で抵抗した。しかし結局、理性が伝統とドグマを打ち負かした」[*6]。当時のハーバード大学はケインズ派の若い大学院生で活気に満ちた場所で、将来のノーベル賞受賞者ロバート・M・ソローとジェイムズ・トービンも在籍していた。シカゴとハーバードのふたつの大学で学んだサミュエルソンは、当時の経済界で競合する二大学派の双方から影響を受けたことになる。

サミュエルソンは数学や物理で受けた正式な教育についてほとんど触れていないが、一九七〇年のノーベル賞記念講演でその一部を紹介した。それによると三〇年前、彼は「物理の様々な論文に目を通し」、ハーバードではエドウィン・ビドウェル・ウィルソンの講義で熱力学を学んだという。[*7] さらに第二次世界大戦末期には放射線研究所で物理の研究グループに参加して、「レーダー光軸のずれ」について研究した。[*8] しかし自分の経歴を疑われたくなかったのだろう、記念講演ではスウェーデンの聴衆に対して「私は物理学者ではない」と強調した。[*9]

しかしスウェーデン王立科学アカデミーで行なった講演のほうは、科学と大いに関係ある内容だった。この短い講演のなかで、彼は多くの優れた科学理論やその発見者——ガリレオ、ニュートン、ハイゼンベルグ、フェルマー、マクスウェル、ルシャトリエ——について触れている。のちに経済学賞選考委員会に提出したエッセイは、有名な科学者の名前を追加しようとする意気込みが感じられる内容で、プランク、ボーア、シュレディンガー、ド・ブロイ、ファインマン、フェルミ、クリックといった名前を挙げている。一九七〇年に〈ニューヨーク・タイムズ〉から「経済活動における統一場理論を考案した功績は経済学界のアインシュタインに匹敵する」と紹介されたときは、得意の絶頂だったにちがいない。[*10]

一九四〇年、サミュエルソンはマサチューセッツ工科大学（ＭＩＴ）に採用され、ここで学者としてのキャリアをまっとうした。そのキャリアはいかなる基準から見ても大成功だった。一九四七年にはジョン・ベイツ・クラーク賞を受賞し、米国経済学会の会長を務め、執筆活動では四七年に有名な学術書『経済分析の基礎』を出版し、ケネディ、ジョンソンの両大統領の経済顧問を務めた。六〇年に大統領に選ばれたケネディには、失業問題解決のため政府の支出を増やす政策を勧めた。具体的には防衛、海外援助、教育、都市再生、福祉、公共事業、ハイウェイ建設への支出を増加する一方で、住宅ローン金利の引き下げと国際収支の均衡を提言している。[*11]

サミュエルソンのキャリアは実に生産的だった。生涯を通じて何百本もの論文を執筆し、一九七〇年にノーベル賞を受賞したとき、その数はすでに三〇〇以上におよび、四冊の著書も上梓していた。しかしサミュエルソンが生産的だったのは仕事だけではない。妻のマリオン・クロフォードとの間には六人の子どもをもうけた。そのうちの四人は息子、さらにそのうちの三人は三つ子だった。息子がスポーツ活動で怪我をすれば、病院に連れていった。軽い怪我もあったが、傷口を縫う羽目になった息子に付き添って救急処置室で過ごした土曜日が、年に三回程度あったのではないかという。多忙な日々にもかかわらず、サミュエルソンは時間をやりくりして探偵小説を愛読し、ほぼ毎日テニスを楽しんだ。ノーベル賞が発表された日に報道陣がＭＩＴに押しかけたときには、ちょうどスタッフと乾杯していた。お気に入りのシェリー酒、ホーカーズ・アモンティリャードで喜びをかみしめていたのである。[*12]

教科書

サミュエルソンは数理経済学での功績によってノーベル賞を受賞したが、そもそも有名になるきっかけは教科書だった。この教科書は大学のキャンパスではすっかりお馴染みとなり、著者の名前で呼ばれることも多い。たとえば「うちの大学の経済学のクラスではサミュエルソンを使っているよ」という具合に。正式には『経済学──入門的分析』というタイトルを持つこの作品は空前のベストセラーとなり、教科書業界の様相を一変させた。一九四八年の刊行以来、およそ五〇年間で四一カ国語に翻訳され、売り上げは全体で四〇〇万部を超えた。教科書がここまで記録的な売り上げを達成したのはおそらくはじめてで、教科書が商売になることを出版社は学んだ。サミュエルソン単著としては最後になる第一二版が出版される以前から（以後の版にはウィリアム・ノードハウスが共著者として加わる）、経済学書の出版社はつぎのサミュエルソンを探し始めていた。

実際、今日の経済学の教科書の構成は、サミュエルソンの方式を踏襲している。彼の教科書は全体をミクロ経済学とマクロ経済学のふたつに分類したうえで、学部生の入門コースに必要な基本的アイデアを一通り網羅している。マクロ経済学の部分は標準的な定義とケインズ理論から構成され、ミクロ経済学の部分はアルフレッド・マーシャルの見方に近かった。サミュエルソンはこれを〝新古典派総合〟という言葉で表現したが、総合といってもほとんど説得力がなかった。結局は重要な点で、ケインズ派経済学とミクロ経済学は矛盾を解消できなかったのである。

『経済学』は科学的に客観的な姿勢を心がけているが、どうしても一部に著者の価値観が反映され、特に経済問題ではサミュエルソン独自の解決策が色濃く出ている。たとえば彼は、〝累進課税〟を奨励している。高額所得者ほど高い税率が課せられる制度であっても「金持ちになるために働く意欲を失わない」人はいるはずだと考えた。[*13] 一方、社会保障制度に関しては賦課方式(訳注　ある世代が受給する年金の財源を後の世代が負担するやり方)を勧めているが、これならほかの貯蓄システムと違ってインフレの影響を受けないからだ。さらに貧困プログラムに対しては「自活できない人に最低限の生活を保証するのは当然だ」といって暗黙の了解を与えた。[*14] これらの提言は証明可能な仮説というより、自明の真実として紹介されている。

サミュエルソンの『経済学』のあまりの売れ行きは保守派の経済学者を確実に刺激して、リベラルな立場がほとんど見られない点を非難された。たとえばオクラホマA&M大学は一九五〇年代のはじめに『経済学』の使用を禁じ、ウィリアム・バックリーは著書『イェールの神と人間』で『経済学』をこきおろした。[*15] 最近では経済学者のマーク・スコーセンが一九九七年、「この教科書でなされている提言は、今日アメリカが直面している経済問題の一部の発生に貢献した」と断定した。[*16] サミュエルソン自身、ミルトン・フリードマンやシカゴ学派などリバタリアンの保守的なグループとは明らかに距離を置いていた。ノーベル賞記念講演の結びでは「理論経済学を反動派が独占するべき理由はない」という無名の経済学者の言葉を引用し、[*17]「私は生涯を通じてこの警告を肝に銘じてきた」と認めた。[*18]

しかし実際のところ、サミュエルソンの教科書はリベラルなのではないか。何百ページにもおよぶ作品のかなりの部分は、完全競争や市場力学といった伝統的な理論の解説に費やされている。しかも自由貿易や制約のない市場には非常に好意的で、農業補助金の効果には疑問を投げかけている。ということは、自由市場への熱意に不快感を抱く左派の経済学者にとって、サミュエルソンは確実にヒーローとはかけ離れた存在になる。

注意深い読者は、『経済学』の執筆に携わった五〇年のうちに、一部の主題に関するサミュエルソンの見解が変化していることを指摘している。たとえば一九四〇年代に連邦政府予算を使って実施された安定化政策が、五〇年代には連邦準備制度理事会に引き継がれて成果を挙げたことを認めるようになった。また、貨幣の役割を評価する気持ちも次第に強くなったようで、経済成長のためには貯蓄が必要であることを認めている。そして成功するにつれて寛大になったのか、アーヴィング・フィッシャー、フリードリヒ・A・フォン・ハイエク、ルードヴィヒ・フォン・ミーゼスらが信奉するような、自分とは反対の見解について紹介するスペースが増えていった。第九版では、ミルトン・フリードマンの『資本主義と自由』に好意的な記述さえ見られるようになった。[*19]しかしだからと言って、サミュエルソンの教科書の大きな目的が変わったわけではなかった。『経済学』は、ケインズ経済学やミクロ経済学についての彼なりの解釈を将来の世代の大学生に伝えるための特別な演壇だった。シルヴィア・ナサールとのインタビューで、彼はつぎのように説明した。「誰が国家の法律を書こうが、誰が大事な条約を起草しようが、自分には関係ない。私は経済学の教科書を書ければそれで満足だ[*20]」

経済学と古典力学

サミュエルソンはほかの優れた経済学者のように経済学の新しい分野を発明したわけではないが、多くの分野で多大な貢献をしたことを選考委員会のアサール・リンドベックは評価した。他人が設定した問題を解決するときも、他人が解決する問題を設定するときも、常に彼は数理経済学のフロンティアを前進させた。消費理論、一般均衡、資本理論、経済成長や経済動学など、彼の貢献は様々な領域に及んでいる。では、それはどんな意味を持つのか。

サミュエルソンの貢献の多くは、抽象的な公式や数学的な証明の形をとっている。比較的素直な概念にもとづいているものは一部にすぎない。一例に〝顕示選好〟理論がある。昨日購入したものをすべてリストアップしたとしよう。そのリストに経済学者は商品バスケットという風変わりな名称をつけている。あなたは同じ金額で他の財を購入することもできたが、他の組み合わせよりも今の商品バスケットの組み合わせのほうを優先した。なぜそれがわかるのかといえば、ほかの財を選ぼうとしなかったからだ。経済学の言葉でいえば、あなたは購入を選択しなかった財に比べ、実際に購入した財に対する顕示選好を持っていることになる。この程度では、とても大発見のようには思えない。実際、顕示選好理論は、経済的な洞察ではなく数式としての斬新さのほうを評価された。[*21]

一方、経済学賞選考委員会は、経済成長に関してサミュエルソンが構築したモデルの素晴らしさも認めている。サミュエルソンと同時代の経済学者は、経済成長へのふたつのアプローチに特に関心を寄せた。〝黄金律〟と〝ターンパイク理論〟である。どちらも、最高レベルの繁栄をもたらし、それを将来まで継続させてくれるような貯蓄率を確認したいという気持ちが出発点になっている。貯蓄率ゼロは低すぎる。資本や設備を使いきったら後には何も残らない。逆に貯蓄率一〇〇パーセントでは高すぎる。何も消費できないからだ。最適の貯蓄率はその中間ということになるが、では具体的にどの程度だろうか。経済学者によれば、それは最高レベルの経済的繁栄が将来のすべての世代に持続的にもたらされる貯蓄率で、〝黄金律〟と定義された。そして分析を進めた結果、人口が増えているときや資本が縮小しているときには黄金律の貯蓄率を引き上げ、技術が進歩しているときには引き下げるべきだという点も明らかにされた。すべては理にかなっているように思えた。

ターンパイク理論は、これとは別のコンセプトである。たとえば将来、一人当たりの消費率を黄金律の予測よりも増やしたければ、いまの世代は貯蓄を増やさなければいけない。その場合、ふたつの選択肢が考えられる。少し高めの貯蓄率を長期間にわたって採用するケースと、かなり高めの貯蓄率を短期間だけ採用するケースのいずれかである。分析の結果、経済学者たちはどちらも選べるという結論に達したが、その一方、非常に高い貯蓄率を限定的に採用することが最適の経済刺激策になる事例がいくつか確認された。これがターンパイク理論である。車で遠出をするときには、途中でターンパイク（高速道路）を使うほうが、距離は長くても所要時間が短くなることに由来した発想である。

サミュエルソンはこのような様々な問題に意欲的に取り組んだが、そこには一貫して変わらないテーマがあった。物理と同じような形で問題を提起して、解を導き出すことである。経済学の用語さえ、物理学を模倣した。基礎物理学で静態は静止している物体、動態は動いている物体を指すが、経済学の場合、静態は均衡状態の市場、動態は経済成長を意味した。アサール・リンドベックはこの点について、つぎのように語った。「ある意味サミュエルソンの貢献は、経済のプロセスと古典力学の力学系の類似を応用したことだ」[*22]。しかし、物理学と経済学の類似はどこまで成り立つのだろうか。物理学の要素が加われば、経済学がまるで科学のように見えることは間違いない。しかしそこから、現実の世界についての重要な洞察が得られるだろうか。

物理学者と違い、経済学者は自然の法則に頼ることができない。自分で法則を発明するしかない。ほかの経済学者と同じくサミュエルソンも、経済成長をはじめとする興味深い問題を定式化し、そこから解を導き出せるような関係を仮定しただけである。その結果が現実の経済と関係あるかどうかについては、関心がなかった。経済理論とは抽象的なものであり、実際のデータを使って理論を応用するのは他人の仕事だと信じていた。

サミュエルソンは経済学に物理学の視点を取り入れた功績を高く評価されたが、その一方、他人が同じような研究をしても高く評価しなかった。「経済学者や引退したエンジニアが物理学と経済学の類似点を何とか見つけ出そうとしている様子は、実にあわれだ」と言ったこともある[*23]。経済学なら何でも物理学の問題に置き換えて、解を見出せるわけではない、とサミュエルソンは言う。役に立つ類推と単なる奇抜なアイデアの違いくらいは理解しなければならない、と。

現実の世界では、経済成長の最適化は容易ではない。ターンパイク戦略にしても日本のような一部の国にはきわめて有効かもしれないが、ソ連のような国では惨めな失敗に終わった。貯蓄率と投資率の高さはどちらにも共通していたが、適用結果はこれ以上ないほどかけ離れてしまった。日本は繁栄し、ソ連はもがき苦しんだ。完全な貯蓄率を見つけるだけでは経済成長は実現しない。明らかにほかの要素も関わっている。国家は貯蓄をどのような形で投資して、経済を形作っていくか。これもまた見逃せない問題である。

経済学の研究がいくら物理学の忠実な模倣を目指しても、どうしても大事な問題がひとつ解決されずに残る。物理の研究においては、高度な数学的テクニックの価値と必要性に疑いの余地はない。しかしそれは、経済の仕組みの実態について何を教えてくれるのだろうか。そんな疑問を抱いた〈ニューヨーク・タイムズ〉のレナード・シルクは、「人間や組織の行動は、本当にこんな仕組みなのだろうか」と問い質した。熱力学や古典力学の秘密を解き明かすために使われるツールが、人類の経済生活の質を改善するための洞察を提供してくれるものだろうか。どんな回答が得られるにせよ、これは「経験によって証明される問題であり、サミュエルソン教授はこの現実と向き合っていない」と指摘した[*24]。

報道陣は頻繁にサミュエルソンの言葉を引用し、インタビューを行なった。彼が特に好んで標的にしたのが政治指導者だった。経済学の基礎さえ理解しているようには思えなかったからだ。ノーベル賞受賞後の記者会見では、「人類が経済を再生させるための運動に取り組んでいるときに、なぜニクソン氏は行動を共にしないのだろうか」と語ったという[*25]。それから二三年が経過しても遠慮するどころか、レーガン大統領を厳しく非難した。減税すれば歳入が増え、しかも巨額の赤字は発生しないという幻想を選挙民に信じ込ませたからである。[*26] そして「神はレーガンをお許しになると国民は考えているが、それは間違っている。レーガンは自分が何をしているかわからなかったというが、それはどうだろう。何が起こっているのかよくわからなかったのは事実かもしれないが、それでも責任は重い[*27]」

サミュエルソンの気の利いたコメントは、大統領以外の人物にも向けられた。一九八〇年代から九〇年代にかけて、高すぎる税金が経済活動の停滞を招いているという見解をサプライサイド経済学者が広めた。これに対してサミュエルソンは反論した。「アメリカはまだ課税の限界に近づいていない。ペニヒ（訳注　ドイツの補助通貨。一〇〇ペニヒで一マルク）硬貨を一枚加えたところで、ラクダの背中が折れるわけではない[*28]」。そしてベトナム戦争ほどお金の無駄遣いはないと信じ、こう嘆いた。「この国にはやるべき課題が山積みだ。ベトナムで穴を掘ってそこに金を捨て続けるなんて、実に馬鹿馬鹿しい[*29]」

一九七〇年にサミュエルソンがノーベル賞を受賞して、賞金七万八〇〇〇ドルを獲得しても誰も驚かなかった。すでに彼は教科書で有名人になっていたし、ケインズ派経済学のスターとして経済学では知られた存在だった。驚く要素があるとすれば、一九六九年の第一回目の経済学賞を与えられなかったことだろう。多くの点でサミュエルソンは経済学者のなかの経済学者であり、学問的成功のモデルとも言える存在である。経済学への偉大な貢献は、二〇〇九年に九十四歳で没したとき正しく評価された。

ロバート・M・ソロー（一九八七年受賞）

経済が急速に成長する地域と、衰える地域があるのはなぜだろう。しばらく急成長を続けた後、景気が減速する国があるのはなぜだろう。成長の理由を決定するのは経済学のまさに土台とも呼べる作業で、アダム・スミスもジョン・メイナード・ケインズも同じ問題に頭を悩ませてきた。スミスの効率市場もケインズの総需要も、長期的な経済成長には間違いなく重要な要素である。しかし、もっとほかの要素もあるはずだ。成長を達成し、国が経済的な富を得るための秘密は何か。「成長理論の研究者たち」がこの問題に取り組んでいた一九四〇年代から五〇年代、ロバート・M・ソローはまだMITの若き経済学者だった。

新古典派成長モデル

この疑問の解決にまず大きく貢献したのが、ふたりの経済学者だった。ロイ・F・ハロッド卿とエブセイ・ドーマーは、一九三九年頃にそれぞれ独自の研究成果を発表した。そこから誕生したハロッド＝ドーマー・モデルは、ふたつのシンプルな尺度、すなわち貯蓄率と資本の生産性を国家の成長率とはじめて数学的に結びつけた。ふたりが発見した経済成長の秘密は、貯蓄を増やすと同時に、資本をもっとたくさん、もっと上手に投資することだった。これは特に意外な結論ではない。貯蓄のない国家は、道路、鉄道、オフィス、工場、ビジネス用コンピューターなどに投資できない。なぜなら理論上は、生産したものをすべて消費に回しているからだ。このハロッド＝ドーマー・モデルにはふたつの長所があった。きわめてシンプルで、しかも理にかなっていた。

しかしそれで十分とはいかなかった。基本的な結論には納得できても、方程式の数学的な質に問題があった。経済の成長率と労働力の成長率がたまたまぴったり一致するときだけしか、均衡成長は実現しなかった。ふたつの成長率（経済と労働力）が食い違うと、モデルはたちまち形が乱れ、失業率が上昇したりインフレ率が高まったりする傾向が確実に表れる。これではモデルとしての信頼性がなかった。

この欠点に頭を悩ませた若き経済学者のひとりが、ロバート・M・ソローだった。彼はノーベル賞記念講演で、一九五〇年代に「経済成長理論に取り組むようになった背景には」いま指摘したような理由もあったことを紹介した。そしてもうひとつ、ハロッドとドーマーが指摘する成長と貯蓄の間の密接な関係が、ソローには納得できなかった。では一体なぜ貯蓄の役割に悩むようになったのか。残念ながら、講演を行なう頃には「どうしてなのか正確には思い出せなく」なっていた。なぜかわからないが、気になったことだけは確かだったのである。[*30]

ハロッド＝ドーマー・モデルは前提がいたってシンプルなので、修正が容易だった。ソローが異なった前提をいくつか加えるだけで、かなり異なる結果が引き出された。このときソローはミクロ経済学の観点から、資本と労働は代替的であり、それらの費用は生産性に応じて支払われるという前提を立てた。その結果として出来上がったモデルは、もはや貯蓄率にも資本の生産性にも直接左右されなかった。実際、どちらも大した影響力を持たなくなった。新しいモデルで経済成長を支えるのは、労働力の成長、労働の生産性、技術の進歩の三つの変数である。このソローのモデルは安定性にも優れ、乱れても均衡状態が回復された。これらの結果をまとめた方程式は一九五六年と五七年の論文で紹介され、〝新古典派成長モデル〟として知られるようになった。

ところが発表とほぼ同時に、ソローはこの革新的な理論を後悔するのだが、すでに遅すぎた。ハロッド＝ドーマー・モデルに代わる安定したモデルを探し求めていたミクロ経済学者の間で、新古典派成長モデルはたちまち評判をよんだ。ソローにとって何が問題だったのかといえば、この理論の安定性だった。あまりにも安定しすぎていたのだ。そのため、ケインズ理論ではお馴染みの景気後退や不況が発生する可能性が事実上なくなってしまった。この点は、カーター政権で経済諮問委員会の委員長を務めたチャールズ・シュルツもよく理解していた。投資が多少衰えても景気後退が発生しないことをソローは解明したが、これはケインズ派理論の前提に反するというコメントを寄せた。[*31]

要するに、ケインズ派経済学者であるソローが考案した長期成長モデルは、ケインズ理論を無視したもの、いや矛盾したものだったのである。後日ソローは、有効需要といったケインズ理論にもっと注意を払うべきだったと認めるようになった。しかしそれがまったくの偶然ではなかったことを認めるかのように「正直に言えば、当時はああいうモデルが必要だと思っていた」と打ち明けている。[*32] 基本的にソローのモデルは、失業やインフレなど現実世界の厄介な問題をマクロ経済から取り除いたミクロ経済学的なモデルだと言ってもよい。自分の長期成長モデルとケインズ経済学との間に折り合いをつける問題は「まだ解決されていない」とソローは考えた。[*33]

ソローの成長モデルは、ほかにも奇妙な特徴を備えていた。「ソローの理論の教えによれば、貯蓄しても成長率に大して影響しないそうだ」とデイヴィッド・ワーシュは〈ボストン・グローブ〉紙上で指摘した。[*34] 実際、そんなことがあり得るのだろうか。成長にとって、国民の貯蓄は本当に無関係なのだろうか。ソローは、貯蓄率が高くなれば経済活動のレベルが短期間上昇するかもしれないが、「高い成長率が恒常的に維持されるわけではない」[*35]と指摘して持論を正当化している。これは貯蓄率の黄金律ともターンパイク理論とも矛盾するもので、にわかには信じがたい。貯蓄率がゼロでは成長が保証されないことは、誰でもわかる。生産されたものがすべて消費されてしまうからだ。将来に向けた投資を生むためには、ある程度の貯蓄が欠かせない。やはり成長と貯蓄の間には関連性がある。少なくともこの点においては、ハロッド＝ドーマー・モデルのほうが現実的に思われた。

技術進歩と成長

ソローの新古典派成長モデルで特に重要な要素として新たに注目されたのが、技術の変化についてのアイデアである。ハロッド＝ドーマー・モデルはきわめてシンプルで、生産を貯蓄と資本のみに関連づけている。しかしそこにソローは、成長の源として技術の進歩を加えた。後日ソローらが行なった計算は、その前提の正しさを確認している。実際、アメリカの経済成長の二分の一ないし四分の三は、技術革新によるものだという結果が導き出された。これは大方の経済学者の予想を上回る数字だった。経済学賞選考委員会のメンバーであるアサール・リンドベックはこう語る。「こうした結果が五〇年代に発表されると、人びとの考え方に実に大きな影響を与えた。以後、多くの国の政府が教育と技術研究のレベル向上を目指すようになった」[*36]

ノーベル賞の発表後、ソローは自分の発見について記者団からコメントを求められ、「たとえばシリコンバレーみたいなものだ」と答えた。[*37]何も自分がシリコンバレーという場所やコンピュータ産業の発見に何らかの役割を果たしたと言いたかったわけではない。経済学者を刺激して、経済成長モデルにおける技術の重要性を評価するように仕向けたことを言いたかったのだ。研究開発や教育の重要性は決して新しいアイデアではないが、一九五〇年代に数学的成長理論を研究していた学者には驚くほど新鮮だったのである。MITでソローの同僚であるリチャード・エカウスはこう認める。「技術の重要性は誰もがわかっていた。しかしそれをどうやって経済分析に取り入れるべきか、それがどんなに重要な要因なのか、誰もわかっていなかった」[*38]。「ボブ・ソローの功績は、労働生産性の改善において、資本投資や技術変化がどれだけ貢献しているかを具体的な数字で明らかにしたことだ」とイェール大学教授でノーベル賞受賞者のジェイムズ・トービンは述べた。[*39]実際、技術は本当に重要なのだろう。

ではこうした一連の研究によって、私たちは経済成長の秘密を理解するようになったのだろうか。技術革新、教育、資本投資、自由市場、高い貯蓄率、あるいはこれらの要因の組み合わせによって成長が引き起こされることが、証明できるようになったのか。どの要因もすべて重要に思えるし、実際のところ常に重要だった。ここで問題なのは、数学的モデルでは現実世界の出来事を十分に説明できないことである。ノーベル賞受賞者のロバート・ルーカスが指摘する通り、私たちはまだ経済成長をきちんと解明したとは言えない。特にアジアの「奇跡」と呼ばれる香港、シンガポール、日本、韓国、台湾についてはうまく説明できない。[*40] これらの国々が目覚しい成長を遂げているのに、インドはなぜ遅れをとっているのか。[*41]「こうした経済の奇跡はいまだに多くの謎に包まれている……たとえば韓国は、どのようにして成功したのだろうか」。ルーカスはケンブリッジ大学での講義でそう問いかけた。[*42] ソローの成長モデルについて何百編もの論文が執筆され、技術の変化、革新、発明、発見的学習に関してさらに何百編もの論文が発表された今日、経済学者は経済成長を達成する方法について自信をもって発言できるようになったのだろうか。成長する国とそうでない国がある理由は、いまだに経済学で未解決の問題である。

　ソローの両親はどちらも大学に進学していないが、息子のソローは勉強ができた。そして高校生の頃には古典文学や様々な学問分野に興味を持つようになった。高校の文学の教師からはブルックリン・カレッジよりもハーバード大学への進学を勧められ、そのアドバイスに従った。ハーバード入学のための奨学金を獲得し、一九四〇年の九月に入学したときはまだ十六歳だった。[*43] 一九四二年、大学を終了しないうちに入隊し、一九四五年までアフリカ、シチリア島、イタリアで軍役に服した。

　戦争が終わってハーバードに戻ったとき、ソローはまだ専攻を決めていなかった。そして経済史家を目指していた妻の勧めで、経済学のクラスを受講することにした。[*44] これをきっかけに、彼の生活は一変した。一九四九年にMITで教授としてのキャリアをスタートさせ、やがてハーバードで学位論文を完成させると五一年に博士号を取得した。MITではポール・サミュエルソンと共同で研究を行ない、意見を交わした。MIT経済学部の優秀賞を受賞したソローは、つぎのように賞賛された。「ソローとサミュエルソンの知的なパートナーシップは、経済学の歴史のなかで最も生産的な関係として評価されなければならない」[*45]

ロバート・ソローもポール・サミュエルソンも自称ケインジアンだったが、どちらも新古典派経済学に大きく貢献したことはノーベル賞の受賞理由からもわかる。ふたりともケインズ派と新古典派経済学の両方に忠誠心を持っていたが、ふたつの学派のアプローチはいくつかの点で矛盾しないわけにはいかなかった。やがてMITの所在地であるマサチューセッツ州ケンブリッジで発生した矛盾は、もうひとつのケンブリッジ、すなわちイギリスのケンブリッジ大学の注目を集めるようになった。ケインズはすでに故人となっていたが、ジョーン・ロビンソンやピエロ・スラッファなどケインズの同僚は健在で、サミュエルソンやソローのいわゆる新古典派総合にまったく共感を示さなかった。賛成できない問題は少なくなかったが、特に気に入らなかったのが資本についての定義で、大西洋をはさんで激しい論争が展開された。MITのケインジアンは資本を抽象化して、工場、設備、オフィスビル、コンピューターなどの生産資源をまとめ、ひとつの資本として見なした（それぞれを貨幣価値に換算して合計したわけではない）。イギリスのケインジアンにとって、そんなものはまったく無意味だった。

何年も激しい論争を戦わせ、次第に争点がぼやけてきた挙句、いわゆる「ケンブリッジの資本論争」はどちらも疲れて決定的な勝利を手に入れないまま終了した。ソローはノーベル賞受賞スピーチのなかで「エピソード全体が、今となっては時間の無駄だったとしか思えない」とまとめた。[*46] 結局、どちらの陣営も経済モデルの目的を見失っていたようだ。いかなるモデルも現実の世界で発生する出来事との関わりが欠かせない。そんな現実的な羅針盤もない状態で、論争は痛ましいほど非現実的だった。

ソローは研究上ではケインジアン的な見解を除くこともあるが、政策提言に関しては典型的なケインジアンである。経済諮問委員会での二年間を皮切りに、景気を刺激するための減税や歳出増加プログラムに貢献した。そして後年には、企業や高額所得者を対象にした減税を目指すレーガノミクスやサプライサイド経済学に強く反対した。あるときには「レーガノミクスなんて、単なる思いつきだ。それ以上のほめ言葉は考えられない」と語り、大幅な減税と巨額の財政赤字のせいで「我々はこの六、七年というもの、ずっと墓穴を掘ってきた。そこから這い出すまでには今後何年もかかるだろう」と警告を発した。[*47] ソローは、レーガン政権と正反対の行動を救済策として提案し、「増税は必要だ」と強調した。[*48] そして最後にはこう不満を漏らした。「経済学者の見解は政府の日常業務になかなか取り入れてもらえない。実に残念だ」[*49]

ソローのノーベル賞受賞に関する記事のほとんどすべてが、彼のユーモアセンスと気の利いたウィットについて触れている。「ソロー氏を知る人は、口をそろえて最高のナイスガイだと絶賛する」と〈ニューヨーク・タイムズ〉は社説で紹介した。ソローは学生たちとの研究を楽しみ、義務が免除される地位に昇進しても大学生向けの講座をもち続けた。ノーベル賞記念講演では、学生と過ごす時間がなければ研究の生産性は二五パーセント向上していたと思うと、特に残念そうでもない様子で語った。[*50] 実際、やめるつもりなどなかった。研究以外の場所でも彼は人生を謳歌している。マーサズ・ヴィニヤードの自宅に妻や三人の子どもたちと滞在しているときには、大好きなヨットを存分に楽しんでいる。[*51]

ジェイムズ・トービン（一九八一年受賞）

ストックホルムでノーベル経済学賞が発表されると、その日のうちに全国からメディア関係者が受賞者のもとを訪れ、研究についての解説を求めるのが恒例になっている。一九八一年、イェール大学のジェイムズ・トービンは詰めかけた報道陣に、一般均衡におけるポートフォリオ理論への貢献について説明を始めた。まったく理解できない記者たちからもっと簡単に説明してくださいと頼まれると、今度はややハードルを下げすぎてこう言った。「つまり、すべての卵をひとつのバスケットに入れるな、ということだよ」。[*52] 翌日、ラジオのニュースでこの言葉が引用されたのを私はいまでも覚えている。そのとき記者はつぎのようにコメントした。ちょっと信じられないかもしれないが、どうやらこれがノーベル賞の受賞理由らしい。

卵をいろいろなバスケットに分散しておくべきだという類の話を経済学者から聞く機会は滅多にない。表向き経済学者が語るのはポートフォリオの多様化だが、伝えたい内容はどちらも同じである。ところで、ポートフォリオの多様化を重視したのはトービンが最初ではない。やはりノーベル賞受賞者のハリー・マーコウィッツである。トービンがこの学説を利用したのはケインズ理論のパズルを解き明かし、人びとが貨幣を手元に置きたがる理由を説明したかったからである。

経済学者にとって、貨幣は一般に流動的な支払い手段を意味するもので、たとえば店で使われる現金や小切手がそれに該当する。誰でも知っているように、現金はモノを購入する手段として便利なものだ。しかし経済学者は、人びとが必要以上に貨幣を手元に置いているのではないかと考えた。これはかなり不合理な行動だった。手元に貨幣を残しておいても、利子などの利益が発生するわけではない。必要最小限の貨幣を手元に残し、後は貯金したり債券などの投資にまわしたりするのが賢明ではないか。それなのになぜ、人びとは必要以上の貨幣を手元に置くのだろうか。

かつての経済学者と同じくケインズも、貨幣需要が発生するのはモノを購入するためだと理解していた。そしてもうひとつ、人びとは不測の事態に備えて貨幣を手元に残しておくことにもケインズは気づいた。近いうちにほかの資産の価値が失われたときのための保険だ。ケインズはこれを貨幣に対する〝予備的需要〟という言葉で表現した。[*53] 金利が低いとき、人びとは特に多くの通貨を手元に置きたがるものだという。[*54] これを〝投機的需要〟または

貨幣需要が金利に左右されることはトービンも認めたが、貨幣を手元に置きたがる理由を彼はもっと単純に考えて、[*55] ふたつの説明を追加した。まず、通貨で債券を購入するときや債券を売却して貨幣に戻して保有するときには、たいていコストがかかる。転換にかかるコストが高ければ、

引き出すたびに目減りするよりは資金を手元に残しておくほうが賢明である。

二番目の説明では、ポートフォリオのほかの資産と同じように貨幣を扱った。手元に残しておいても利益率はゼロかもしれないが、リスクは低い。だから、ほかの資産と組み合わせてバランスの良いポートフォリオを形成する手段として、貨幣需要が発生するのだ。特に金利が低いときはほかの資産の価値が下がるので、貨幣はかなり重宝される。これはケインズと同じ結果だが、よりわかりやすい。[*56] スウェーデン王立科学アカデミーのアサール・リンドベックは、ポートフォリオの概念をケインズ経済学に導入した功績をトービンのノーベル賞受賞理由のひとつとして紹介した。[*57]

トービンのq

ほかにもトービンは、企業の重要な決断に関わる洞察を評価された。企業が業務を拡大したいときには、ふたつの選択肢が考えられる。ひとつは新たな投資で、そこでは新しい建物や設備、従業員の確保が必要とされる。そしてもうひとつは既存の企業の買収で、その場合には建物も設備も従業員もすでにある。どんな基準で企業は決断を下すだろうか。トービンは、その決断がふたつの選択肢の相対的なコストに影響されるはずだと考えた。

これはちょうど、将来家を持つための決断と同じである。中古住宅を購入する費用が二五万ドル、同じ家を新築する費用が二〇万ドルならば、新築するべきだ。企業の場合、既存の企業を買収するためのコストは株式市場が評価する企業の市場価値に相当し、新しい企業を立ち上げるためのコストは〝再取得価格〟に相当する。市場価値のほうが低ければ、企業を買収するほうが得になるし、再取得価格のほうが低ければ、新しい企業を立ち上げるほうが得になる。トービンは市場価値を再取得価格で割った値を採用することによって、ふたつの比較を容易にした。この値は〝トービンのq〟として知られる。

たとえば会社を始めようとするとき、既存の会社を買収するのと新しい会社を立ち上げるのとどちらが安くすむか、トービンのqを使って計算すれば明らかになる。そして経済全体を対象にする場合には、企業が買収を行なう場合と新たに投資する場合と、平均すればどちらのほうが得か、トービンのqがある程度の参考になる。[*58] ちょっと難解な印象を受けるかもしれないが、この選択は経済的に重要な結果をもたらす。企業が吸収合併を通じて拡大すれば、それは単に所有権が移行するだけである。しかし企業が新しい工場や建物を建設すれば、新たな雇用が創出されて収入の増加にもつながる。トービンのアイデアはイェール大学経済学部の大学院生の間で人気が高かった。学生たちはトービンに敬意を表して小文字の「q」がプリントされたTシャツを着用するようになった。

実際には、企業の合併が増えたり減ったりする背景には多くの理由があり、トービンのqもそのひとつにすぎない。しかしアサール・リンドベックによれば、一九七〇年代にスウェーデンで投資率が低くなった理由は、トービンのqで説明できるという。トービンのノーベル賞を発表するとき、リンドベックはつぎのように説明した。当時スウェーデンでは株価が安かったので、新たな事業を立ち上げるよりは株を購入するほうが安上がりだった。その結果、スウェーデンでは投資も経済成長も振るわなくなったのだという。[*59]

トービンが興味を持ったのは、人びとが貨幣を手元に置きたがる理由や企業の成長パターンだけではない。自分の構築したマクロ経済モデルで経済政策を試してみたいと心から望んでいた。いろいろなアイデアを組み合わせて方程式を作れば、さらに正確なモデルが出来上がり、さらに役立つ洞察や予測が得られるはずだと期待したのである。一九五〇年代から数十年間にわたり、トービンに代表されるケインズ派経済学者とフリードマンに代表される古典派経済学者は、最高のマクロ経済モデルを構築するために競い合ってきた。ケインズモデルはいずれも政府の介入によって経済が改善されることを「証明した」が、古典派モデルはいずれもその反対を「証明した」。いくら論争を繰り返してもモデルがますます複雑になるだけで、勝者がはっきりしたケースはほとんどなかった。経済学賞選考委員会はどちらにも味方せず、両陣営にノーベル賞を与えるにとどまった。

ふたつの異なった経済モデルがまったく正反対の結果を導き出すことは、たとえ考案者がノーベル賞受賞者だとしても十分にあり得る。たとえばトービンは、自分が一九八一年にノーベル賞受賞スピーチで紹介したモデルが、ロバート・マンデルの考案したモデルと正反対だと指摘している。それでも一八年後の一九九九年、マンデルはトービンが「反証した」とされるモデルを理由にノーベル賞を受賞した。[*60] 前提をうまく工夫すれば、経済学者はほとんど何でも「証明できる」ことがトービンの発言からはわかる。だから、どのモデルも多少疑ってかからなければならない。トービンもそのことには気づいていたようで、ノーベル賞記念講演のなかで、「経済学を連立方程式で表現しようとすると、どうしても信用性に乏しくなる」と指摘している。[*61]

保守派の経済政策に対するトービンの批判はフリードマンから始まり、レーガン政権の間じゅう続いた。「フリードマン氏と弟子たちの提言は経済に悪影響をおよぼしている」と不満を述べ、[*62]レーガンの政策は「金持ちや権力者に富や権力を再配分する」役にしか立たないといって反対した。[*63]トービンは一九六〇年代に展開された「偉大な社会」構想には賛成で、富裕層のための減税よりは食料配給券制度を好んだ。[*64]一九八一年には、レーガン政権の減税と連邦準備理事会の金融政策の効果は「経済成長を促すほどには金利を低下させず、結局は景気が後退する」といって警告した。[*65]実際、トービンの警告は正しかった。最終的に金利は下がり経済が回復するが、その前に一九八一年から八二年にかけて経済は深刻な停滞期を経験したのである。

トービンはイリノイ州アーバナの有力な高校に通う幸運に恵まれた。ここは大学の教育学部の付属校で、大学教職員の子弟が主に通っていた。トービンのほかに、ふたりのノーベル賞受賞者も卒業生である。ひとりは物理、もうひとりは医学の分野で受賞した。ここの教育は、トービンがハーバード入学のための奨学金を全額支給されるのに役立った。ちょうどハーバードは、学生の出身地の多様化を進めていた時期だった。一九三五年九月、十七歳のトービンは列車でハーバードに向かった。

一九三〇年代に青春時代を過ごした経験は、トービンに大きな影響をおよぼした。大恐慌のなかでも最悪だった一九三二年、母親は双子都市として有名なアーバナ＝シャンペーンの役所での仕事に復帰した。「大恐慌時代の資本主義経済の惨めな失敗が、世界中の社会や政治を混乱に陥れた根本原因だ」とトービンは確信した。[66] 彼にとって経済学が魅力的だったのは知的好奇心のせいでもあったが、「理解を深めれば人類のために役立つ」と信じたためでもあった。[67] こうした価値観を抱いて成長したトービンは、ハーバード大学の二年生になってはじめて読んだケインズ経済学の考え方にたちまち魅せられた。さらにハーバードでは、国内最高の経済学者たちの教えを受ける幸運にも恵まれた。一九三〇年代のハーバードには、ヨーゼフ・シュンペーター、エドワード・チェンバレン、アルヴィン・ハンセン、将来ノーベル賞を受賞するワシリー・レオンチェフなど、錚々たる顔ぶれがそろっていた。おまけに大学や大学院にも優秀な学生が多く、ジョン・ケネス・ガルブレイスやポール・サミュエルソンの姿もあった。

第二次世界大戦に向けて戦時経済の準備が必要になってくると、連邦政府では計画の立案や価格統制を担当する優秀な専門家の需要が生まれた。一九四一年、トービンは首都ワシントンからの呼びかけに応じ、民間経済を戦時生産体制へと移行する作業の監督を手伝った。しかし国に奉仕したい気持ちが募り、海軍予備役に登録した。そして戦争中は兵科将校から駆逐艦USSカーニーの副司令官にまで昇進し、大西洋と地中海で護衛任務に当たり、さらに北アフリカと南フランスへの侵攻作戦にも参加する活躍ぶりだった。戦争が終わると四七年にハーバードの博士課程を修了し、イェール大学の経済学部に採用されてキャリアをここでまっとうした。

一九六一年、ケネディ大統領から経済諮問委員会に誘われると、トービンは謙虚な態度で正直にこう語った。「大統領、あなたは人選を間違っています。私は象牙の塔で暮らす経済学者ですよ」。しかし大統領はそのくらいでひるむような人物ではなく、「それはよかった。私だって象牙の塔で暮らす大統領だからね」と応じた。[*68] そんなケネディのウィットが決め手となり、トービンはイェール大学の象牙の塔から降りて、ケネディの委員会に仕えた。当時の委員長はウォルター・ヘラーで、スタッフのなかには将来ノーベル賞を受賞するケネス・アローとロバート・ソローのふたりも含まれていた。このオールスター級の学者たちの集団はどんなアイデアを提案しても、驚くほどすんなりと採用された。委員会は景気を刺激するための減税を実現させることにも成功し、大きな成果を上げたと言ってもよい。しかし目覚しい成果にもかかわらず、トービンはここに長くとどまらず、わずか一年半で大学に戻った。「一週間に七日、毎日一五時間働く生活」は彼にも家族にも負担だった。当時すでに彼は四人の子持ちになっていたのである。[*69]

トービン税

一九七二年にトービンが行なった提案は、驚くほどの大評判になった。ただし、それは本人の期待とは異なる形の評判だった。このときトービンは、国際通貨市場のすべての取引に低率の税金を課して、投機目的の取引を抑制することを思いついた。国際通貨市場はとにかく巨大で、毎日総額一兆ドルを超える金額が取引されているが、そのかなりの部分が投機目的だった。[*70] その結果、見境のない投機活動が本来発生するはずのない危機を創造し、問題を引き起こすこともあった。そこでトービンは取引に課税すれば、国際通貨市場の取引関係者のアニマルスピリッツもくじかれるのではないかと考えたのである。

このいわゆる〝トービン税〟は、自由貿易に反対する団体（ＡＴＴＡＣ、市民を支援するために金融取引への課税を求める組織〉によって新たに注目を集めることになった。フランスを拠点として二万七〇〇〇人のメンバーを擁するATTACは、トービン税の導入を重要な使命と考えたのである。二〇〇〇年にこの提案はフランス財務相から拒絶されるが、同年の欧州議会では導入まであと六票というところまで迫った。[*71] 〇・二五パーセントの税金が実現していれば、一年でおよそ二五〇〇億ユーロの調達が可能となり、ATTACはそれを国際援助に回したいと考えていた。

トービン税には反対もあった。たとえば〈ヨーロピアン・ウォールストリート・ジャーナル〉からは「いくら叩かれても死体の山から立ち上がってくるバンパイア」と評された。[*72] そしてMITのアメリカ人経済学者ラディガー・ドーンブッシュはトービン税を「時代に逆行する」もので、「反動的かつ安っぽいリベラリズム」に根ざしているとした。[*73] これに対してトービンは、自分は自由貿易に反対するわけではない、通貨の投機という非生産的な行動を抑制したかっただけだといって反論した。そして「私はハイジャックされたようなものだ。グローバリゼーションに反対するような革命に、私はまったく共感できない」といって抗議した。[*74] 実際トービンは、「私は自由貿易主義者」だと強調した。[*75]

トービンは一九八一年にノーベル賞を受賞した。[*76] 妻のエリザベス・フェイ・リンゴは集まった記者たちに、こんなエピソードを披露した。イェール大学で講義があるとき、夫はシアーズ社の三段変速の自転車で通勤するのが習慣だったが、春に大事な自転車を「盗まれて」から、それができなくなった。でもようやく、これで代わりの自転車を購入する余裕ができた[*77]という。たしかにその通りで、望むならグレードアップも可能だった。この年の経済学賞はトービンが唯一の受賞者だったので、賞金一八万ドルを独り占めできた。

トービンはひたむきな研究者であると同時に熱心な教師でもあった。一九八八年にイェール大学を正式に退官した後も、名誉教授として教え続けた。[*78] そんな彼は学生からも同僚からも慕われ、頭脳明晰ながら謙虚な人柄を賞賛された。[*79] 二〇〇二年三月十一日、ジェイムズ・トービンは八十四歳で亡くなった。[*80]

フランコ・モディリアーニ（一九八五年受賞）

家計の研究は古くから行なわれてきたが、貯蓄率は富裕層で最も高く、貧困層で最も低いことはよく知られていた。このパターンが正しいならば、収入が増えるにつれて個人の貯蓄率も増加して、やがては国全体の貯蓄率も増加するはずだ。ところがノーベル賞受賞者のサイモン・クズネッツが一九四〇年代に各方面から集めたデータでは、こうした展開は認められなかった。富や収入のレベルが上がっても、アメリカの貯蓄率は一八五〇年代からほとんど変化していなかったのだ。この思いもよらない展開は、独創的な発想の原動力となった。たとえばミルトン・フリードマンが考案した理論は、ノーベル賞の受賞理由として評価された。一方イタリア人経済学者フランコ・モディリアーニは、反対の立場からシンプルな説明を試みて、一九八五年にノーベル賞を受賞した。

一九五〇年代に教え子のひとりリチャード・ブルンバーグとイリノイ大学で研究を続けていたモディリアーニは、貯蓄率が、年齢、より正確にはライフサイクルの段階に応じて決まることに着目した。たとえば若い家族は家や車や家具を購入するために借金をして（ネガティブな貯蓄）、それを一生の間に清算する（ポジティブな貯蓄）。やがて退職すると、蓄えてきた富を生活費に回すため、貯蓄はふたたびネガティブに転じる。要するに、家族が収入的に最も厳しい時期――まだ若いときと高齢に達したとき――には、貯蓄はネガティブな状態になる。それ以外の時期では貯蓄はかならずポジティブな状態で、収入に比例して変化していく。その後に行なわれた他の研究でも、モディリアーニの発見の正しさを裏付けるような結果が見られた。中年層の貯蓄率は比較的安定しているが、高齢者や若年層の貯蓄率は低く、貯蓄の取り崩しさえ見られた。[*81] モディリアーニの〝ライフサイクル理論〟は、実際に観察される貯蓄パターンをシンプルな形で説明した。[*82]

しかしモディリアーニは、国民所得の増加が国民貯蓄率の上昇につながらない理由も解明しなければならなかった。そして観察の結果、どの世帯も収入が増えると貯蓄を増やす一方で、借金も増やしていることに注目した。だから最終結果は、国民貯蓄率にほとんど影響しないのである。これならクズネッツが突きつけた難問も、うまく解決できるように思えた。

このモディリアーニのモデルは人間の行動として筋が通っていたので、多くの経済学者からただちに支持された。ポール・サミュエルソンは「一九五〇年代以降、アメリカ人の生活は大きく変動してきたが、そこで何が発生しているのか最もわかりやすい形で説明されている」といって評価した。[*83] 同じくノーベル賞受賞者のジェイムズ・トービンは、「その日暮らしでもないかぎり、人びとは退職後に備えて（収入を）うまくやりくりすることがわかった。常識的な説明だ」と語っている。[*84]

政府の退職者支援プログラムの効果をめぐる政策論争においても、貯蓄は中心的なテーマになった。一九八五年、経済学賞選考委員会のアサール・リンドベック委員長は、スウェーデンで導入された包括的年金プログラムが貯蓄率の低下を招いたと非難した。一九六〇年には七パーセントだった貯蓄率が、当時ゼロにまで低下していた。「スウェーデン国民は老後に備える必要がなくなったから、まったく貯蓄しなくなった」[*85]とリンドベックは考えたのである。これとは対照的にモディリアーニは、アメリカの社会保障プログラムを熱心に支持した。貧困者により手厚い手当てが支給されるのは良いことだと考え、プログラムの民営化には強く反対した。[*86] 社会保障のせいで貯蓄を減らそうとする人が出てくる現実は理解していたが、早期退職を奨励すれば貯蓄の奨励にもつながると提案した。

ところで一九五〇年代には、もうひとつの問題、企業の資金調達のための理想的な戦略をめぐって学者たちの意見が分かれていた。企業は社債や株式の発行によって資金の調達を目指すが、一体どの戦略がよいのだろうか。当時カーネギー・メロン大学に在職していたモディリアーニは同僚で将来のノーベル賞受賞者マートン・ミラーと共同で研究を行ない、完全市場を前提とした回答を導き出した。答えはいたってシンプル。企業が社債を発行しようが株式を発行しようが、そんなものは関係ない。企業の価値を判断する目安は借入金の多寡ではなく、将来見込まれる収益の大きさだった。さらに、配当金を高くするか低くするか悩む必要もなかった。ここでも、モディリアーニらが株価の決定で重視したのは配当金の額ではない。将来見込まれる収益だ。

後から考えてみれば、完全市場を前提とすればこのような回答が出るのは十分予想できたはずだが、それでもこの結論は多くの経済学者を驚かせたようだ。この発見の意味を十分理解するまでに時間をかけた経済学者もいれば、さっそく修正を加える学者もいた。モディリアーニとミラーの発見が税金やインフレの存在しない世界でしか通用しないことは明らかで、現実世界のシグナルを考慮するとモデルはさらに複雑になった。しかしモディリアーニとミラーは、この問題に最初に取り組んだ点を評価された。ふたりが従来のミクロ経済学を金融市場に応用した時点から、現代金融論は始まったのである。この理論にはケインズ派の要素がいっさい含まれていない。伝統的な市場経済学である。

一方、経済政策に関しては、モディリアーニは明らかにケインジアンで、政府の行動を迷わずに支持した。それでもやはり、すべての問題でケインズに賛成する必要はないという考えで、「ケインズ派の見解では金融政策が重視されないが、私は素直に賛成できない。経済活動をコントロールするうえで貨幣は一定の役割を果たしている、いや大きな役割を果たしている可能性もある」と強調した。*87 彼の見解の正しさは、歴史的な出来事によっても繰り返し証明された。ただしマネタリストとは一線を画し、貨幣供給量の増加率は固定すべきでないという信念を持ち、「ミルトン・フリードマンがプログラム化したコンピューターにすべての決断を委ねるべきだとは思わない」と語った。[*88]

非難合戦

フランコ・モディリアーニは第一次世界大戦の最中の一九一八年、エンリコとオルガのモディリアーニ夫妻の息子としてローマで誕生した。数年間は勉強で苦労するが、ローマ最高の高校リチェオ・ヴィスコンティに入学を許されると、そこで才能を開花させた。ここで難関大学への入学を目指して万全の準備を整え、最終的にローマ大学に進学する。このとき彼は十七歳、同級生より二年早い入学だった。

モディリアーニは十三歳のときに父親を亡くした。父親は医者で、家族はフランコも後を継いで医者になるよう強く勧めた。しかしローマ大学に入学してほどなく、血を見るのに耐えられないことに気づき、医学の道を断念して一九三九年には法律の学位を取得した。この年、イタリアではムッソリーニが権力を掌握してから七年が経過していた。ユダヤ人で反ファシストのモディリアーニは、イタリアを離れる潮時だと決心し、一九三九年八月に妻と共にニューヨークへ避難した。アメリカに到着してわずか数日後、ヨーロッパでは第二次世界大戦が始まった。

モディリアーニはイタリアで書いた経済エッセイが賞を受賞したこともあり、新天地では経済学で新たなキャリアを築く決心をした。そしてニュー・スクール・フォー・ソーシャル・リサーチに特別研究員の資格で入学する。当時ここにはヨーロッパから逃れてきて日の浅い亡命者が大勢在籍していた。学校では優秀な教師に恵まれ、数学をもっと勉強するようにアドバイスされた。

って報われた。

最初のうちは「数学から逃げようとした」ことを打ち明けているが[89]、結局はアドバイスにしたが

モディリアーニは、経済学の分野ではイタリア人初のノーベル賞受賞者だった。「イタリアでは、もう大騒ぎだった」と言う[90]。そして二二万五〇〇〇ドルの賞金の使い道を訊ねられると、「人間の行動に関する持論に従って、死ぬまで計画的に使うつもりだ。私は景気よく浪費するタイプじゃない。コツコツ使うさ。他人にそれを勧めているのだからね」と答えた[91]。しかしその後、家庭では妻が財布の紐を握っていると打ち明けた。「私が大雑把なアイデアを提供すると、妻がそれに改善を加えて具体的な決断を下すことになっている」[92]。モディリアーニは小柄だが体じゅうに元気がみなぎり、銀髪はぼさぼさ。何事にも無頓着で、外見からは教授とは思えなかった[93]。

そんなモディリアーニは、一貫して行動に筋が通っていた。一九八五年のインタビューでは政府の要職にほとんど関心がないことを明らかにしたが、それは自由な言動を制限されたくなかったからだ。たとえ財務省の顧問のような立場でも問題は生じた。一九七〇年にアメリカがベトナム戦争の一環としてカンボジアに侵攻したことが明らかになると、顧問の職を辞した。自分が賛成できないような政策をとる政府に、アドバイスをするつもりはなかったのである[94]。

モディリアーニは、ノーベル賞の発表で報道陣から注目されたのが嬉しかったようだ。みんなが注目するなか、レーガン政権の経済政策を批判するような見解を述べた。そして「政権は深刻な間違いを犯していると思う。おそらくは……失礼、もう少し大きな声で話そう」[95]と言って、実際に声量を上げたのだが、このときの発言をきっかけにレーガン政権の報道官ラリー・スピーク

スとの間で刺々しいやりとりが始まった。このときモディリアーニは、財政赤字が「悲惨な」レベルに達したと発言した。[*96] そして後日、今度は一九八五年に両院合同経済委員会の場で、レーガンが引き起こした赤字は「明らかな脅威として存在している」[*97] と宣言し、税金の復活と軍事支出の削減を解決策として提言した。つまり、レーガン政権とは正反対の政策である。サミュエルソンと同じくモディリアーニも、アメリカの税率はかなり低い、少なくともほかの先進国に比べてもかなり低い水準だと考えていた。[*98]

このときある記者が面白がって、レーガン大統領の報道官ラリー・スピークスに新しいノーベル賞受賞者のコメントについての感想を求めた。するとスピークスは、すました様子で「そんなやつは知らないね。たしか、システィーナ礼拝堂の絵描きだったかな」と答えた。[*99] このときスピークスの胸に去来したものは何か、今となってはわからないが、ノーベル賞受賞者フランコ・モディリアーニと偉大なイタリア人画家アメデオ・モディリアーニの名前をわざと間違えてみせたのだろう。しかし、アメデオ・モディリアーニとミケランジェロを混同して気づかなかった可能性もある。システィーナ礼拝堂の絵画は、ミケランジェロの作品だ。「M」で始まって母音で終わるイタリア人の名前があまりにも多くて、わからなくなったのかもしれない。

当時、ニュースはゆっくりとしたペースで伝わった。記者はスピークスのコメントをモディリアーニのもとに持ち帰り、今度はそれに対して彼が応酬した。「ライフサイクル仮説とシスティーナ礼拝堂の誘惑的なヌードを混同するような発言を聞くと、すごく心配だ」[*100]。そして、おそらく報道陣からそそのかされたのだろう、スピークスのジョークは「人種的な意味合い」を含み、

「本人にそのつもりはなくても中傷」だといって非難したのである。[*101] メディアからさっそくこの発言を伝えられたスピークスは、自分の発言が人種差別的な中傷として受け取られるとは「実に心外だ」と述べて、単なるジョークだったことを代理人に説明させた。モディリアーニは最後に「馬鹿馬鹿しい」と言って、口論に終止符を打った。

このようなごたごたに巻き込まれても、レーガン政権の政策を非難するモディリアーニの熱弁は絶好調だった。あんな政策は「刹那的な楽しみ」を国民に勧めているようなもので、「貧しい人や体の不自由な人、さらには将来の世代に対する思いやりがまるで見られない。現在進行中の問題が赤字のせいだということを、国民は理解していない。農業が破綻したことも、若年層が家をなかなか購入できないことも、失業者の増加も、全部赤字が悪い」と不満をぶちまけた。[*102]

二〇〇三年、公の場では最後となる発言では、イタリアのシルヴィオ・ベルルスコーニ首相に功労賞を授与した名誉毀損防止同盟の決定に抗議した。この抗議は〈ニューヨーク・タイムズ〉への投書の形をとり、同僚のポール・サミュエルソンとロバート・ソローとの連名で送られた。[*103] 三人の経済学者はベルルスコーニの発言を問題視していた。以前彼は、ムッソリーニは誰も殺害していない、みんなを長期間、国外から追放しただけだと語ったのである。[*104] イタリア人ファシストに同情的な見解を表明するなど論外であり、少なくとも名誉毀損防止同盟から表彰される資格は同首相にはないと三人は主張した。この同盟はユダヤ人を守るために結成されたのだから、なおさら許せなかった。

二〇〇三年、この投書が発表されてから二日後、フランコ・モディリアーニは八十六歳でこの世を去った。[105]

ローレンス・R・クライン（一九八〇年受賞）

ケインズ派のほかのノーベル賞受賞者と違い、ローレンス・クラインは経済理論を評価されたわけではない。経済予測という特別な技術でのパイオニアとして功績を認められた。高度な統計分析を伴う経済予測が「応用経済学」のカテゴリーに含まれるのは、実際の経済データを使用しているからだ。大きなモデルともなると、経済予測は実に難しい。何百もの方程式や変数を使いながら、有益かつ正確な結果を導き出すのは容易な作業ではない。天気予報と同じで、現在に近いほど予測は正確になる。そもそも直近の経済行動は現在と大差ない。現状をそのまま将来に当てはめるだけで、驚くほど正確な結果が得られるときもある。反対に最も厄介なのが長期予測だ。ただし長期予測にも良い面はある。予測の内容など、あまり長く記憶に残らないことだ。

経済予測に取り組む人は誰でも予測が的中することを目指すが、成果が多少誇張される程度は許される。一九七七年、議会の共同経済委員会の公聴会で証言したクラインは、円高がアメリカ経済にとって追い風になると語った。日本からの輸入を控えるようになるからだ。するとその発言に合わせたかのように翌日、円は国際通貨市場で高騰した。クラインの同僚は「クラインショック」と呼んでこの出来事を面白がった。ところが後日、〈ニューヨーク・タイムズ〉の記者はこの些細な逸話を取り上げ、これはクラインの大きな「国際的影響力」の証拠であり、ノーベル賞を受賞するのも当然だと報じたのである。[*106]

実際、どんなに評価の高い予測でも、時にはまったく非現実的な数字をはじき出すものだ。そんなときは普通、何らかの「調整」が行なわれ、現実とそぐわない結果を回避しようとする。この調整のプロセスでは、どれが適切か否か専門家の判断に委ねられる。予測は大抵こうした調整作業を伴うものであり、正直な人は調整した事実を読者に伝える。調整作業が必要だということは、予測が科学でもあり職人技でもあることの証拠である。[*107]

ローレンス・R・クラインは「アメリカのモデル構築界の長老」と呼ばれ、国内で最初の大がかりな予測モデルの構築を手がけた。ペンシルバニア大学に在籍中に作成したウォートン・モデルである。ウォートンという命名は全米初のビジネススクールの名にちなんだもので、全米を対象にした多くの予測がこのモデルから誕生した。一九七五年に〈フォーチュン〉で特集記事が組まれた頃には、ウォートン・モデルは四〇〇の方程式と一七〇あまりの変数から構成されるほどになっていた。

こうした方程式の複雑さに魅せられた一部の企業は、四半期予測の作成や経済セミナーの企画を任せ、データベースの提供を受けるために七五〇〇ドルの年会費を喜んで支払った。こうしてウォートン・モデルの事業は大成功をおさめるが、これは非営利事業だった。ほどなくデータ・リソーシズやチェイス・エコノメトリクスなど、このモデルを模倣した営利企業がつぎつぎに誕生する。ちなみにチェイス・エコノメトリクスを立ち上げたマイケル・エヴァンスは、ウォートン・スクールでクラインの同僚だった人物である。「クラインは優秀だし、名声に値する」と認めたうえで、教師でありライバルでもあるクラインは「ビジネスマンとしては失格だ」と切り捨てた。[*108] 結局、クラインとペンシルバニア大学はウォートン・モデルを売却し、ウォートン計量経済予測アソシエーツという営利事業が誕生した。このときの売却益は大学の研究指導の充実に使われた。[*109]

アサール・リンドベックは、このモデルに必要なすべてのデータを集めて調整するまでには「きわめて過酷な細かい作業の連続」だったはずだとコメントした。データのなかには「非常に複雑で退屈な資料」も含まれる。[*110] このモデルは統計学と科学にもとづいて構築されていると言われるが、主観的な前提に頼る場面も多い。どの部門を入れるか、どの程度詳しく調べるか、どれくらいの期間をとるべきか。クラインのモデルの場合、そうした前提の一部はケインズ理論を参考にして決められたが、なかには恣意的に決めざるを得ないものもあった。

どんなに複雑なモデルでも、最終的には正確でなければ意味がない。モデルが将来を正確に描き出しているかどうかに関していえば、クラインのモデルをはじめとする計量経済モデルは、常に成功してきたとは言えない。一九八〇年にクラインがノーベル賞を受賞したとき、〈ニューヨーク・タイムズ〉のレナード・シルクはこうしたモデルが期待に十分応えてこなかった事実を指摘し、「経済学者や企業幹部や政府〔ママ〕関係者を幻滅させた」と記した。[*111] そして「モデルは時として景気循環の大きな変化を予測できず、インフレ率を過小評価した」と続け、「実際のところ、クラインのモデルはルーツと構造がケインズ経済学にもとづいているのだから、価格の扱いが比較的苦手なのだろう」と評した。[*112]
一九七五年の〈フォーチュン〉の記事でも「ところで本当に予測モデルは有効なのか」と問いかけられていた。当時、主な経済モデル同士の予測結果を比較することはめずらしくなかったが、特別なモデルを使わず経験と勘に頼る「判断」予測との比較もよく行なわれていた。両者を比較した〈フォーチュン〉は、一九七〇年から七四年にかけて行なわれた様々な予測については「〔判断〕予測がモデル予測に劣るとまでは断言できない」と記した。[*113] この記事を執筆したデボラ・デウィット・マレーはつぎのような結論に達した。「結局、判断予測よりも優れていることを証明できなかったということは、そもそもモデル作成者たちが本当に経済を理解しているのか疑問を感じさせる[*114]」
予測モデルは、人間の行動が決められたパターンに従うことを前提にしなければならない。そのうえで、消費や貯蓄や投資に関する過去のデータを頼りにモデルは調整される。しかし、家電を予定よりも多く購入したり、収入から貯蓄に回す金額を減らしたり、海外旅行を増やしたり、不動産に積極的に投資したりと、人間は行動を勝手に変えていくものだ。これでは過去にもとづいたモデルは追いつけない。何事もまったく変化しないときにかぎり、モデルはきわめて正確なのである。
一方、計量経済モデルにはもう少し好意的な見方もできる。計量経済学が大量の情報をまとめ上げる方法を提供し、経済の考え方に一定の規律を持ち込んだ点は評価してもよい。しかも、まだ発展途上で完成されていないモデルだから、将来はもっと有効になる可能性もある。ロンドン・ビジネススクールの経済学者R・J・ボールも同じように考え、サミュエル・ジョンソンの言葉を引用している。「後ろ足で立って踊っている犬を見たら、どんな反応が適切だろうか。へたくそなダンスだというところに目が向いてはいけない。犬が後ろ足で立って踊るなんて、すごいことだと感心しなければいけない」[*115]。さらにボールは、旅で大切なのは目的地ではなく途中の道のりだと指摘したうえで、計量経済学の訓練から生み出される様々な洞察や「副産物」は、予測そのものよりも価値があると強調した。[*116]

クラインの最後のプロジェクトとなったLINKは、最も大胆な内容でもあった。世界各国の経済モデルを結びつけ、世界経済全体とはいかないが大部分を網羅した、ひとつの巨大なモデルの構築を目指したのである。この壮大なプロジェクトのモデルには先進国、発展途上国の一部、さらには中国やソ連など社会主義国も含まれた。とてつもなく複雑なモデルになったLINKは、全部でおよそ三〇〇〇の方程式で構成された。[*117]

外れてしまった予測

一九八〇年のノーベル賞受賞スピーチの機会を利用して、クラインはLINKとウォートン・モデルにもとづいた一〇年から二〇年にわたる長期予測を紹介した。しかしその内容は、未来の経済予測のむずかしさを証明する結果となってしまった。

まずひとつ問題だったのは、クラインのモデルが「輸入される石油の実質価格が……将来的にも上昇を続ける」という前提に立ったことである。[*118] さらに彼のモデルは、連邦政府が「高い税率を維持し、最終的に国内の予算は均衡状態に落ち着く」という予想も立てた。[*119] インフレは収束しないと考えて、一九八五年には八パーセント、九〇年には七・六パーセントという具体的な数字を打ち出した。[*120] さらに、彼のモデルではアメリカの貿易収支が均衡しないはずがなかった。「経常収支はほぼ均衡し、わずかに悪化する程度だろう」[*121] という予測を立てたのである。ところが八〇年代から九〇年代にかけて、こうした前提や予測はたびたび大きく外れてしまった。経済動向には重要なターニングポイントとなる時期があるものだが、八〇年は間違いなくそれに該当した。ターニングポイントがいつになるかは賭けるしかないが、来てしまえばすべての賭けは失敗に終わる。

もしも一九八〇年の経済活動を正確に予測していれば、特に重要な四つの出来事への準備ができていたはずだ。第一に原油価格の動向。六年間にわたって上昇を続けた原油価格は、OPECの影響力が低下し始めると一転して暴落した。原油価格が下がったおかげでインフレの猛威は収まり、経済活動が刺激された。第二に、八〇年代はじめの金利の急上昇。これはインフレを解消するために連邦準備理事会が演出したものだった。第三に、サプライサイド経済学者や協力的な議会の助けをかりたレーガン大統領が史上最大の減税に踏み切り、結果として記録的な赤字予算を発生させたこと。そしてもうひとつ、前例のない動きがあった。レーガンが財務長官に任命した人物（訳注　ドナルド・リーガン）は、世界市場での米ドル相場の上昇を放置したのである。

こうした四つの出来事が重なった結果、エネルギー価格は下がり、インフレは解消され、財政赤字と貿易赤字は膨らみ、深刻な景気後退が引き起こされた。そして景気が底を打った後は経済が安定し、長期にわたって成長が持続されたのである。不幸にも一九八〇年の時点でクラインには、そんな出来事が間近に迫っていることを知る由もなかった。しかしそれは誰にでも言えることだ。クラインはビジネスが通常どおり継続されるという前提でモデルを量産したが、不幸にしてビジネスは通常どおりというわけにはいかない。

一九三〇年代にネブラスカ州のオマハで過ごした少年時代は、その後のクラインの人生を決定づけるような貴重な経験だった。「私は大恐慌の申し子だ」とのちに記者に語ったほどだ。[*122] クラインはロサンゼルスシティ・カレッジで大学生活を始めたが、ここは経済学と数学の教育が非常に優れていた。その後に進んだカリフォルニア大学バークレー校は、さらに質の高い教育を提供してくれた。

バークレーを出た後、クラインはふたつの幸運に恵まれる。ひとつはMITの大学院のプログラムに参加して、スター的存在のポール・サミュエルソンと研究を共にしたこと。サミュエルソンと同じく、クラインは数学の能力に優れた敬虔なケインジアンになった。そしてもうひとつの幸運は、わずか二年で博士課程を修了した後に訪れた。これはMITの最短記録になるが、その後シカゴ大学に付属するコウルズ委員会の計量経済学チームに参加したのである。

コウルズ委員会で研究を続けるかたわら予測モデルの構築を始めたクラインは、二〇の方程式から成る予測モデルを考案した。そしてこのモデルにもとづいて、第二次世界大戦後の好景気を予測した。[*123] 景気の後退や六〇〇万人の失業者をみんなが予測するなかで、クラインは経済の繁栄を強調したのである。[*124] 三四年後にノーベル賞の受賞が発表されたときにもクラインは、このときの予測を誇りにしていた。
　クラインは、一九五〇年代の反共産主義マッカーシー旋風の時代を、傍観者というよりは当事者として生き抜いた。まだシカゴでコウルズ委員会に所属していた一九四五年、彼は自宅近所の団体からマルクス経済学を教えてほしいと請われた。ところがこれは共産党関連の団体で、講義をするためには共産党員になる必要があると説明された。そこで彼は共産党に入党し、四七年にシカゴを離れるまで党員資格を持ち続けた。[*125] 本人は党員としての経歴を深刻に受け止めたわけではなかった。自分は「政治家」ではなく教師で、最後は「飽きたから」やめただけだと語った。[*126] しかし共産党員として過ごした二年間のおかげで、五四年にクラインは下院非米活動調査委員会に呼び出され、一部始終を説明する羽目になった。クラインが政党に参加する権利を憲法で認められているのは事実である。しかし赤狩り旋風が吹き荒れた五〇年代には、かりに本人の証言どおり一時的な軽い気持ちで参加したのだとしても、重大な結果を招いてしまった。この証言を理由にミシガン大学は、資格のあるクラインに終身在職権を認めなかったのである。[*127]
　これに失望し、すっかり気落ちしたクラインは、大学をやめて祖国アメリカを離れた。そしてオックスフォード大学に在籍して貯蓄行動を研究し、イギリスのマクロ経済モデルを考案する。一九五八年アメリカに帰国すると、ペンシルバニア大学の経済学部に着任して、そこでキャリアをまっとうした。
　共産党にまつわるエピソードは、一九七六年にクラインがカーターの選挙運動に参加したとき再浮上した。当時クラインはのちのカーター大統領に頻繁に助言していたが、それはカーターが数字好きで、数字を生み出すクラインの能力に心酔していたことが大きい。[*128] カーターが大統領選で勝利をおさめると、当然ながらクラインは大統領から要職に指名されるだろうと思われた。カーターの政権移行チーム内の情報源によれば、彼は政権の要職への起用を打診されたが、共産党員問題が再燃する可能性を考えて辞退したのだという。[*129]クライン自身はその件を否定している。同僚のクライン評で最もよく使われるのが、控えめな人物という表現である。それは妻も例外ではない。ノーベル賞が発表された当日、クラインは一時三〇分から講義があるといって集まった記者たちを残して出かけたが、この日妻は、夫がいつもと同じように皿洗いをしてくれると信じて疑わなかった。その妻によれば、知らせを聞いたクラインは少し驚いた様子だったというが、大学の学長はこう語った。「結局はノーベル委員会が自分に与えないわけにはいかなくなると、本人は一〇年も前から予測していたよ」[*130]

K・グンナー・ミュルダール（一九七四年受賞）

一九七四年にノーベル賞が発表されたとき、多くの経済学者が首をかしげた。まったく正反対の理論を提唱するふたりの経済学者が同時に受賞したのである。一方が正しければ一方が間違っているわけだから、両方の理論が人類の役に立つことがあり得るのだろうか。「ふたりの政治的な見解を文字通り解釈するならば、あまりにも対照的でそれぞれのよさが打ち消されてしまう」

とポール・サミュエルソンは語った。[131] 一方の受賞者フリードリヒ・フォン・ハイエクは自由市場の熱烈な信奉者であり、政府の介入にはほぼ例外なく猛烈な勢いで反対した。政府関係者の善意が、結局は全体主義への道筋をつけてしまうと考えたからだ。そして、そんな善意ある政府関係者のひとりが、このとき同時に受賞となったスウェーデン人、K・グンナー・ミュルダールだった。

ミュルダールは政府で経済計画の責任者を務め、上院議員に選ばれ、国連の高官にも任命された。まだ若い一九三〇年代には貯蓄と投資をマクロ経済学の研究テーマに選び、政府の介入が景気の停滞を改善もしくは逆転する可能性について理解を深めようとした。なかでも特に注目したのが、経済刺激策としての財政政策——政府支出の増加や減税——の役割である。ケインズと同じくミュルダールも、公共事業への支出が停滞気味の経済に行きわたれば、収入や消費に「相乗」効果がおよぶことを認識した。一九七四年、このテーマを取り上げたミュルダールの著書の書評にはこう記された。「今日採用されている拡張的財政政策の論拠のほとんどが、ここには含まれている——四〇年前の本とは驚きだ[132]」

こうしたミュルダールの初期のケインズ流アプローチは、ハイエクの親市場的な経済学と明らかに矛盾した。そんなふたりの同時受賞をポール・サミュエルソンは「寛容と折衷主義」の表れだといって歓迎したが、当人たちはありがたいとは思わなかった。〈ウォールストリート・ジャーナル〉の社説は「よりによってスウェーデンの社会主義者グンナー・ミュルダールとノーベル賞を分け合う羽目になり、ハイエクはいたく不愉快だった」と記した。一方ロンドンの〈フィナンシャル・タイムズ〉は「ハイエクやミルトン・フリードマンのような反動主義者に与えられる賞など、廃止されればよいとミュルダールは考えていた」と紹介している。[*133] どちらも同時受賞によって自分の功績に傷がついたと信じて疑わなかった。一緒に受賞した人物とはまったくとまでは言わないが、ほとんど正反対のアイデアが、どうして素晴らしいと言えるだろう。ふたりは科学的な発見を認められたのか、それとも継続中の問題に対するふたつの極論が選ばれただけなのか。

ミュルダールは一九三〇年代にマクロ経済学者としてキャリアをスタートさせるが、次第に制度派経済学者を自称するようになった。実際、彼の興味の範囲は歴史、人類学、社会学、政治にまで広がり、若い頃の研究は「世間知らずの経験主義」だったと回想している。経済という狭い範囲に限定された分析から導き出された些細な真実が、特に役立つとは信じられなくなったのである。彼は次第に大きなトピックに目を向けるようになっていくが、アメリカの黒人問題もそのひとつだ。一九三八年にカーネギー財団からの資金援助を受けて、ミュルダールはアメリカの黒人について本格的な研究に取り組み始めた。そして四四年、研究成果をまとめた著書『アメリカのジレンマ――黒人問題と近代民主主義』が出版される。

黒人問題を徹底的に追究したこの作品のなかでミュルダールは、所得分配、失業、隔離、差別、労働組合、教育などの問題で人種が果たす役割を分析した。第一次世界大戦後にアメリカ南部から黒人が全米各地に広がっていく現象についてはかなりの部分を割いて、それが黒人にもたらした経済的な恩恵を明らかにしている。だが北部は黒人に多くのものを提供したが、そのなかに経済的な平等は含まれなかった。差別によって黒人が経済的に不利な立場に置かれ、それが劣悪な教育環境をもたらし、差別がいつまでも解消されない悪循環が指摘されている。*134

この本の書評を書いたエーリク・ルンドベリは、この悪循環を断ち切る難しさについて触れている。進歩的な雇用主は差別をやめるべきだと考えて、黒人の採用を検討するかもしれない。黒人に門戸を開放する企業はわずかなので、優秀な人材が殺到することが予想される。差別しない方針を続ければ、しまいにはすべての従業員が黒人になる可能性もあり得る。ミュルダールによれば、雇用主もそこまでは考えないはずだから、これ以上黒人を採用するのは控えようと思うかもしれないし、そうした事態を想定して最初から採用をやめるかもしれない。

つぎにミュルダールの大きな成果として評価されたのが、二〇世紀基金の支援を受けて一九五〇年代末に始められた研究で、これは南アジア諸国の貧困と開発の遅れをテーマにしている。この研究成果はふたつの著書にまとめられた。『アジアのドラマ――諸国民の貧困の一研究』と『貧困からの挑戦』である。この研究はノーベル賞記念講演「世界の開発における貧困問題」にもつながっている。ここでミュルダールは、低開発国の貧困問題に経済学者は十分に注目していないと指摘し、「今年の餓死者は推定一〇〇〇万人にのぼり、さらに少なくとも五億人が餓死寸前の状態にある」との見通しを示した。*135 天災、戦争、人口の爆発的増加、砂漠化の進行に苦しむサハラ以南のアフリカ諸国やバングラデシュは、特に状態が深刻だった。この問題は翌一九七五年、原油価格の高騰によってさらに悪化する。

ミュルダールは対外援助の増加を提言し、特にアメリカのような国からの貢献に期待を寄せた。

現在行なわれている対外援助のほとんどは小さすぎて、深刻な状態を緩和できないと指摘した。さらに対外援助の目的も変更するべきだと訴えた。当時は冷戦を反映し、あまりにも多くの援助が軍事援助の形で行なわれていたのだ。アメリカが役に立つ支援を提供するときもあったが、その多くは本当に援助を必要とする人たちの手に渡らなかった。「冷戦の時代、特にアメリカの援助や貿易は、反動的な政権の支援にわざと向けられていた」とミュルダールは語った。[*136] そしてアメリカなどの国々に対し、冷戦に備えた武器の提供はやめて、人道目的の支援を行なうよう提言した。アメリカなら変化を引き起こせると期待したのである。対外援助に回す国家収入の割合はスウェーデンのほうがずっと高い。「基本的にアメリカ人が、スウェーデン人よりも思いやりのない国民だとは信じられない」と彼は記している。[*137]

人道支援の増加のほかにもミュルダールはいくつかの政策を提言した。なかでも注目すべきが土地改革だ。大規模な農場や牧場の経営者が所有権を手放せば、社会の平等が促される。そのうえで農耕技術が改善され、道路や貯蔵施設や灌漑設備への投資が増えれば、生産性が向上する。先進国が巨額の軍事援助や、いわゆる「食べ物への無駄な投資」を放棄すれば、実現は不可能ではない。[*138] アメリカ人が牛肉や豚肉や鶏肉の消費量を減らせば、飼料に使われる穀物を世界中の人たちに食糧として提供できるし、アメリカ人の健康にも良いと彼は言う。

ミュルダールは、世界の貧困問題の解決に対する人びとの関心の低さに不満を隠さなかった。「一体人びとの道徳的価値観に何が起きたのか、考えずにはいられない」といって嘆いた。そして薬物や暴力や犯罪や戦争といった問題が「人間としての思いやりを奪った結果、日和見主義で無関心な人ばかりが増えたのではないか」と問いかけた。[*139] 一方、アメリカが東南アジアで始めた戦争については「違法かつ不道徳で、きわめて残酷」だと評した。[*140] このような事情を考えれば、彼の世界観が暗くなるのも無理はなかった。

彼の妻アルバが一九八二年にノーベル平和賞を受賞した結果、ミュルダール夫妻は夫婦でノーベル賞を受賞した三組目のカップルの栄誉に輝いた。[*141] アルバはアメリカとソ連の核軍縮への貢献を認められた。当時は冷戦の最中で、世界中が実際に核戦争の危機にさらされていた。そんななかでアルバは国連の主要機関のトップに女性としてはじめて就任し、その高い地位を利用して軍縮の概念を普及させたのである。さらに駐印スウェーデン大使、閣僚、国会議員、一九六二年のジュネーブ軍縮会議のスウェーデン代表などを歴任し、素晴らしいキャリアを築いてきたが、ノーベル賞はその頂点だった。

サミュエルソンはミュルダールについて書いたエッセイのなかで、通常スウェーデン王立科学アカデミーは「地元の人間をひいきしたと疑われるような」決断を意識的に避けるものだと説明した。[*142] それでも当時、ミュルダールの経歴と業績について、スウェーデンで知らない人はいなかっただろう。ストックホルム大学の政治経済学教授、スウェーデンの上院議員、スウェーデンの商工大臣、国連ヨーロッパ経済委員会の行政長官など、彼のキャリアは華麗な経歴で彩られている。さらに彼はスウェーデン国立銀行の理事会のメンバーでもあったが、そもそもノーベル経済学賞は同行が創設したものである。そのうえ何とミュルダールは、ノーベル賞を選出するスウェーデン王立科学アカデミーのメンバーでもあった。だからノーベル賞に選ばれても複雑な気持ちで、ある記者につぎのように語っている。「ノーベル賞を受理してしまったのは、スウェーデン王立科学アカデミーから連絡を受けた運命の日の朝、寝ぼけていたからだ」[*143]。しかしべつの記者によれば、ミュルダールは受賞を喜び「ようやく肩の荷がおりた」と語ったという[*144]。

October 1980, D6.
112　同上
113　Malley, 157.
114　同上 , 157.
115　R.J. Ball, "On Lawrence R. Klein's Contributions to Economics," *Scandinavian Journal of Economics* (1981), 89.
116　同上 , 84.
117　Malley, 156.
118　Klein, "Some Economic Scenarios for the 1980s," 277.
119　Malley, 278.
120　Klein, "Some Economic Scenarios for the 1980s," 274. インフレ率は GDP デフレーターを基に算出したもの。
121　Malley, 277.
122　Robbins, 1.
123　Malley, 156.
124　Robbins, 1.
125　Malley, 152–157.
126　Robbins, 1.
127　Malley, 152–157.
128　Robbins, 1.
129　同上
130　同上
131　Paul Samuelson, "Nobel Choice, Economists in Contrast," *New York Times*, 10 October 1974, 69.
132　Erik Lundberg, "Gunnar Myrdal's Contribution to Economic Theory," *Swedish Journal of Economics* 112, no. 2 (1974), 477.
133　Samuel Brittan, "The not so noble Nobel Prize," London, UK: *Financial Times*, 19 December 2003, 21.
134　別の経済学者ゲイリー・ベッカーは、かなり異なったというよりは、矛盾さえする差別理論を60年代に考案し、その功績をノーベル賞で認められた。
135　Gunnar Myrdal, "The Equality issue in World Development," Nobel Memorial Lecture, 17 March 1975, in *Nobel Lectures, Economics, 1969–1980*, 274.
136　同上 , 278.
137　同上 , 269.
138　同上 , 272.
139　同上 , 280.
140　同上 , 280.
141　他の２組は、マリーとピエールのキュリー夫妻、カールとゲルティーのコリ夫妻。
142　Samuelson, "Nobel Choice, Economists in Contrast," 69.
143　"Nobel Economics," Chennai: *Hindu*, 3 November 2003: 1.
144　Samuelson, "Nobel Choice, Economists in Contrast," 69.

76 John Vinocur, "Tobin of Yale Wins Nobel in Economics," *New York Times*, 17 October 1981, A1.

77 Karen Arenson, "Tobin Always 'Ahead of Field,'" New York Times, 14 October 1981, D1.

78 Noble, B10.

79 Arenson, D1.

80 Noble, B10.

81 Franco Modigliani, "Life Cycle, Individual Thrift and the Wealth of Nations," Nobel Lecture, in *Nobel Lectures, Economics, 1981–1990*, 270.

82 モディリアーニは1985年の受賞スピーチで、それまで未発表でほとんど顧みられなかったマーガレット・レイドの論文に言及し、興味深い発言を行なった。この論文は自分の仮説にとって「重要なインスピレーションの源」になったが、それと競合するミルトン・フリードマンの説明、すなわち恒常所得仮説にはさらに大きな影響をおよぼしたと語った。

83 Louis Uchitelle, "Economist Won Nobel Prize: Taught at MIT. Italian Immigrant Had Lifelong Hatred for Fascism," Montreal, Quebec: *Gazette*, 27 September 2003, C8.

84 Michael Hiltzik, "MIT Professor Modigliani Wins '85 Nobel in Economics," *Los Angeles Times*, 16 October 1985, 1.

85 Steve Lohr, "A Professor at M.I.T. Wins Nobel; Studied Market Shift s and Saving," *New York Times*, 16 October 1985, A1.

86 Uchitelle, "Economist Won Nobel Prize," C8.

87 Franco Modigliani, "How Economic Policy Has Gone Awry..." *New York Times*, 3 Nov. 1985: Business Sec.

88 同上

89 Louis Uchitelle, "Franco Modigliani, Nobel-Winning Economist, Dies at 85," *New York Times*, 26 September 2003, A22.

90 Modigliani, "How Economic Policy Has Gone Awry."

91 Hiltzik, 1.

92 "Economist at MIT Awarded Nobel Prize, Blasts Reagan, Hits 'Disastrous' Federal Deficit, Urges Tax Hike," *Los Angeles Times*, 15 October 1985, 2.

93 Eric Berg, "Trailblazer and Team Player," *New York Times*, 16 October 1985, D1.

94 Modigliani, "How Economic Policy Has Gone Awry."

95 "Economist at MIT Awarded Nobel Prize."

96 同上

97 Jonathan Fuerbringer, "Congress Hears Notes of Caution on Plan to Balance U.S. Budget," *New York Times*, 22 October 1985, 25.

98 Hiltzik, 1.

99 "Economist Wants People to Know He Did Not Paint the Sistine Chapel." *Seattle Times*, 27 October 1985, A5.

100 同上

101 同上

102 Modigliani, "How Economic Policy Has Gone Awry."

103 Uchitelle, C8.

104 同上

105 同上

106 William Robbins, "Father of Econometric Models; Nobel Winner Lawrence Klein 'Still a Teacher,'" *New York Times*, 16 October 1980, section IV, 1.

107 Deborah DeWitt Malley, "Lawrence Klein and His Forecasting Machine," *Fortune*, March 1975, 155.

108 同上, 152–157.

109 Lawrence Klein, "Some Economic Scenarios for the 1980s," Nobel Memorial Lecture, 8 December 1980, in *Nobel Lectures, Economics, 1969–1980*, 271.

110 John Vinocur, "Pennsylvania Professor Wins Nobel for Economics," *New York Times*, 16 October 1980, A1.

111 Leonard Silk, "Highly Regarded Klein Models Sometimes Falter in Predictions," *New York Times*, 16

38 Ralph Vartabedian, "M.I.T. Prof. Robert Solow Wins Nobel Prize in Economics," *Los Angeles Times*, 22 October 1987, 1.
39 同上
40 Warsh, 81.
41 同上
42 同上
43 同上。以下も参照 "Robert Solow," Autobiography.
44 Barnaby Feder, "Briton Is Awarded Nobel in Economics," *New York Times*, 19 October 1984, section IV, 6.
45 Vartabedian, 1.
46 Solow, "Growth Theory and After," 280.
47 Vartabedian, 1.
48 "Nobel Economist no Stuffed Shirt," *USA Today*, 22 October 1987, 2B.
49 同上
50 "Valentine for an Economist," Editorial, *New York Times*, 23 October 1987, section I, 38.
51 Feder, 6.
52 Holcomb Noble, "James Tobin," Obituary, *New York Times*, 13 March 2002, B10.
53 Douglas Purvis, "James Tobin's Contributions to Economics," *Scandinavian Journal of Economics* 84, no. 1 (1982): 61–88.
54 ケインズはこれを債券との比較で説明した。金利が低下すると債券価格が上昇し、利回りは低下する。このような状況では、慎重な投資家は現金を多く手元に置こうとするものだ。
55 ケインズの説明では、投資家はすべてを現金か債券のどちらかで保有しなければならない。これは明らかにあり得ないとトービンは考えた。
56 Purvis, 61–68.
57 Assar Lindbeck, Presentation Speech 1981, in *Nobel Lectures, Economics, 1981–1990.*
58 同上
59 同上
60 James Tobin, "Money and Finance in the Macro-economic Process," Nobel Memorial Lecture, 8 December 1981, in *Nobel Lectures, Economics, 1981–1990*, 333. マンデルのモデルは、変動相場制では政府による減税や歳出増が効果を発揮しないことを明らかにした。しかしトービンは異なった前提に基づいて、反対の結果、すなわち財政政策は効果を発揮することを発見した。自分の新しいモデルを評価して、トービンはつぎのように語った。「従来のマンデルの結論（1963年）によれば、変動相場制において金融政策は機能するが、財政政策は機能しない。しかしそれどころか、どちらも景気拡大策として効果を発揮している」
61 Tobin, "Money and Finance," 331.
62 Leonard Silk, "Portfolio Theorist: Tobin's Ideas on Investments Inspired Research on Effects," *New York Times*, 14 October 1981, D22.
63 同上
64 Noble, B10.
65 "Tobin, Nobel Winner, Slams Reaganomics," *Boston Globe*, 16 October 1981.
66 同上
67 "James Tobin," Autobiography, in *Nobel Lectures, Economics, 1981–1990.*
68 同上
69 同上
70 Alexander Stille, "Europeans, Wary of Globalization, Embrace American Economists Who Heed Social Needs," *New York Times*, 11 November 2000, B7.
71 同上
72 同上
73 同上
74 "Professor James Tobin," Obituaries, United Kingdom: *Times Daily Register*, 14 March 2002.
75 Stille, B7.

2　同上
3　同上
4　Bernard Weintraub, “Samuelson, M.I.T. Economist, Wins a Nobel Memorial Award,” *New York Times*, 27 October 1970, 1. 以下も参照 “Paul Samuelson,” Autobiography, in *Nobel Lectures, Economics, 1969–1980*, 265.
5　Leonard Silk, “Nobel for a Critic of Nixon Policies,” *New York Times*, 1 November 1970, section IV, 2.
6　Samuelson, “How I Became an Economist.”
7　“Paul Samuelson,” Autobiography, 278. 以下も参照 Paul Samuelson, “Maximum Principles in Analytical Economics,” Nobel Memorial Lecture, 11 December 1970, in *Nobel Lectures, Economics, 1969–1980*, 279.
8　Assar Lindbeck, “Paul Anthony Samuelson's Contribution to Economics,” *Swedish Journal of Economics* 107, no. 6 (1970): 345.
9　同上, 275.
10　“Samuelson's Economics,” Editorial, *New York Times*, 27 October 1970, 44.
11　Paul Samuelson, “Maximum Principles in Analytical Economics,” Nobel Memorial Lecture, 11 December 1970, in *Nobel Lectures, Economics, 1969–1980*, 268.
12　Robert Reinhold, “Leader of Economic Mainstream, Paul Anthony Samuelson,” *New York Times*, 27 October 1970, 8.
13　Mark Skousen, “The Perseverance of Paul Samuelson's Economics,” *Journal of Economic Perspectives* 11, no. 2 (Spring 1997), 137.
14　同上
15　Bennett Kremen, “Speaking of Books: Samuelson's ‘Economics,’” *New York Times*, 1 November 1970, section VII, 2.
16　Skousen, 137.
17　Samuelson, “Maximum Principles in Analytical Economics,” 287.
18　同上, 287.
19　Skousen, 137.
20　同上
21　Hal R. Varian, *Microeconomic Analysis* (New York: W.W. Norton & Company, 1978), 101–102. ［ハル・R.ヴァリアン『ミクロ経済分析』佐藤隆三、三野和雄訳、勁草書房、1986年］
22　Lindbeck, “Paul Anthony Samuelson's Contribution,” 345.
23　Samuelson, “Maximum Principles in Analytical Economics,” 279.
24　Leonard Silk, “Samuelson Contribution: Nobel Prize-Winner Has Demonstrated The Uniformity of All Economic Theory,” *New York Times*, 28 October 1970, 67.
25　Silk, “Nobel for a Critic of Nixon Policies,” 2.
26　Steven Greenhouse, “The Man Who Wrote the Book Suggests Econ 101 for Presidents,” *New York Times*, Current Events Edition, 31 October 1993, 47.
27　同上
28　同上
29　Weintraub, 1.
30　“Robert Solow,” Autobiography. In *Nobel Lectures, Economics, 1981–1990*, 278.
31　John Berry, “M.I.T. Economist Robert Solow Wins Nobel for Study of Growth,” *Washington Post*, 22 October 1987, section C, 1.
32　Robert Solow, “Growth Theory and After,” Nobel Lecture, 8 December 1987, in *Nobel Lectures, Economics, 1981–1990*, 280.
33　同上, 281.
34　David Warsh, “So Where Does Growth Theory Stand Now?” *Boston Globe*, 2 October 1994, 81.
35　Solow, “Growth Theory and After,” 279.
36　Howell Raines, “Nobel in Economics to M.I.T. Professor,” *New York Times*, 22 October 1987, section IV, 6.
37　David Wessel, “M.I.T. Economist Solow Wins Nobel Prize,” *Wall Street Journal*, 22 October 1987, 1.

Les Prix Nobel, 2001.
69 同上
70 同上
71 Paul Krugman, "Reckonings: Harvest of Lemons," *New York Times*, 14 October 2001, section 4, 13.
72 同上
73 "Joseph E. Stiglitz," Autobiography, in *Les Prix Nobel, 2001*, 3.
74 ここにはノーベル賞受賞者のポール・サミュエルソン、フランコ・モディリアーニ、ロバート・ソロー、ケネス・アローが含まれる。
75 Eyal Press, "Rebel with a Cause: The Re-Education of Joseph Stiglitz," *Nation*, 10 June 2002: 11 (5 pages).
76 Krugman, "Reckonings."
77 Press.
78 "Joseph E. Stiglitz," Autobiography, 14.
79 Kenneth Rogoff, "An Open Letter To Joseph Stiglitz," Washington, D.C.: International Monetary Fund, 2 July 2002, 19. www.imf.org 参照
80 同上
81 Charlotte Denny, "Interview: Joseph Stigllitz, Nobel Prize-Winning Economist: The Contented Malcontent," Manchester, UK: *Guardian*, 6 July 2002, 26.
82 Rogoff, "An Open Letter."
83 同上
84 Ed Crooks, "The Odd Couple of Global Finance," London, UK: *Financial Times*, 6 July 2002, 11.
85 Press. 以下も参照 Robert Hunter Wade, "Joe Stiglitz's Bum Rap," Washington, D.C: *Foreign Policy*, no. 139 (Nov/Dec 2003): 85.
86 Denny, 26.
87 Joseph Stiglitz, "Comment & Analysis: The Myth of the War Economy." Manchester, UK: *Guardian*, 22 January 2003, 18.
88 Joseph Stiglitz, "Odious Rulers, Odious Debts," *Atlantic Monthly*, November 2003, 39.
89 Kimberly Blanton, "Nobel Laureates Attack Tax Plan," *Boston Globe*, 11 February 2003, D1.
90 Alwyn Scott, "Nobel Laureate Says Jobless Recovery Remains a Puzzle," *St. Louis Post-Dispatch*, 12 January 2004, C1.
91 "U.S. Economist Suggests Japan Print Money to End Deflation," Tokyo: Jiji Press, English News Service, 27 March 2003, 1.
92 "Nobel Laureates at Odds in Long-Term Capital Case: Joseph Stiglitz Testifies in the Hedge Fund's Tax Suit that a Transaction Had No Economic Value," *Los Angeles Times*, 18 July 2003, C11.
93 Jon E. Hilsenrath, "Columbia Acquires Expensive Residence to House Professor," *Wall Street Journal*, 21 November 2002, 6.
94 Joseph Stiglitz, "Information and the Change in the Paradigm in Economics," Prize Lecture, 8 December 2001. In *Les Prix Nobel, 2001*, 475.
95 A. Michael Spence, "Signaling in Retrospect and the Informational Structure of Markets," Nobel Prize Lecture, 8 December 2001, in *Les Prix Nobel, 2001*.
96 同上
97 Gene Epstein, "Economic Beat: The Great Unknown," *Barron's*, 15 October 2001, 36.
98 David, R. Henderson, "What the Nobel Economists Missed," *Wall Street Journal*, 12 October 2001, A14.
99 スペンスの両親はカナダに在住していたが、彼はたまたまアメリカ国籍を手に入れた。母親が旅行中、ニュージャージー州のモントクレアで誕生したのである。
100 Nina McCain, "Harvard Picks Economist, 40, as Faculty Dean," *Boston Globe*, 9 February 1984, 1.
101 Nina McCain, "Centerpiece; The Economist Becomes Dean; Harvard's Andrew Spence Gets Chance to Test His Skill at Management," *Boston Globe*, 15 March 1984, 1.

第7章
1 Paul A. Samuleson, "How I Became an Economist," Nobel Foundation. www.Nobelprize.org 参照

26 Kahneman, "Maps of Bounded Rationality," 470.
27 同上, 457.
28 Daniel Kahneman, "A Psychological Perspective on Economics," *American Economic Review* 93, no. 2 (May 2003): 164.
29 Rabin, 166.
30 "Daniel Kahneman," Autobiography, in *Les Prix Nobel, 2002*, 13.
31 Rabin, 171.
32 Dan Lovallo and Daniel Kahneman, "Delusions of Success," *Harvard Business Review* 81, no. 7 (July 2003): 56–63.
33 同上
34 同上
35 Daniel Kahneman and Robert Sugden, "Experienced Utility as a Standard of Policy Evaluation," *Environmental & Resource Economics* 32 (2005): 170.
36 同上, 172.
37 同上, 169.
38 同上, 166.
39 同上, 166.
40 Rabin, 175.
41 Daniel Kahneman, Alan B. Krueger, David Schkade, Norbert Schwarz, and Arthur Stone, "Toward National Well-Being Accounts," *American Economic Review* 94, no. 2 (May 2004): 429.
42 Peter Singer, "Happiness, Money and Giving It Away," Bangkok: *Bangkok Post*, 17 July 2006, 1.
43 Kahneman, Krueger, et al., "Toward National Well-Being Accounts," 429.
44 Richard Tomkins, "Why Happiness Is Greater than the Sum of Its Parts," London, England: *Financial Times*, 10 December 2004, 13.
45 Daniel Kahneman, "Maps of Bounded Rationality," 460.
46 Kahneman and Sugden, 175.
47 Kahneman, Krueger, et al., 431.
48 同上
49 Kahneman, "Maps of Bounded Rationality," 479.
50 Rabin, 172.
51 同上, 171.
52 Kahneman, Krueger, et al., "Toward National Well-Being Accounts."
53 "Kahneman," Autobiography.
54 同上, 1.
55 同上
56 同上
57 同上, 5.
58 同上, 9, 14, and 18.
59 同上, 9–10.
60 Lars-Göran Nilsson, Presentation Speech, 10 December 2002, in *Les Prix Nobel, 2002*.
61 "Kahneman," Autobiography, 14.
62 同上, 14.
63 同上, 13. Daniel Kahneman and Amos Tversky, "Prospect Theory: An Analysis of Decisions under Risk," *Econometrica* (1979). プロスペクト理論という名称はふたりのアイデアに言及するために選ばれたもので、それ以上の意味はない。
64 "Kahneman," Autobiography, 16.
65 Kahneman, "A Psychological Perspective on Economics," 165.
66 "George A. Akerlof," Autobiography, in *Les Prix Nobel, The Nobel Prizes 2001*, Tore Frangsmyr, ed. (Stockholm: Nobel Foundation, 2002).
67 同上
68 George Akerlof, "Behavioral Macroeconomics and Macroeconomic Behavior," Nobel Prize Lecture, in

57 Peter Coy, "Laurels for an Odd Couple: A Psychologist and a Traditionalist Share This Year's Nobel," *Business Week*, 21 October 2002, 50.
58 Vernon Smith, "Banquet Speech," 10 December 2002, in *Les Prix Nobel, 2002*.
59 Smith, "Constructivist," 551.
60 Clift, 6.
61 同上
62 Foroohar, 46.
63 同上
64 Maiello, 190.
65 同上
66 Smith, "Constructivist," 526.
67 同上, 518.
68 Foroohar, 46.

第6章

1 Bruce Bower, "Simple Minds, Smart Choices: For Sweet Decisions, Mix a Dash of Knowledge with a Cup of Ignorance," *Science News* 155, no. 22 (29 May 1999): 348.
2 Herbert Simon, "Rational Decision-Making in Business Organizations, Nobel Memorial Lecture," 8 December 1977, in *Nobel Lectures, Economics, 1969–1980*, 277.
3 Roger Frantz, "Herbert Simon, Artificial Intelligence as a Framework for Understanding Intuition," *Journal of Economic Psychology* 24, no. 2 (April 2003): 265–277.
4 同上
5 同上
6 同上
7 同上
8 "Herbert A. Simon," Autobiography, in *Nobel Lectures, Economics, 1969–1980*, 271. 以下も参照 Byron Spice, "Obituary: Herbert A. Simon/Father of Artificial Intelligence and Nobel Prize winner," Pittsburgh, Pennsylvania: *Post-Gazette*, 10 February 2001, 2.
9 Spice, 18.
10 Spice, "Obituary." 以下も参照 Byron Spice, "CMU's Simon Reflects on How Computers Will Continue to Shape the World," Pittsburgh, Pennsylvania: *Post-Gazette*, 16 October 2000.
11 Spice, "CMU's Simon."
12 David Klahr and Kenneth Kotovsky, "A Life of the Mind: Remembering Herb Simon," *American Psychological Society Observer*, News & Research 4, no. 4 (April 2001).
13 Spice, "CMU's Simon," 4.
14 Jonathan Williams, "A Life Spent on One Problem," *New York Times*, 26 November 1978, section III, 5.
15 Simon, "Rational Decision-Making," 290.
16 同上, 297.
17 同上, 299.
18 同上, 299.
19 Leonard Silk, "Nobel Winner's Heretical Views," *New York Times*, 9 November 1978, section IV, 2.
20 Bower, 348.
21 Spice, "Obituary." 以下も参照 Klahr and Kotovsky, "A Life of the Mind."
22 Klahr and Kotovsky, 5.
23 Malcolm Gladwell, *Blink: The Power of Thinking Without Thinking* (Boston: Little, Brown, 2005). ［マルコム・グラッドウェル『第1感「最初の2秒」の「なんとなく」が正しい』沢田博、阿部尚美訳、光文社、2006年］
24 Daniel Kahneman, "Maps of Bounded Rationality: A Perspective on Intuitive Judgment and Choice," Nobel Prize Lecture, 8 December 2002, in *Les Prix Nobel, 2002*, 451.
25 Matthew Rabin, "The Nobel Memorial Prize for Daniel Kahneman," *Scandinavian Journal of Economics* 105, no. 2 (2003): 162.

on the Internet," *American Economic Review* 89, no. 5 (December 1999): 1063.
21 David Lucking-Reilly, "Vickrey Auctions in Practice: From Nineteenth-Century Philately to Twenty-First-Century E-Commerce," *Journal of Economic Perspectives* 14, no. 3 (Summer 2000): 183–192.
22 同上
23 同上
24 ヴィックリーが入学したのと同じ年にフィッシャーは退官したが、ふたりは面識があり、のちにヴィックリーがイェールを去ってからも長く交流は続いた。
25 Robert Dimand and Robert Koehn, "From Edgeworth to Fisher to Vickrey: A Comment on Michael J. Boskin's Vickrey Lecture," *Atlantic Economic Journal* 30, no. 2 (June 2002): 205.
26 Richard Holt, David Colander, David Kennett, and J. Barkley Rosser Jr., "William Vickrey's Legacy: Innovative Policies for Social Concerns," *Eastern Economic Journal* 24, no. 1 (Winter 1998): 1.
27 同上
28 Robert Dimand and Robert Koehn. "Vickrey, Eisner, the Budget, and the Goal of Chock-Full Employment," *Journal of Economic Issues* 34, no. 2 (June 2000): 471 (7 pages).
29 Hal R. Varian, "In the Debate over Tax Policy, the Power of Luck Shouldn't Be Overlooked," *New York Times*, 3 May 2001, C2.
30 "James A. Mirrlees," Autobiography, in *Les Prix Nobel*, *The Nobel Prizes 1996*, Tore Frangsmyr, ed. (Stockholm: Nobel Foundation, 1997).
31 同上
32 Varian, C2.
33 同上
34 James A. Mirrlees, "Information and Incentives: The Economics of Carrots and Sticks," Nobel Lecture, 9 December 1996, in *Les Prix Nobel, 1996*.
35 Ambrose Leung, "Nobel Laureate Urges SAR to Increase Salaries Tax Rate," Hong Kong: *South China Morning Post*, 8 October 2002, 3.
36 Jing Ji, "Expert Backs Preferential Tax Policy," *China Daily* (North American edition), 6 July 2006, 11.
37 James A. Mirrlees, "Banquet Speech," 10 December 1996, in *Les Prix Nobel, 1996*.
38 同上
39 "Vernon Smith," Autobiography, in *Les Prix Nobel*, *The Nobel Prizes 2002*, Tore Frangsmyr, ed. (Stockholm: Nobel Foundation, 2003), 8.
40 Lars-Göran Nilsson, Presentation Speech, 10 December 2002, in *Les Prix Nobel, 2002*.
41 Vernon L. Smith, "Constructivist and Ecological Rationality in Economics," Nobel Prize Lecture, 8 December 2002, in *Les Prix Nobel, 2002,* 511.
42 Jon E. Hilsenrath, "Nobel Winners for Economics are New Breed," *Wall Street Journal*, 10 October 2002, B1.
43 Michael Maiello, "Professor Bubble," *Forbes*, 10 November 2003, 190.
44 同上
45 Smith, "Constructivist," 538.
46 Jeremy Clift, "The Lab Man," Interview with Vernon Smith, Washington D.C.: *Finance & Development* 40, no. 1 (March 2003): 6.
47 Smith, "Constructivist," 542.
48 同上 , 540.
49 Clift, 6.
50 Smith, "Constructivist," 542, 脚注 70.
51 Smith, "Constructivist," 519–520.
52 Rana Foroohar, "An Experimental Mind; Having Shaken the Ivory Tower and Reshaped Big Government, Vernon Smith's Ideas Are Revolutionizing Business," *Newsweek*, 6 October 2003, 46.
53 同上
54 Smith, "Constructivist," 524.
55 同上 , 525.
56 同上

19　同上
20　David Dreman, "Nobel Laureates with Black Boxes," *Forbes*, 14 December 1998, 283.
21　Barbara Donnelly, "Efficient-Market Theorists Are Puzzled by Recent Gyrations in Stock Market," *Wall Street Journal*, 23 October 1987, 1.
22　同上
23　同上
24　Keith Devlin, "A Nobel Formula," Devlin's Angle, Mathematics Association of America, November 1997. www.maa.org 参照。デヴリンは市場の崩壊が1978年だったと間違って記したようだ。
25　同上
26　同上
27　同上
28　Dreman, 283.

第5章

1　所得効果を説明するために、灯油価格が大幅に上昇した状況を考えよう。人びとが灯油の消費を減らそうとすれば代替効果が発生するが、もうひとつ別の効果も考えられる。光熱費を増やさなければならない家庭が、ほかのすべてのものへの出費を抑えようとする場合である。灯油価格の上昇が収入の減少と同じように作用するので、消費者は燃料に限らず多くのものの購入を控える可能性が出てくる。これが所得効果である。
2　ここでは、価格上昇によって引き起こされる不利益が、一定の金額によって相殺されるものだと仮定している。補償によって価格変化を相殺する発想が導入されている。
3　食糧価格の減少値は、食糧購入費の減少値にほぼ比例する。
4　William J. Baumol, "John R. Hicks' Contribution to Economics," *Swedish Journal of Economics* 110, no. 6 (1972): 509. ふたつの評価法が存在する理由は、消費者の満足度を維持するための補償が価格変化の前と後のどちらに行なわれるかに関係している。たとえば価格上昇後、消費者が以前と同レベルの満足度を得るために支払われるべき金額は、ヒックスによって「補償変分」と呼ばれた。もうひとつは、価格上昇後も最初と同レベルの満足度を維持できるように、あらかじめ消費者から一定の金額を徴収しておく方法である。これは「等価変分」と呼ばれた。ある意味、どちらの金額も価格上昇に伴う損失を表しているが、ふたつの数字は同じではない。
5　ヒックスは、ある生産要素を他の生産要素によって代替することの難易度を方程式のなかでも特に重視して、これを代替の弾力性と呼んだ。たとえばこの値が高いときには、賃金のわずかな上昇が労働から機械への代替を大きく促進する。
6　Arjo Klamer, "An Accountant among Economists: Conversations with Sir John R. Hicks," *Journal of Economic Perspectives* 3, no. 4 (Fall 1989): 167–180.
7　同上
8　同上
9　同上
10　"Sir John R. Hicks, 1904–1989," New School for Social Research. www.cepa.newschool.edu/het/profiles/hicks.htm 参照
11　Klamer, 167–180.
12　John R. Hicks, "The Mainspring of Economic Growth," Nobel Memorial Lecture, 27 April 1973, in *Nobel Lectures, Economics, 1969–1980.*
13　同上, 237.
14　Klamer, 167–180.
15　Baumol, 523.
16　"John R. Hicks," Autobiography, in *Nobel Lectures, Economics, 1969–1980.*
17　Klamer, 167–180.
18　"John R. Hicks," Autobiography.
19　R. Preston McAfee and John McMillan, "Auctions and Bidding," *Journal of Economic Literature* 25 (June 1997): 699–738.
20　David Lucking-Reilly, "Using Field Experiments to Test Equivalence Between Auction Formats: Magic

Times, Current Events Edition, 20 October 1991, 42.

76 Ronald H. Coase, "Banquet Speech," in *Nobel Lectures, Economics, 1991–1995*, 17.

77 Ronald H. Coase, "The Institutional Structure of Production," Prize Lecture, 9 December 1991, in *Nobel Lectures, Economics, 1991–1995*, 17.

78 Johnnie Roberts and Richard Gibson, "Friction Theorist Wins Economics Nobel," *Wall Street Journal*, 16 October 1991, B8.

79 David Warsh, "Nobel Winner Coase Blends Theories of Economics, Law," *Boston Globe*, 16 October 1991, 63.

80 David Warsh, "When the Revolution Was a Party: How Privatization Was Invented in the 1960s," *Boston Globe*, 20 October 1991, A33.

81 Paul Craig Roberts, "How Liberals Purged a Pair of Future Nobel Laureates," *Business Week*, 25 November 1991, 18.

82 同上

83 Thomas Karier, *Great Experiments in American Economic Policy* (Westport, Connecticut: Praeger, 1997), 158.

84 Coase, "The Institutional Structure of Production," 19.

85 Warsh, "When the Revolution Was a Party," A33.

86 Warsh, "Nobel Winner Coase Blends Theories of Economics, Law," 63.

87 Peter Passell, "Economics Nobel to a Basic Thinker," *New York Times*, Current Events Edition, 16 October 1991, D1.

88 "Nobel Prize News Catches Up to Coase," *USA Today*, 17 October 1991, 2B.

第４章

1 "Merton Miller," Autobiography, in *Nobel Lectures, Economics, 1981–1990*.

2 James Risen, "3 Americans Get Nobel Prize in Economics Award," *Los Angeles Times*, 17 October 1990, 1.

3 のちにアナリストは、配当金や有価証券譲渡益に対する税率の違いが異なった結果につながる可能性を警告として付け加えた。

4 "Harry M. Markowitz," Autobiography, in *Nobel Lectures, Economics, 1981–1990*.

5 "William F. Sharpe," Autobiography, in *Nobel Lectures, Economics, 1981–1990*.

6 ベータは個別株の独立したリスク尺度になり得ると誤解されるときがあるが、これは全面的に正しいとは言えない。個別株のリスク尺度としては、分散のほうが優れているだろう。

7 Risen, 1.

8 "Myron S. Scholes," Autobiography, in *Nobel Lectures, Economics, 1996–2000*, Torsten Persson, ed. (Singapore: World Scientific Publishing Company, 2003).

9 "Robert Merton," Autobiography, in *Nobel Lectures, Economics, 1996–2000*.

10 Roger Lowenstein, *When Genius Failed: The Rise and Fall of Long-Term Capital Management* (New York: Random House, 2000)［ロジャー・ローウェンスタイン著『天才たちの誤算：ドキュメントＬＴＣＭ破綻』東江一紀、瑞穂のりこ訳、日本経済新聞社、2001年], and "Nobel Laureates at Odds in Long-Term Capital Case: Joseph Stiglitz testifies in the hedge fund's tax suit that a transaction had no economic value," *Los Angeles Times*, 18 July 2003, C11.

11 "Robert Merton," Autobiography.

12 同上

13 借入金99ドルに対する利息の支払いを考慮すれば、収益率は100パーセント未満になる。

14 Lowenstein, 35.

15 David Wessel, "Capital: Taxes Still Haunt the Ghost of LTCM," *Wall Street Journal*, 3 October 2002, A2.

16 David Wessel, "Capital: U.S. Scores a Win Against Tax-Shelter Abuse," *Wall Street Journal*, 31 August 2006, A2.

17 同上

18 Eric Quinones, "2 Americans Win Nobel for Economics," New Orleans: *Times-Picayune*, 15 October 1997, C1.

36 “George Stigler,” Autobiography.
37 Friedman, “Biographical Memoirs.”
38 同上, 3.
39 同上
40 Lars Werin, “Presentation Speech”, in *Nobel Lectures, Economics, 1981–1990.*
41 Friedman, “Biographical Memoirs.”
42 同上
43 Richard Cottle, Ellis Johnson, and Roger Wets, “George B. Dantzig (1914–2005),” *Notices of the American Mathematical Society* (AMS) 54, no. 3: 349.
44 大匙7杯のラードを使う食事に栄養学者たちは反対した。アメリカ人の死因の第1位である心臓病と、ラードに多く含まれる飽和脂肪酸との関連性がその根拠として指摘された。これに対しラード製品業界のスポークスマンは、ラードはこれまでずっと流通しており、今後も長く流通し続けるだろうといって反論した。 Drew Sefton, “Professor, Nutritionists Chew the Fat Over Cheap But Lard-Heavy Diet,” New Orleans: *Times-Picayune*, 21 April 2000, 6.
45 Friedman, “Biographical Memoirs,” 5.
46 同上
47 Stigler, “The Process and Progress of Economics,” 263.
48 同上
49 Werin, “Presentation Speech.”
50 George Will, “Passing of a Prophet,” *Washington Post*, 8 December 1991, c7.
51 同上
52 Peter Passell, “George Joseph Stigler Dies at 80; Nobel Prize Winner in Economics,” *New York Times*, 3 December 1991, B12.
53 Friedman, “Biographical Memoirs.”
54 Sandra Salmans, “An Incisive Teacher: George Joseph Stigler,” *New York Times*, 21 October 1982, section IV, 1.
55 Friedman, “Biographical Memoirs.”
56 “George Stigler,” Autobiography, 2.
57 Will, c7.
58 “Theodore W. Schultz,” Autobiography, in *Nobel Lectures, Economics, 1969–1980.*
59 Gale D. Johnson, “In Memoriam: Theodore W. Schultz,” *Economic Development and Cultural Change* 47, no. 1 (October 1998): 209.
60 Peter Passell, “Theodore Schultz, 95, Winner of a Key Prize in Economics,” Obituary, *New York Times*, 2 March 1998, A15.
61 Martin Weil, “Nobel-Winning Economist Theodore Schultz Dies,” *Washington Post*, 3 March 1998, D6.
62 Passell, A15.
63 Johnson, “In Memoriam: Theodore W. Schultz.”
64 Mary Jean Bowman, “On Theodore W. Schultz's Contribution to Economics,” *Scandinavian Journal of Economics* 82, no. 1 (1980), 86.
65 Theodore Schultz, “The Economics of Being Poor,” Nobel Memorial Lecture, 8 December 1979, in *Nobel Lectures, Economics, 1969–1980*, 251.
66 “Theodore Schultz,” Chicago, Illinois: *The University of Chicago Chronicle* 17, no. 11 (5 March 1998).
67 Bowman, 85.
68 Schultz, 245.
69 同上, 246.
70 同上, 242.
71 同上, 250.
72 同上, 249.
73 同上, 248.
74 Press Release, Announcement of the 1991 Prize in Economic Sciences. www.Nobelprize.org. 参照
75 Peter Passell, “For a Common-Sense Economist, a Nobel – And an Impact in the Law,” *New York*

第３章

1 Alfred Malabre and Richard Gibson, "Becker Wins '92 Nobel Prize for Economics," *Wall Street Journal*, 14 October 1992, B1.
2 同上
3 Gary Becker, "The Economic Way of Looking at Life," Nobel Lecture, December 9, 1992, in *Nobel Lectures, Economics, 1991–1995*, Torsten Persson, ed. (Singapore: World Scientific Publishing Company, 1997), 28.
4 同上
5 言い換えれば、ティーンエイジャーは割引率が高い。
6 Gary Becker, "The Economics of Crime," Richmond, VA: *Cross Sections*, publication of Federal Reserve Bank of Richmond (Fall 1995).
7 同上
8 同上
9 "Gary Becker," Autobiography, in *Nobel Lectures, Economics, 1991–1995*, 29.
10 Steven Mufson, "Economics Professor Wins Nobel: Chicago's Becker Cited for 'Human Analysis,'" *Washington Post*, 14 October 1992, F01.
11 Assar Lindbeck, Presentation Speech 1992, in *Nobel Lectures, Economics, 1991–1995*, 23–24.
12 Gary Becker, "A Theory of Marriage: Part I," *Journal of Political Economy* 81, no. 4 (January 1973): 822.
13 "Gary Becker," Autobiography, 30.
14 Christopher Farrell, Michael Mandel, and Julia Flynn, "An Economist for the Common Man: Nobel winner Becker has applied economic principles to people's lives," *Business Week*, 26 October 1992, 36.
15 Jonathan Marshall, "U.S. Professor Wins Nobel for Economics: Gary Becker known for challenging orthodoxy," *San Francisco Chronicle*, 14 October 1992, A3.
16 Douglas Clement, "Interview with Gary Becker," Minneapolis: *The Region*, Federal Reserve Bank of Minneapolis, online, June 2002.
17 同上
18 正しく計算するためには、大学進学者を無作為に割り当てる方針にサンプルの学生が同意しなければならない。しかしもちろん、これは現実的ではない。
19 Marshall, A3.
20 Gary Becker, "When the Wake-Up Call is from the Nobel Committee," *Business Week*, *Economic Viewpoint*, 2 November 1992, 20.
21 同上
22 同上
23 Mufson, F01.
24 Clement, "Interview," and Mufson, F01.
25 同上
26 同上
27 Clement, 3–4.
28 同上
29 同上
30 Beth Belton, "Does crime pay? Economist's answer wins," *USA Today*, 14 October 1992, 4B.
31 George Stigler, "The Process and Progress of Economics," Nobel Memorial Lecture, 8 December 1982, in *Nobel Lectures, Economics, 1981–1990*.
32 George Stigler, "The Economist as Preacher: Reflections of a Nobel Prize Winner," *New York Times*, 24 October 1982, section III, 2.
33 Stigler, "The Process and Progress of Economics."
34 "George Stigler," Autobiography, in *Nobel Lectures, Economics, 1981–1990*, and Milton Friedman, "Biographical Memoirs: George Stigler, January 17, 1911–December 1, 1991." National Academy of Sciences. www.nap.edu/html/biomems/gstigler.html 参照
35 Friedman, "Biographical Memoirs."

24 Friedman and Friedman, 399.
25 同上, 397.
26 同上, 594.
27 同上, 407.
28 Bernard Weintraub, "Friedman, in Nobel Lecture, Challenges a Tradition," *New York Times*, 14 December 1976, 55.
29 同上
30 William Breit and Roger L. Ranson, *The Academic Scribblers* (New York: Holt, Reinhart and Winston, Inc. 1971), 209.
31 同上
32 Freidman and Friedman, 217–218.
33 同上, 219.
34 Silk, 16.
35 "Milton Friedman," Autobiography, in *Nobel Lectures, Economics, 1969–1980*, 233.
36 同上, 239.
37 同上, 239.
38 "Prickly Laureate," *New York Times*, 15 October 1976, 30.
39 "Monetarism Reaps Its Own Reward," *New York Times*, 25 December 1976, 19, and "Prickly Laureate," 30.
40 Robert Hershey, "An Austere Scholar: James McGill Buchanan," *New York Times*, 17 October 1986, section IV, 1.
41 Ingemar Stahl, Presentation Speech 1986, in *Nobel Lectures, Economics, 1981–1990*, Karl-Gorän Mäler, ed. (Singapore: World Scientific Publishing Company, 1992), 329–330.
42 James Buchanan, "The Constitution of Economic Policy," Nobel Lecture, 8 December 1986, in *Nobel Lectures, Economics, 1981–1990*, 334–343.
43 James M. Buchanan and Richard E. Wagner, *Democracy in Deficit: The Political Legacy of Lord Keynes* (London, UK: Academic Press, 1977), 2.
44 同上
45 同上, 4.
46 David Warsh, "The Skeptic's Reward," *Boston Globe*, 26 October 1986, A1, and "George Mason – Little School Got Big Name," *San Francisco Chronicle*, 30 October 1986, 11.
47 Redburn, "Economic Theorist."
48 Warsh, A1.
49 Hershey, 1 and Warsh, A1.
50 同上
51 Hershey, 1.
52 Lindley H. Clark Jr., "Critic of Politicians Wins Nobel Prize in Economic Science – James Buchanan Examines How Governments Make Decisions on Fiscal Policy," *Wall Street Journal*, 17 October 1986, 1.
53 "George Mason – Little School Got Big Name," 11 and Hershey, 1.
54 Michael Kinsley, "Viewpoint: How to Succeed in Academia by Really Trying," *Wall Street Journal*, 30 October 1986, 1.
55 Milton Friedman, Thomas DiLornzo, and David Shapiro, Letters to the Editor, Choice Remarks, *Wall Street Journal*, 10 November 1986.
56 同上
57 同上
58 "In celebration of Armen Alchian's 80th birthday: Living and breathing economics." *Economic Inquiry* 34, no. 3 (July 1996): 412–426.
59 Robert Lekachman, "A Controversial Nobel Choice: Tuning In to These Conservative Times," *New York Times* (Late edition, East Coast), 26 October 1986, section III, A2.

注

第1章

1 Steve Lohr, "American Economist Gets Nobel: Public Choice Theory Cited," *New York Times*, 17 October 1986, 1.

2 Stephen Kotkin, "Aiming to Level a Global Playing Field," *New York Times*, 3 September 2006, 3.

3 David Leonhardt, "Two Professors, Collaborators in Econometrics, Win the Nobel," *New York Times*, 9 October 2003, C1.

4 Thomas Petzinger, "The Wall Street Journal Millennium: Industry & Economics," *Wall Street Journal*, 31 December 1999, R36.

5 Sylvia Nasar, "The Sometimes Dismal Nobel Prize," *New York Times*, 13 October 2001, C3.

6 この慣習は途中で変更された可能性も考えられる。経済学賞創設当初の関連印刷物のひとつでは、経済学賞記念講演が「ノーベル賞記念講演」として紹介されているからだ。

第2章

1 Mont Pelerin Society のウェブサイト (www.montpelerin.org) を参照

2 同上

3 同上

4 ハイエク、フリードマン、ブキャナンのほかには、以下の経済学賞受賞者がモンペルラン・ソサエティに所属していた。ジョージ・スティグラー（会長)、ゲイリー・ベッカー（会長)、モーリス・アレ（メンバー)、ロナルド・コース（メンバー)、ヴァーノン・スミス（メンバー)。

5 Tom Redburn, "Economic Theorist of Public Choice School James M. Buchanan Wins Nobel Prize," *Los Angeles Times*, 17 Ocotober 1986.

6 Stephen Kresge and Leif Wenar, eds., *Hayek on Hayek: An Autobiographical Dialogue* (Chicago: The University of Chicago Press, 1994), 94.［クレスゲ、ウェナー編『ハイエク、ハイエクを語る』嶋津格訳, 名古屋大学出版会, 2000年］

7 同上, 125.

8 同上, 93.

9 同上, 89.

10 同上, 82.

11 同上, 83.

12 Paul A. Samuelson, "Nobel Choice: Economists in Contrast," *New York Times*, 10 October 1974, 69.

13 Kresge and Wenar, 145.

14 同上

15 Sylvia Nasar, "Friedrich von Hayek Dies at 92; An Early Free-Market Economist," *New York Times*, 24 March 1992, D22.

16 Friedrich August von Hayek, "The Pretence of Knowledge," Nobel Memorial Lecture, 11 December 1974, in *Nobel Lectures, Economics, 1969–1980*, Assar Lindbeck, ed. (Singapore: World Scientific Publishing Company, 1992).

17 Kresge and Wenar, 148.

18 Leonard Silk, "Milton Friedman – Nobel Laureate," *New York Times*, 17 October 1976, section III, 16

19 Milton Friedman, "A Case of Bad Good News," *Newsweek*, 26 September 1983.

20 ケインズ派の説明はシンプルかつ率直である。失業率の低下は需要拡大の徴候であり、ひいてはそれが物価上昇とインフレを引き起こす。

21 George Wald and Linus Pauling, Letters to the Editor, *New York Times*, 24 October 1976, section IV, 14 and David Baltimore and S. E. Luria, Letters to the Editor, *New York Times*, 24 October 1976, section IV, 14.

22 "Americans Who Swept 5 Nobels Get $160,000 Prizes," *New York Times*, 11 December 1976, 3.

23 "Friedman Given A Nobel Award; 2 Share a Prize," *New York Times*, 15 October 1976, 1, and Milton Friedman and Rose Friedman, *Two Lucky People: Memoirs* (Chicago: University of Chicago Press, 1998).

トーマス・カリアー Thomas Karier
経済学者。カリフォルニア大学バークレー校でPh.D取得後、現在はイースタン・ワシントン大学教授。バード・カレッジのジェローム・レヴィ経済研究所の研究員。著書に『Beyond Competition』(1993)、『Great Experiments in American Economic Policy』(1997)。

小坂恵理 こさか・えり
翻訳家。慶應義塾大学文学部英米文学科卒業。訳書に『オバマ大統領就任演説』(ゴマブックス)、コヤマ『ドル帝国の崩壊』、ナヴァロ『中国は世界に復讐する』(ともにイースト・プレス)、ローゼンバーグ『クール革命』(早川書房)他。

筑摩選書 0052

ノーベル経済学賞《けいざいがくしょう》の40年《ねん》(上)
20世紀《せいき》経済思想史《けいざいしそうし》入門《にゅうもん》

二〇一二年一〇月一五日 初版第一刷発行

著者 トーマス・カリアー
訳者 小《こ》坂《さか》恵《え》理《り》
発行者 熊沢敏之
発行所 株式会社筑摩書房
東京都台東区蔵前二-五-三 郵便番号 一一一-八七五五
振替 〇〇一六〇-八-四一二三
装幀者 神田昇和
印刷 製本 中央精版印刷株式会社

乱丁・落丁本の場合は左記宛にご送付ください。
送料小社負担でお取り替えいたします。
ご注文、お問い合わせも左記へお願いいたします。
筑摩書房サービスセンター
さいたま市北区櫛引町二-六〇四 〒三三一-八五〇七 電話 〇四八-六五一-〇〇五三
 ISBN978-4-480-01556-3 C0333

筑摩選書
0010
経済学的思考のすすめ
岩田規久男
世の中には、「将来日本は破産する」といったインチキ経済論がまかり通っている。ホンモノの経済学の思考法を用いてさまざまな実例をあげ、トンデモ本を駆逐する！

筑摩選書
0023
天皇陵古墳への招待
森 浩一
いまだ発掘が許されない天皇陵古墳。本書では、天皇陵古墳をめぐる考古学の歩みを振り返りつつ、古墳の地理的位置・形状、文献資料を駆使し総合的に考察する。

筑摩選書
0027
「窓」の思想史
日本とヨーロッパの建築表象論
浜本隆志
建築物に欠かせない「窓」。それはまた、歴史・文化的にきわめて興味深い表象でもある。そこに込められた意味を日本とヨーロッパの比較から探るひとつの思想史。

筑摩選書
0028
日米「核密約」の全貌
太田昌克
日米核密約……。長らくその真相は闇に包まれてきた。それはなぜ、いかにして取り結ばれたのか。日米双方の関係者百人以上に取材し、その全貌を明らかにする。

筑摩選書
0029
農村青年社事件
昭和アナキストの見た幻
保阪正康
不況にあえぐ昭和12年、突如全国で撒かれた号外新聞。そこには暴動・テロなどの見出しがあった。昭和最大規模のアナキスト弾圧事件の真相と人々の素顔に迫る。

筑摩選書
0031
日本の伏流
時評に歴史と文化を刻む
伊東光晴
通貨危機、政権交代、大震災・原発事故を経ても、日本は変わらない。現在の閉塞状況は、いつ、いかにして始まったのか。変動著しい時代の深層を経済学の泰斗が斬る！

筑摩選書 0033

グローバル化と中小企業

中沢孝夫

企業の海外進出は本当に国内産業を空洞化させるのか。圧倒的な開発力と技術力を携え東アジア諸国へ進出した中小企業から、グローバル化の実態と要件を検証する。

筑摩選書 0034

反原発の思想史
冷戦からフクシマへ

絓 秀実

中ソ論争から「68年」やエコロジー、サブカルチャーを経てフクシマへ。複雑に交差する反核運動や「原子力の平和利用」などの論点から、3・11が顕在化させた現代史を描く。

筑摩選書 0036

伊勢神宮と古代王権
神宮・斎宮・天皇がおりなした六百年

榎村寛之

神宮をめぐり、交錯する天皇家と地域勢力の野望。王権は何を夢見、神宮は何を期待したのか？ 王権の変遷に翻弄され変容していった伊勢神宮という存在の謎に迫る。

筑摩選書 0037

主体性は教えられるか

岩田健太郎

主体的でないと言われる日本人。それはなぜか。この国の学校教育が主体性を涵養するようにはできていないのではないか。医学教育をケーススタディとして考える。

筑摩選書 0038

救いとは何か

森岡正博
山折哲雄

この時代の生と死について、救いについて、人間の幸福について、信仰をもつ宗教学者と、宗教をもたない哲学者が鋭く言葉を交わした、比類なき思考の記録。

筑摩選書 0039

長崎奉行
等身大の官僚群像

鈴木康子

江戸から遠く離れ、国内で唯一海外に開かれた町、長崎を統べる長崎奉行。彼らはどのような官僚人生を生きたのか。豊富な史料をもとに、その悲喜交々を描き出す。

筑摩選書 0040

100のモノが語る世界の歴史1
文明の誕生

N・マクレガー
東郷えりか 訳

大英博物館が所蔵する古今東西の名品を精選。遺されたモノに刻まれた人類の記憶を読み解き、今日までの文明の歩みを辿る。新たな世界史へ挑む壮大なプロジェクト。

筑摩選書 0041

100のモノが語る世界の歴史2
帝国の興亡

N・マクレガー
東郷えりか 訳

紀元前後、人類は帝国の時代を迎える。多くの文明が姿を消し、遺された物だけが声なき者らの声を伝える——。大英博物館とＢＢＣによる世界史プロジェクト第2巻。

筑摩選書 0042

100のモノが語る世界の歴史3
近代への道

N・マクレガー
東郷えりか 訳

すべての大陸が出会い、発展と数々の悲劇の末にわれわれ人類がたどりついた「近代」とは何だったのか——。大英博物館とＢＢＣによる世界史プロジェクト完結篇。

筑摩選書 0045

北朝鮮建国神話の崩壊
金日成と「特別狙撃旅団」

金 賛汀

捏造され続けてきた北朝鮮建国者・金日成の抗日時代。関係者の証言から明るみに出た歴史の姿とは。北朝鮮現代史の虚構を突き崩す著者畢生のノンフィクション。

筑摩選書 0046

寅さんとイエス

米田彰男

イエスの風貌とユーモアは寅さんに類似している。聖書学の成果に「男はつらいよ」の精緻な読みこみを重ね合わせ、現代に求められている聖なる無用性の根源に迫る。

筑摩選書 0050

敗戦と戦後のあいだで
遅れて帰りし者たち

五十嵐惠邦

戦争体験をかかえて戦後を生きるとはどういうことか。五味川純平、石原吉郎、横井庄一、小野田寛郎、中村輝夫……。彼らの足跡から戦後日本社会の条件を考察する。